U0933689

★ 二战将帅传记丛书 ★

YAMAMOTO's BIOGRAPHY

山本五十六全传

金泽灿 著

華中科技大學出版社
http://press.hust.edu.cn
中国·武汉

图书在版编目(CIP)数据

山本五十六全传 / 金泽灿著. -- 武汉 : 华中科技大学出版社, 2017.9(2023.7 重印)

ISBN 978-7-5680-3130-1

Ⅰ.①山… Ⅱ.①金… Ⅲ.①山本五十六(Yamamoto Isoroku1884-1943)-传记 Ⅳ.①K833.135.2

中国版本图书馆 CIP 数据核字(2017)第 155884 号

山本五十六全传

Shanben Wushiliu Quanzhuan

金泽灿 著

选题策划:亢博剑

责任编辑:康 艳 沈剑锋

封面设计:今亮後聲 HOPESOUND 2580590616@qq.com · 小九 白今

责任校对:何 欢

责任监印:朱 玢

出版发行:华中科技大学出版社(中国·武汉) 电话:(027)81321913

武汉市东湖新技术开发区华工科技园 邮编:430223

印 刷:鑫艺佳利(天津)印刷有限公司

开 本:710mm×1000mm 1/16

印 张:19.25

字 数:318 千字

版 次:2017 年 9 月第 1 版第 1 次印刷 2023 年 7 月第 1 版第 2 次印刷

定 价:88.00 元

【序言】

战争赌徒与冒险家

诺贝尔文学奖得主罗曼·罗兰说："人生是一场赌博。不管人生的赌博是得是损，只要该赌的肉尚剩一磅，我就会赌它。"

人生如赌，输赢交织。有人说"小赌养家糊口，大赌发家致富"，但是现实中往往是"十个赌徒九个输，倾家荡产不如猪"。中国古语也说："大赌误国，小赌误家，不赌不花才能持家。"赌博，不管对个人、社会还是国家，其危害都不容小觑。

有些人也许靠赌赢得了些许利益，但最终也因为赌而赔上家底，丢了身家性命，甚至造成民族灾难。山本五十六就是这样的一个人，他依靠下大赌注，以战术性偷袭珍珠港而震惊世界，但他最终也因为赌而兵败中途岛，随后遭到美军偷袭，坠机于异国丛林，丢了性命。在他死后，他的赌局所产生的影响仍然存在，他以战术性突袭换来的胜利逐渐被战略劣势所抵消，最终以日本本土迎来两颗原子弹、日本联合舰队损失惨重而告终。

这位臭名昭著的日本海军大将，出生于日本新潟县长冈市一个破落的武士家庭。艰苦的童年生活，日本武士道精神的熏陶，使他养成了沉默寡言而又勇敢坚韧的性格，也为他日后青云直上、仕途通达打下了坚实的基础。山本五十六还有一个突出的特点是酷爱赌博，他的格言是：要么大赢，要么大输。这对他的军事思想产生了重大影响，他后来偷袭珍珠港就是一场巨大的赌博。

作为太平洋战争的策划者，在偷袭珍珠港之前，山本五十六历练颇多，先后担任过海军大学教官、日本驻美国大使馆海军武官、霞浦航空队总教官兼副队长、巡洋舰舰长、航空母舰舰长、第 1 航空战队司令、海军航空本部部长、海军省次官等职务。多年的军旅生涯使他积累了丰富的经验，具备了出任日本联合舰队司令的资本。他很早便意识到航空母舰在新海战中的主力地位，极力主张组建海军航空兵，并建立了由 6 艘航母组成的第 1 航空舰队，为日本海军提出了很多建设性意见。

这一期间，日本在国内法西斯势力的推动下，走上了对外扩张的军国主义道路。在担任海军省次官期间，山本五十六积极支持日本发动侵华战争，主张向中国增兵，发动了淞沪会战，并负责支援陆军、在前线进行俯冲轰炸及对中国内陆城市进行远距离战略轰炸等。

对于与美英开战，山本五十六一开始是持反对意见的，但基于现实的无奈及赌徒心理，他明知不可为而为之，策划了震惊世界的珍珠港事件，亲手点燃了太平洋上的战火。当然，在某种程度上，领兵打仗确实需要具备赌徒的某些素质——审时度势的冷静和不顾一切的疯狂。但是，军人与赌徒也有着本质的区别：赌徒为自己谋利，可以随心所欲；而军人为国家服务，必须服从命令。这无疑是好赌且善赌的山本五十六的悲哀。

不管怎样，这一世界海战史上的远距离偷袭成就了山本五十六的名声，使他成为日本国内家喻户晓、妇孺皆知的大人物。仅从军事角度来看，山本五十六称得上是一位优秀的海军将领，他既有赌徒的冒险心理，又不乏理智的谋算，用兵以突然、迅速和敢于冒险而著称。他在偷袭珍珠港时首次把航空母舰编队投入实战，一举开创了世界海战史上的航空打击时代。更重要的是，珍珠港事件颠覆了人们的认知——在现代战争中，一架小小的飞机就足以干掉一艘强大的战列舰。此后，航空母舰取代战列舰，成为海上战争的主力。

偷袭珍珠港所取得的巨大胜利，并没有使山本五十六丧失理智，但是，一旦投入战争，全身而退并非易事。山本五十六深知，当时美国的生产能力数倍于日本，一旦美国的战争机器开动起来，日本断难获胜。出于赌徒的本能，他再次策划了奇袭中途岛的行动，企图在美国太平洋舰队得到加强之前，以海上决战的传统战法将其歼灭。可惜他并非逢赌必赢，珍珠港之所以能获胜，是因为偷袭，这一次他就没有那么幸运了，美军破译了日军的密码，得以掌握先机，赢得了作战准备时间，布下了伏击日军的陷阱，结果，日本联合舰队遭受重创。这次失败使山本五十六的辉煌战功仅持续6个月，日本海军从此走上了下坡路。这以后发生的珊瑚海海战、东所罗门海战、圣克鲁斯海战及瓜岛大小战役无数，日、美舰队输赢各半，但山本五十六在战前培养的航空兵人才在这些战斗中消耗殆尽，他本人也由此一步步走向了绝望的深渊。

1943 年 4 月 18 日，在美军“干掉山本”的口号声中，山本五十六在南太平洋布干维尔岛上空遭到伏击，魂断太平洋。这显然是一个侵略者应得的下场。

纵观历史，放眼世界，邪不胜正是永恒不变的真理。山本五十六作为日本军国主义对外扩张的马前卒，率领日本联合舰队横扫东南亚和整个西太平洋地区，给世界人民带来了深重的灾难。本书严格尊重史实，追根溯源，公正客观地讲述了山本五十六可耻可憎、可悲可叹的一生，也展示了他冷酷、狡诈、凶残的性格特征。书中重点介绍了发生在珍珠港、珊瑚海、中途岛、瓜岛、所罗门群岛等地对太平洋战场起到转折作用的几场战争，同时也涉及山本五十六的家庭生活和个人情感生活，以便读者能够更加真切地把握历史人物的本来面目。

山本五十六不平凡的人生经历，使他在世界海军作战史上占有一定的地位，也使他成为这场世界性悲剧中最典型的反面人物。他所犯下的战争罪行，使他永远被钉在了人类历史的耻辱柱上，永远受到世界正义力量的谴责。

目　录

Contents

第一章　梦想萌芽

改姓山本

在日本本州岛中北部，有一火山群，位于新潟县西南部与长野县交界的那段山脉叫妙高山。它云遮雾绕，岩壑拔峭，竹树翠绿，景色非常幽美。山脚下，信浓川流经处有一个美丽的城镇叫长冈。春夏之交，人们会来到河边赏花、钓鱼。河流两岸开满了芬芳烂漫的樱花。清风过处，艳丽的花瓣缓缓飘落河中，形成一条“花溪”。远山近水，古老城镇，悠长“花溪”，构成了一幅令人心醉的图画。

1884 年 4 月 4 日，樱花初开，日暖风和。高野贞吉和他的朋友小原老人、甚五郎相约来到“花溪”边垂钓、饮酒、赏樱。过了一会儿，高野贞吉的棋瘾犯了，提出要与小原老人杀两盘。在此情此景下进行一场博弈，该是一件多么风雅的事情啊，小原老人也来了兴致。于是，“黑白大战”立即开始了。高野贞吉每次下围棋都非常投入，很讨厌别人打断他的思考；他棋艺不及小原老人，但从不中盘认输。正当两人杀得难解难分之际，高野贞吉的女儿高野嘉寿子突然跑来说，她的母亲要生产了。高野贞吉愣了半晌，眼看就要赢小原老人了，他不忍丢下手中的棋，但年近六旬老来得子也是一件大事，对他这么大年纪的人来说，这个孩子很可能是他最后一个孩子了。他不舍地对小原老人说：“封盘，等我得了儿子再回来跟你一决胜负！”说完他一路小跑，去接产婆。

正午太阳当头时，高野贞吉的妻子生下了一个男孩。对于这个孩子的出生，高野贞吉在日记中记载道：

明治十七年四月四日，晴，甚五郎来约钓鱼。不久，小原老人来下围棋，第二局，妻有临盆的迹象，两人遂相率离去。急往接产婆，正午出生，是个男婴……

高野贞吉这一年正好56岁，于是为儿子取名为高野五十六。据说，这个孩子出生的时候非常奇特，没有发出丝毫的哭声，而是带着一副“凝眉深思”的神情，高野贞吉对他甚是喜爱。人们都说应天地而生的人出生时会有不同寻常的征象出现，反过来推理亦然。因此，高野五十六年幼的时候，家人就预言他以后一定会成大器。不管是巧合也好，事实也罢，40多年后，人们对高野五十六的预言不幸地成为现实。他就是后来为日本法西斯“屡建奇功”、一手揭开太平洋战争序幕、号称“太平洋之鹫”的日本海军大将山本五十六。

那么，高野五十六怎么会变成山本五十六呢？这还得从高野贞吉复杂的家世谈起。

高野贞吉原名长谷川贞吉，生于本州新潟县西北部的长冈市一个没落的武士家庭。他的父亲是当地很有名气的武士，但在长谷川贞吉很小的时候，家大口阔的长谷川家族就已经衰败了。所幸长谷川贞吉长得体格健壮，孔武有力，后来被闺女甚多的高野贞通看中，招他为上门女婿。长谷川贞吉与高野家五朵金花中的长女结婚，并改姓高野。他们夫妻恩爱二十几年，共生了4个儿子，分别叫高野让、高野登、高野丈三和高野留吉。后来，妻子因病早逝，高野贞吉本是家中的顶梁柱，妻子死后，他的精神也垮了。老岳父高野贞通不忍女婿沉沦下去，于是又将最小的女儿峰子续嫁给他。这可能是高野家留住这“半个儿子”的无奈之举。高野贞吉对老岳父的安排感激涕零，他重新振作起来，又为高野家生了3个孩子：长女高野嘉寿子，五子高野季八，小儿子高野五十六。

从历史渊源来讲，当地属于越后长冈藩。很久以前，新潟县是越国的一部分，后来分割成越前、越中、越后。这里民风质朴强悍，尚武之风甚浓。高野家与长谷川家都是武士世家，关系一直不错，长谷川贞吉与高野家长女的亲事本是门当户对的，只因长谷川家衰落得比高野家早，两家的家境差距越拉越大。长谷川贞吉到高野家做上门女婿，也算是一个比较好的选择。

高野家世代精于儒学经典，并兼刀枪教习之职，可谓文武兼备，祖上出了不少名人。高野家族的鼎盛时期是在高野永贞那一代，其武艺才学都在长冈藩称首，声名远播，食禄达到 50 石。高野家族尽管身份地位不是很高，但在长冈藩已属殷实之家。高野永贞之子高野常道也是能文能武，人称泰助，尤其精通兵学、历史，因此深得长冈藩主的赏识与信赖。曾有人称赞他说："泰助君子也，可厚而待之。"他的最高俸禄累进达到 120 石。身为武士，高野常道的学问也做得很好，留下了不少著作，主要有《由旧录》《升平夜话》《军用家训》《军中职掌考》和有名的农学著作《粒粒辛苦录》。

长冈藩还有一个很有名气的武士家族，叫山本家族。山本家族历任长冈藩的家老，食禄最高时达 1300 石，是长冈武士的总头领。高野家的名望与之相差甚远，但两家的关系非常密切，往来甚多。长冈藩的大部分公共设施都是这两大家族合作建造的。

然而，新旧交替之际，总会有不少的小人物成为时代的牺牲品。当资本主义的曙光照到日本的时候，一些封建武士家族并没有准备让这缕曙光引领自己前进，而是固守在黑暗的封建社会原地踏步。武士道作为封建幕府时代的政治产物，吸收的是儒教和佛教某些表面的东西而不是它们的真谛，常被统治者当作奴役工具，武士常为主君舍命献身。1868 年爆发的一场战争使武士阶层大受打击，也使高野家和山本家的命运出现了根本转折。

1862 年 12 月，掌握朝政大权的德川幕府①发布了《兵赋令》，标志

---

① 德川幕府：又称江户幕府，德川家康在日本江户（今东京）所建，19 世纪欧美列强相继迫使幕府签订通商条约，获取在日特权，使幕府统治受动摇，1867 年第 15 代将军德川庆喜被迫还政于天皇，第二年德川幕府及幕府制度终结。

着幕府组建新式陆军的开始。但幕府军的军官始终由世袭的武士担任，使得幕府的军事改革仍未脱出封建制度的窠臼，始终落后于亲近政府的萨摩和长州两藩。

1867 年，日本孝明天皇去世，明治天皇即位，建立了明治新政府。1868 年 1 月 3 日，倒幕派在朝廷发动政变，准备用武力逼迫德川幕府将国政大权交还天皇（即大政奉还）。新政府的小御所会议上，倒幕派决定让幕府将军德川庆喜[①]向朝廷返还官位和领地（即辞官纳地）。此事刺激了拥护幕府的会津藩、桑名藩的藩兵，他们举兵从大阪向京都进攻，和以萨摩、长州两藩军队为主力的新政府军在京都南郊的鸟羽、伏见发生冲突，戊辰战争（北越战争）由此爆发。

长冈藩与幕府关系极为亲密，动员了所有的武士参加“奥羽越列藩同盟”，以武力对抗新政府。高野贞吉在戊辰战争中任洋枪队小队长，他的岳父高野贞通和山本家族的山本带刀都参加了这场战争。他们的主要任务是抵抗政府军向长冈城的进攻。6 月 28 日，长冈军派出一支部队会同会津、桑名两藩军队，击退政府军，占领了妙见等地。7 月 8 日，政府军乘长冈军不备之际，从长冈对岸的大岛村渡过信浓川，一举占领了长冈城。长冈城下町屋舍被焚毁达 2 500 余间，兵学所、藩校崇德馆、社寺等重要设施也荡然无存。“数十年来所积之军用金 20 万两，大炮 40 门，武器弹药无算，尽被‘贼军’（指政府军）掠走。”

七十高龄的高野贞通在藩中有很高的威望。长冈城陷落时，他坚持与夫人留下守城，带领几个人用 6 支祖传的火枪毙敌数十人，最终战死。接下来，长冈军开始了夺城战斗，经过激烈厮杀，于 9 月 10 日重新夺回长冈。但政府军没有善罢甘休，迅速增兵援助，双方再次展开激战，形成持久不下的拉锯局面。山本家族的山本带刀在战斗最激烈的时候，代替身受重伤的家老河井继之助任总指挥职务，指挥队伍顽强抵

---

① 德川庆喜（1837—1913）：江户幕府的第 15 代征夷大将军，也是江户幕府及日本历史上最后一位幕府将军。

抗，战斗持续了两个多月，尽管长冈700名武士忠勇异常，但最终不敌4万政府军。战败后，山本带刀被政府军所俘。政府军想劝他投降，但山本带刀的武士忠勇思想十分顽固，他慷慨陈词："藩主命我作战，未命我投降。"他宁死不降，终被政府军斩首，年仅23岁。战后，山本带刀的本家已无男丁，只剩下他的妻子和一个女儿。

随后，政府军继续东征，至11月初平定东北地区叛乱诸藩。1869年春，政府军出征北海道，经过海战、陆战，于6月27日攻下幕府残余势力盘踞的最后据点五畯廓。至此，持续了一年多的戊辰战争宣告结束。

在戊辰战争中，高野家二死三伤，财产付之一炬，家境一下子败落了。而山本家族因为是反对新政府的首谋者之一，被政府下令废止族名，以防旧武士利用它兴风作浪。族名不复存在，族里的人都改名换姓，或隐居，或逃亡。长冈藩主牧野忠恭不得已，只得将山本带刀的妻子许配给藩士陶山万卫，改姓富士。

戊辰战争结束以后，日本历史上的巨大变革——明治维新①开始了。明治政府通过实行一系列的改革措施，尤其是奉还版籍、废藩置县和废除武士的封建特权及其食禄制度，瓦解了旧的武士阶层。政府仅仅给武士们派发一次性的费用，让他们依靠这份费用自食其力。但武士长期脱离生产，缺乏营生技能，因而生计十分艰难。这对武士无疑是一个极大的打击和挑战。

高野贞吉战后回到故乡长冈，在新成立的柏崎县政府工作了一段时间，后转任古志郡一个村的小学校长，全家靠他的薪俸尚能勉强度日。但是，高野贞吉毕竟老了，在小儿子高野五十六出生后，他想帮助已成年的子女们创业。长子高野让鼓起勇气前往北海道创业，在那里营建了一个农场，眼看生活慢慢步上正轨，没想到一场大火把农场烧成了灰

---

① 明治维新：19世纪60年代末，在西方资本主义工业文明冲击下，日本进行的由上而下、具有资本主义性质的全盘西化与现代化改革运动。

烬。高野让自责不已，只得用全部家产进行赔偿，高野家的生活因此更加贫困。

如此家境，孩子上学成了很大的问题。万般无奈之下，高野五十六的五哥、年仅 14 年的高野季八念完小学便走出家门，独自谋取生路去了。高野让的女儿高野京子也因家庭贫困而不得不中断学业，到东京帝国大学医院做了一名护士。

高野五十六可以说是生不逢时，注定要在贫寒中开始自己的人生。生活在这样一个破败的武士家庭中，他从幼年开始就不得不从事一些力所能及的劳动。但这位贫困武士的小儿子，自幼便具有争强好胜的斗志。祖辈忠勇刚烈、战死疆场的武士道精神，在他幼小的心灵中打下了深深的烙印。

由于明治维新的不彻底性，明治政府本身也保留了大量的封建残余势力，不仅政府组成人员大部分是旧武士出身，而且思想上也与旧的封建意识保持着千丝万缕的联系，因此，武士道精神仍长存于人们心中，后来一度有死灰复燃的趋势。1883 年，明治政府为庆祝颁布明治宪法而实行大赦，山本带刀被免去叛国罪名，并归还部分家产，他那远嫁他乡的长女再度继承家业。但山本家族人丁不旺，家业后继无人。更重要的是，山本带刀是长冈藩风的代表，发扬长冈藩风需要一个不辱“山本”名誉的人。1915 年，已升为少佐的高野五十六即将从海军大学毕业，人们又想起了关于他年幼时的预言，觉得他确有大将之才，这给山本家族带来了希望。加上高野家与山本家是世交，因此，继承山本衣钵者非他莫属。

为了了却这桩心愿，藩主牧野绞尽脑汁，动员曾担任高野家族长老的田中浪江、山本家族的旧臣渡边廉吉等人一起去做高野五十六的工作，对此，从小就受到军国主义和武士道精神熏陶的高野五十六自然无法拒绝。经过一番精心准备，1916 年 5 月 19 日，这一天也是长冈藩最有纪念意义的长冈城落成纪念日，举行了高野五十六改姓山本的仪式。山本家族庞大的家产早已荡然无存，可继承的财产只有一套褪了色的破旧麻质武士礼服和位于长冈市稽古町长兴寺的山本家族荒凉的墓地。但高野五十六更看重的是精神继承，他认识到继承山本遗魂，对自己将来的发展会产生不可估量的作用。这在一定程度上也反映了他强烈的功利之心，看重一切对他日后发展有帮助的东西。

改姓后，山本五十六按习俗厚祭山本家族历代祖先，清理好山本带刀的墓地，又翻出山本家族的族谱，将其长年以来各代先祖的法号、戒名查清，各书写了一份，然后到妙高山上的长兴寺大作法事。他把这看作武士家族的一种荣耀，山本带刀是他的楷模，长冈遗魂以及一些旧武士倡导的军国主义色彩极浓的“长冈精神”，成为他在军界奋斗、在战场厮杀的信条。

艰苦的童年生活

大概了解高野五十六的家世后，我们再回头来看看对他的性格塑造起到关键作用的童年生活。

高野五十六的童年是在十分艰苦的环境中度过的。夏天，当别人家的孩子可以无忧无虑地嬉戏游玩的时候，他被分派去看守菜园，默默地呆坐在田边；冬天需要扫雪的时候，他也不能闲着，同样得拿起扫帚或是铁锹，加入清扫积雪的队伍中。

在7个兄弟姐妹中，高野五十六的大哥高野让比他大整整30岁，很少有机会和他相处，其他几个同父异母的哥哥也为生计而各奔东西。因此，他与年龄相近、同母的高野季八和高野嘉寿子最为要好亲近。高野五十六印象最深刻的一件事，是他的姐姐高野嘉寿子带他去看祭祀神社的舞蹈。每次跟着姐姐出门，他都感到无比兴奋，因为能见到不少新鲜事，这也是他享受音乐和舞蹈的唯一机会。看完祭祀舞蹈回到家，他总是情不自禁地模仿一番看过的舞蹈，拿出两只盘子，学着上下左右旋转的样子。这就是日本传统的“盆舞”，也称圆圈舞。家里人也乐意他这样做，因为他总能给家里带来一些欢声笑语。每当家里来了客人，高野贞吉便会让他给客人表演一番，从而博得客人的欢心和赞许。

在高野五十六的童年记忆中，信浓川是他的“乐园”。夏天，在照看家里的菜园时，他总能找到时间偷偷地来到河边。信浓川似乎蕴藏着无穷的秘密，等待年幼的他去探索、发掘。河边芦苇荡中的鸟巢、偶尔从密林小道上滑行而过的小蛇、举着两只大螯横行于水陆之间的河蟹，都是他关注和探险的对象。年龄稍大后，他便整天跟着家人出海捕鱼。他很喜欢水，捕鱼对他来说既辛苦又快乐。也正是在这段时间，高野五十六练就了一身出色的游泳本领，而且成了一名出色的捕鱼能手，每天傍晚回家时，他的鱼篓总是装得满满的。

忙碌的时候，大人们很少跟他讲笑话。平时，他们讲的也大多是武士的事迹，以及西方殖民者对日本的侵略。父亲告诉他，那些长得像猴子一样的人是如何用大炮轰开日本的大门，如何对日本风俗进行毫不留情的破坏，如何给日本带来无比深重的苦难；而他的母亲也常常有意无意地给他讲述长冈战争的故事，讲他的祖父母是如何英勇战斗，他的父兄是如何身受重伤，战后又是如何艰难度日的。贫苦的家庭生活，武士的精神熏陶，使得高野五十六养成了沉默寡言、善于忍耐的性格。

和许多男孩一样，在童年的游戏中，高野五十六也有过无数次“战斗”的经历，而且有过一次很真实的战斗。有一次，长冈与信浓川对岸川谷村的孩子因捕鱼产生了矛盾，双方划地而治，形成了“长冈兵”和“川谷兵”两个对立的“集团”。“长冈兵”一直处于劣势，经常被“敌人”轻易击败，因而丢失了许多“城池”。后来，由于高野五十六的出现，战局渐渐朝着有利于“长冈兵”的方向发展。

据说高野五十六加入“长冈兵”是因为他在一次战斗中有英勇的表现。那天，高野五十六和五哥高野季八捕完鱼准备回家，忽然想到芦苇荡中看一下他不久前发现的一个鸟巢，于是他让哥哥先回家。当他在芦苇荡中寻找那个鸟巢时，突然听到一群孩子的呐喊声。原来，两边又打起来了。他既害怕又兴奋，忍不住扒开芦苇向外偷看，发现十几名“长冈兵”被七八名“川谷兵”追着向这边跑了过来。高野五十六个头小，心里害怕，扭头就想跑，但他突然想起了什么，于是停下来，鼓足勇气，伏下身子悄悄地等待着。等几名溃逃的“长冈兵”从他眼前经过，“川谷兵”就要到来时，他躲在芦苇荡中突然大喊一声：“冲啊！打死川谷人！”他一边喊一边拼命地摇动芦苇，制造声势，“川谷兵”不知虚实，吓得掉头就往回跑。“长冈兵”见势马上杀了回去，“川谷兵”落荒而逃。这一“战”，高野五十六以“虚张声势”之计败“敌”，在长冈的孩子们中声名远播，一下子变成了一名“长冈兵”。

加入“长冈兵”并取得指挥权后，高野五十六的才智得到了充分的发挥，接下来的一场“战役”，“长冈兵”又是因他使了一条妙计而大获全胜。这回他所用之计是预先设伏，诱敌深入，然后两面夹击。那天下午，高野五十六让主力埋伏在芦苇丛中，再派一分队到“川谷兵”那边挑衅。“川谷兵”一看只有几个“长冈兵”，以为复仇的机会来了，立刻让大部人马出击。“长冈兵”见大敌来追，连忙撤退。“川谷兵”紧追不舍，很快便出界进入了“长冈兵”的地盘。待敌人进了伏击圈后，高野五十六一声令下，撤退的小分队回头抗敌，而埋伏在草丛中的主力则从“敌人”背后压过来。“川谷兵”遭到两面夹击，拼命突围，最后付出了惨重的代价，不仅一个小头目受了伤，而且还有两人“被俘”。“川谷兵”的士气从此一蹶不振。

高野五十六不仅“作战”勇敢，而且善于动脑筋、使计谋。儿时的“战争游戏”多多少少显露出他在军事方面具有一些天赋，所以他成了“长冈兵”的头儿。不幸的是，正当他在“长冈兵”中大受拥戴之时，他“参战”之事终于东窗事发，被他的父亲发现了。他不仅因此挨了一顿揍，而且从此被禁止参加捕鱼工作。

高野五十六又被罚去看守菜园子，他觉得再没有比这更无聊、更无趣的事情了。他绞尽脑汁想从中寻找新奇玩意，甚至通过牺牲一些菜苗来诱捕鸟雀，但那些精明的鸟儿并没有上当。一天，他终于有了一个重大发现——在田边的灌木丛中有一个大如筛盘的黄蜂巢穴。之后，他开始悄悄地观察黄蜂的生活，先是深深地被黄蜂们建造的独特“营房”

所吸引，而后又被黄蜂们所具有的组织纪律性所震撼。它们看上去似乎乱哄哄的，实际上却在各尽其责，行动很有秩序。当一批黄蜂从蜂房起飞后，另一批黄蜂就会在蜂房降落。他不知道是谁在发号施令，但他相信它们肯定有一个总指挥。他想，那些飞得很远的黄蜂是如何得到指令的呢？倘若对蜂巢发起攻击，黄蜂又会如何防守和反击呢？

他想得到答案，便用木棍去捅蜂窝，然后迅速逃离。没想到黄蜂像战斗机一架架起飞一样，速度远远超过了他的奔跑速度，结果他被蜂群蜇了个鼻青脸肿。他被蜂群所表现出来的战斗力折服了。由于还没有把这种具有很强战斗力的动物搞清楚，他准备了自己的武器：一把木剑和几根剥了皮的细柳条，想再探探蜂巢。

父亲发现儿子受了伤还不甘心，便给他讲了一些黄蜂的知识。父亲说，这种黄蜂一般不理会外来的访客，但蜂群中有几只巡逻蜂，除了盘旋在蜂巢之外，它们偶尔会在队伍之中绕来绕去，一旦发现敌情便马上报警。它们喜欢攻击活动的黑色目标，以及毛茸茸的带有甜味和香味的物体。红外线视觉和激素指引黄蜂战斗，只要目标没有达成，它们就会不断攻击，直到不能攻击为止（这种自杀式攻击类似于后来日军的神风式飞机）。黄蜂是靠尾刺来攻击的，毒刺只能用一次，一旦成功刺入，它们的生命很快便会因达成目标而终结。听完父亲的话，高野五十六对黄蜂的钦佩之情油然而生，深为黄蜂的献身精神所感动。

高野五十六的童年就在这样一种艰苦而又充满挑战的环境中悄然度过。1890 年 3 月，高野五十六进入阪上小学，开始了校园生活。在学校，他一心扑在学习上而无心他顾。据当年的老师回忆说，高野五十六是一个很聪明的孩子，他矮小瘦弱、沉默寡言、老实朴素，但学习成绩在同级生中经常是数一数二的。小学毕业那年，他还获得了教育奖励会颁发的樱花银质奖牌一枚。

童年是人生的起点，童年的生活往往会影响一个人的一生。要想深入地认识一个历史人物，最好先了解他的童年，从他童年的表现可以预知他未来的发展。艰苦的童年生活磨炼了高野五十六的意志，使他养成了沉默寡言但又勇敢坚忍的性格，也正是这种性格为他日后打下了坚实的基础。可以这样说，在后来的戎马生涯中，高野五十六之所以能够青云直上，一路爬到日本联合舰队司令的位置，在一定程度上与其童年时代养成的性格紧密相关。

怀揣“大海梦”

1896 年 4 月，高野五十六从小学毕业后，升入长冈中学。长冈中学的前身是长冈洋学校，于 1872 年 11 月由几名旧长冈藩士倡议成立。长冈洋学校成立之初，长冈藩武士为了培养可造就的人才，于 1875 年创建了一个育英事业团体——长冈社，专门资助那些有希望进一步升学的优等生，将他们培养成有用之才。

长冈社的成立，实际上是为了恢复受到政府打击的武士精神及其日益下降的地位，弘扬长冈藩风。戊辰战争时，长冈藩家老河井继之助及山本带刀以下的全藩武士死伤过半，长冈藩居民的房屋和其他财产被烧了个精光，各种设施也被毁损殆尽。而且，新政令颁布后，藩地被削减，全藩的俸禄由原来的 7.4 万石减至 2.2 万石。撤藩建县后，武士阶层的一些特权也被剥夺。在“正因为吃不上饭所以办教育”的宗旨指导下，一些有远见的武士依靠峰冈藩给长冈的救济米，加上柏崎县大参事南部广矛的赞助，创建了长冈社，还高薪聘请日本近代教育之父福泽谕吉①的高足、长冈藩出身的藤野善藏为校长兼英语老师，年工资破天荒地高达 125 日元。由此可见他们兴办教育的决心有多大，对教育的期望有多高。1873 年 5 月，柏崎县与新潟县合并。新潟县政府根据学校统一管理的方针，将各地学校统统划为新潟分校，尽管长冈洋学校要求保持原名，但未获批准。11 月，长冈洋学校更名为新潟学校第一分校。

① 福泽谕吉（1835—1901）：日本近代著名的启蒙思想家、明治时期杰出的教育家、日本著名私立大学庆应义塾大学的创立者。他毕生从事著述和教育活动，形成了富有启蒙意义的教育思想，对传播西方资本主义文明及日本资本主义的发展起了巨大的推动作用。

后来由于学校经费困难，几乎到了无法维持的地步，一些教师以不取报酬为条件，要求恢复长冈学校的校名。

之后，县政府关闭了高田、柏崎、新发田三校，仅保留了长冈学校。

由于长冈学校有着特殊的背景，校内任教的老师大部分是旧长冈藩的武士，学生也大都是士族之后，私塾色彩十分浓厚。高野五十六以优异成绩从小学毕业后，长冈社决定资助他上中学，资助的经费是每个月1日元，5年合计不过60日元，但这对高野五十六却是一种莫大的鼓励。在这样一所充斥着武士遗魂的学校里，他所受的武士道教育有多么深厚可想而知。中学几年，他一直非常节约，大部分教科书都是自己抄写的，而且好几年仅穿一套校服，回到家便马上脱掉，换上母亲用粗布做的衣服。同时，高野五十六进入长冈中学后，由于受到浓厚的武士道精神教育，大大改变了他只知道用功的“书呆子”形象，开始更多地关心“窗外事”。

另外，当时的大环境也对他的人生产生了很大的影响。

明治政权统治下的日本是一个天皇专制的国家，在经济、政治、社会等方面保留了浓厚的封建残余，在西方列强日益渗透的压力之下及国内各种势力的较量中，日本走上了一条军国主义道路，成为一个军事封建的帝国主义国家。明治初年，日本政府就提出了“大力充实军备，耀国威于海外”的方针，随后逐步确立了向中国和朝鲜进行侵略扩张的所谓“大陆政策”。继1874年侵略中国台湾和1875年制造江华岛事件、侵略朝鲜之后，日本不断利用一切机会对中国、朝鲜大肆进行侵略扩张。高野五十六出生那一年，就发生了“甲申政变”①。

① 甲申政变：1884年朝鲜开化党发动的武装政变，开化党领袖借助日本军队的力量发动宫廷政变，后清军应朝鲜守旧派请求进入朝鲜，日本公使和军队撤退。日本以此为借口，于次年迫使朝鲜签订《汉城条约》。

1890 年 12 月 6 日，日本内阁总理大臣山县有朋[①]公开发表了所谓“保护利益线”的《施政方针》演说，声称：“盖国家独立自卫之道有二：一是守卫主权线，二是保护利益线。何谓主权线？国疆是也。何谓利益线？同我主权线之安危有紧密关系之区域也。”为了达到北进扩张的侵略目的，日本疯狂地进行扩军备战，并于 1894 年对华发动了蓄谋已久的“甲午战争”。1895 年 9 月，日军参谋本部提出了扩张军备的“十年计划”。按照这项计划，日本要在现有 7 个师团兵力的基础上再增加 7 个师团，使平时的兵力达到 15 万，战时的兵力达到 60 万。同时还要迅速扩充炮兵和骑兵，以胜任近代化的战争。海军则以击败俄国与法国可能联合派到东方的舰队为目标，加紧配备世界先进水平的大型舰队，即所谓由 6 艘战列舰和 6 艘巡洋舰组成的“六六”舰队，以便“掌握东洋的制海权”。为此，日本政府动员国内报刊，极力向日本人民宣传，即使“节约三餐为两餐，也要扩张海军”。其时，高野五十六正准备升入长冈中学。可以说，他的童年和少年时代正是在日本疯狂对外侵略扩张及军国主义、民族主义社会思潮大泛滥的历史与社会背景中度过的。日本统治者在对外扩张政策上向日本国民进行了不遗余力的宣传。这种宣传不可避免地渗透到了当时的学校教育中，对高野五十六的成长产生了深刻影响，并促使他日后成为军国主义的马前卒。

可以说，无论是物质还是精神，高野五十六都受到了长冈中学很大的影响。

1875 年，长冈中学学生发起成立了和同会，其中心思想是发扬长冈藩传统和武士道精神。高野五十六本来就沉默寡言，和同会使他的性格更加成熟。后来他常对人说：“真正培育我的乃是和同会的伟大精神。”1941 年 10 月，当他得知长冈中学解散和同会而另组长冈中学学

---

① 山县有朋（1838—1922）：早年参加“尊王攘夷”活动，日本“陆军之父”，历任陆军参军、参谋本部长、内务大臣、农商大臣和内阁总理大臣（首相），开启了长州藩军人控制陆军的时代，对日本内阁的交替和重大内政外交问题都有重要影响。

生队的消息后，不禁大为叹息："没有和同会就等于没有长冈中学。"由此可见和同会对他有多大的影响。

在长冈中学时，高野五十六更加注意锻炼身体，他每天早上跑步到学校，课余时间利用学校的单杠、木马等体操器械进行锻炼。他认为，一个武士之后没有强壮的体魄是不行的。结果，他的体育成绩是上去了，但文化课成绩却下降了。由于个子比较矮小，他在各项体育活动中更喜欢体操、棒球，而且在校内很有名气。有人评价他说，他 7 岁是天才，到了 15 岁就成了蠢材。但高野五十六对此毫不在意，认为健康的体魄比什么都重要。他的侄子高野力早夭，对他刺激很大。

高野力是高野让的长子，比高野五十六大 10 岁，他在阪上小学念书时曾多次获奖。1893 年 8 月，为了给他创造更好的学习条件，高野让将他送往东京求学，不料刻苦的学习损害了他的健康。1897 年 6 月，高野力因病返回长冈治疗，但为时已晚，到 9 月便去世了。因为这件事，高野五十六把体育锻炼看成是最重要的事情，暗自下决心，一定要练出健壮的体魄，使自己成为一名帝国军人。他还定下了一个目标——成为海军军官，带领士兵为帝国开疆拓土。

为了早日实现自己的愿望，在中学毕业前一年，高野五十六便写信给在江田岛海军兵学校上学的长冈中学毕业生加藤哲平，询问有关海军兵学校的情况。加藤哲平给他回信介绍了当年在吴镇守府海军演习的情况，并说新潟中学毕业生有 6 人在海军兵学校，而长冈中学只有 2 人，非常希望像他这样的有志青年能报考海军兵学校。高野五十六读信后非常兴奋，悄悄开始为考军校做准备。

1901 年，高野五十六中学毕业了。当时他的个子还很小，但是成绩却在全班 40 名学生中名列前茅。他对上普通大学没有什么兴趣，一心想要报考江田岛海军兵学校。他从小就对大海有一种特殊的向往。童年时期，他常常在信浓川边对着滔滔河水出神，幻想自己面对的是浩瀚无际的大海。在孩子们的"战斗"中，当长冈的孩子们由于他的参战在"战斗"中获胜时，他内心激动不已，马上联想起父亲给他讲的有关

山本五十六画像

那些长得像猴子一样的“野蛮人”从海上入侵日本的故事。自小受到武士道精神熏染的高野五十六，这时只盼自己能够快快长大，当一名日本帝国海军军官，带领着自己的舰队去杀死那些像猴子一样的“野蛮人”。他要到大海上去，那才是他真正的愿望所在。恰好这时日本政府也开始重视发展海军，而兴建海军的当务之急，便是开设军校培养军官。因此，在高野五十六上中学期间，日本国内到处都充斥着加强军备、准备再战的空气，军人尤其受到青年学生的崇拜。

为了顺利考入江田岛海军兵学校，高野五十六搬到姐姐嘉寿子家中居住，躲在一间小屋里认真复习功课。嘉寿子嫁给了旧长冈藩的藩士、学校教员高桥牛三郎。她比高野五十六大 18 岁，非常疼爱这个弟弟，也非常支持他的选择，特地为他整理出一个房间，供他复习功课。此后几个月，高野五十六深居简出，一心扑在学习上，心无旁骛。时值盛夏，对于一个十五六岁的孩子来说，在闷热的天气里能够坚持下来实属不易。嘉寿子看见弟弟如此刻苦，既心疼又为他感到骄傲。有一次，嘉寿子到高野五十六的房间里给他送水，发现他热得满头大汗，书本都被汗水打湿了，不禁心疼地对他说："五十六，到外面玩一会儿吧，不要把身体搞垮了。"高野五十六抬起头来擦了一把汗水，对姐姐说："离考试的时间不多了，我必须成功，过去这一阵子就好了。多谢姐姐关照!"嘉寿子看着瘦弱的弟弟，心中不忍，竟偷偷地哭了起来。

所幸高野五十六的心血没有白费，1901 年 7 月 9 日，他顺利通过了江田岛海军兵学校的入学考试。拿到录取通知以后，高野五十六异常高兴，把好消息第一个告诉姐姐，让她分享成功的喜悦。当有人问他为什么去当兵时，崇尚武力的他骄傲地回答说："武士家的孩子成为武士岂不是理所应当!"

崇尚武力意味着一个人对于武力的偏好，在武装对抗中获得快感，并把武力强大和军事征服看成是一种无上的光荣。这种人虽然并非一定要通过战争来解决争端，但总是把战争看成解决问题的积极方式。这一点在山本五十六日后的军事生涯中得到了很好的验证。

第二章　初露锋芒

江田岛的高才生

1901 年 11 月，刚满 17 岁的高野五十六如愿以偿地跨进向往已久的江田岛海军兵学校。

江田岛海军兵学校位于濑户内海南端，与广岛市的吴港隔海相望，其目标是培养优秀的海军军官，建设一支强大的海军力量。

明治维新后，日本在“富国强兵”方针的指导下，制定了《大办海军方案》。作为岛国的日本，海军的强弱对其生存和发展有着无比重要的意义。此方案将海军军官教育单独列为一项，指出：“军舰的灵魂是军官，无军官，水手则无以发挥其所长；水手不能发挥其所长，舰船将成一堆废铁。况且海军军官应掌握的知识深奥，达到精通熟练程度并非易事，故尽快创办学校，广选良师，教育海军军官是建设海军之头等大事。”天皇也下谕：“兴办学校为建设海军之根本。”1869 年 9 月，兵部省为培养日本海军军官，在东京筑地旧广岛藩邸创建了海军操练所，作为统一的海军教育机构，并令鹿儿岛、山口、佐贺等十六藩各派出一批 18～22 岁的青年到操练所学习。1870 年 1 月，海军操练所改称海军兵学寮，两年后迁往江田岛，1876 年正式改称海军兵学校。

在当时，这所学校的生活水准是全日本一流的，教学水平也是全日本乃至全世界一流的，可以与同时代的美国安纳波利斯海军学院①、英国达特茅斯皇家海军学院②相媲美。而对高野五十六来说，更重要的是这里的学习、生活费用全免。踏上江田岛，他豪情万丈，意气风发。而跨进校门的那一刻，他更是感到自己所看到的一切只能用两个字来形容——奢华。

此时的日本尚属穷小国家，但对兴办海军兵学校可谓不惜血本。海军兵学校从规章制度到训练方式，几乎都是克隆英国海军。学校的教师、教材来自英国，训练方式和规章制度来自英国，就连学校建筑也是由英国人设计，风格完全仿自英国。更有甚者，为了追求原汁原味，连校舍的红砖都是一块一块包好从英国海运过来，一块砖要花 1.5 日元以上（当时 3 个日元可以换 2 两白银）。

在录取学生方面，江田岛海军兵学校坚持入学考试的严肃性，除了皇族成员之外，所有学生在分数面前人人平等。考取海军兵学校在某种程度上，比考取东京帝国大学还难。为了考进该校，全国有许多以此为目标的预备学校存在，如：东京的攻玉社、海城高校，神奈川的湘南、横须贺、逗子开成高校，广岛的修道高校等。高野五十六入校的成绩，在同年入校的 300 多名新生中名列第二。据其档案记载，其各科成绩分别为：代数 79 分，几何 97 分，算术 100 分，三角 95 分，汉语 70 分，作文 90 分，英译日 78 分，日译英 71 分，语法 62 分。

学校主要培养海军战斗兵科军官（即一般战斗指挥官），同时也设有其他专业培养课程，采用重视术科的英国式教学，除了对学员进行艰苦、扎实的军事技术训练外，还在思想上灌输军国主义思想和武士道精神。

所谓“武士道”，本是封建武士的道德规范，忠君爱国是其根本，

① 安纳波利斯海军学院：美国最有名的海军军官学府，主要任务是为海军舰艇部队、海军航空兵部队和海军陆战队培养各种专业的初级军官。

② 达特茅斯皇家海军学院：英国培养海军初级军官的主要院校，被誉为英国海军军官的“摇篮”。

它宣扬自我牺牲精神，甘为主人卖命。武士为了主人而舍命献身，或者为了挽回因打败仗而丧失的尊严，必须勇于剖腹自杀，以表示对主人的绝对忠诚。

当这种淡然面对死亡的思维方式与狭隘的民族主义和扩张政策相结合时，武士道精神就变成了无视他人的生命价值同时也那样对待自己生命的疯狂信念，变得嗜杀和自虐。

海军兵学校将武士道精神进一步美化，使之与国家、民族利益紧密联系起来，把它作为军人的行为规范和道德准则，这便是所谓的“江田岛精神”。

为了将这种精神融入每个学员的血液之中，海军兵学校采取了一系列措施，每到重大节日都要举行升军旗仪式，向天皇的照片行叩拜之礼；每个星期都要背诵一遍天皇1882年颁布的《军人敕谕》。学校的目标是把学生培养成为天皇拿枪的奴隶，训诫军人应尽忠节、正礼仪、尚武勇、重信义和崇俭朴，必须“忠君爱国”，把天皇作为“神”来崇拜。

一位英国军事观察人员在述及江田岛海军兵学校时写道：

> 在日本的青年中选择那些出类拔萃者，让他们在这里接受世界上严酷无比的艰苦训练，他们的身心在经过只有十分顽强的人才能经受住的锻炼后，被培养成具备古代武士道德的现代海军军官。因此，从海军兵学校毕业的年轻人，既有一副能经受一切艰难困苦的身体，也有一种不屈不挠的精神。为了天皇和祖国，他们可以不惜一死。

海军兵学校的所谓“江田岛精神”，曾经是日本帝国海军的精神支柱。

在管理上，海军兵学校也严格到了残酷的地步，就连如何上下楼梯都有规定。管理中更是处处表现出日本封建社会等级森严的特点。根据入学年龄的不同，最高年级生称为“1号”，其下较低年级生则以“2

号”“3 号”“4 号”分别称呼。平时，高年级学员负责管理低年级学员，可以根据其不良表现进行打骂体罚，低年级学员在挨打的同时还必须立正回答“是”。

另外，海军兵学校还以著名的“五省”作为训令来加强学员的精神修养：

（1）至诚不悖否？（有不可告人之事吗？）

（2）言行不耻否？（有不好的言行举止吗？）

（3）气力无缺否？（是否精力充沛？）

（4）努力无憾否？（是否已努力做到最好？）

（5）亘勿懈怠否？（有没有变得懒惰？）

每个学员都要按规定逐条进行深刻反省，以时刻保持积极向上的精神风貌。据说，该训令在“二战”后被翻译成英文文本，被美国安纳波利斯海军学院采用。

高野五十六在校期间学习十分刻苦，把海军兵学校当作自己晋升的阶梯。训练时，即使某个动作或项目达到了优秀，他事后都要重做，直到达到最高标准为止；他热衷于剑术、柔道、相扑，并把这些作为必修课来对待。

高野五十六在军校学习的详细情况无可稽考，但可以肯定的是，在他求学的几年时间里，正是日俄矛盾日益尖锐激化的时期，那时他就已经开始为参加可能爆发的日俄战争而积极做准备了。

日本与沙皇俄国，一个处于亚洲东部的岛链之上，另一个的政治中心远在波罗的海东岸。两国原本相去万里，之所以出现相遇、交恶直至刀兵相见的历史，是双方侵略扩张的野心膨胀到一定程度的结果。

从 19 世纪 50 年代起，经济落后、国力衰微、毫无抵抗能力的日本，在美国和欧洲列强的武力胁迫下与之签订了一系列不平等条约。国门洞开，主权沦丧，日本被带入了世界政治经济体系，也给了日本人一个睁开眼睛看世界的机遇。明治维新后，不满岛国地位，加之经济发展迅速且起步较晚，本国资源和资本匮乏，种种因素导致日本在国力稍有起色之际便走上了对外侵略扩张的道路。中日甲午战争后，日本通过《马关条约》，不仅从中国捞到了大量真金白银，还为它进一步侵占中国领土打下了基础，逼迫清政府割让辽东半岛、台湾及所有附属岛屿和澎湖列岛，增辟通商口岸，允许日本在华建厂。

日本的行为在很大程度上损害了老牌列强沙皇俄国的在华利益，于是，俄国以各种方式进行干涉，首先以武力相威胁，迫使日本人退出辽东半岛，令日本怀恨在心。随后，俄国占领了旅顺，强租辽东半岛，并修建西伯利亚大铁路穿过中国东北三省。1900 年，俄国借出兵镇压中国义和团运动之机，占领了中国东北全境，其中包括数年前日本被迫退出的辽东半岛。这自然令视中国东北为其禁脔的日本无法容忍。1901 年 9 月，小村寿太郎[①]出任外相，主张联英制俄，并于次年签订《日英同盟条约》。为了实现夺取中国东北的美梦，日本一方面与俄国谈判，继续通过一系列活动麻痹俄国，如首相伊藤博文[②]在给谈判代表的信中明确表示，在与俄国断交的一段时间内，要“露出优柔寡断之态度”“尤有极力伪装镇静之必要”；另一方面，在国内叫嚣战争，并于 1903 年 12 月对海军舰艇进行战时编制。日俄之战已势不可免。

笼罩在日本国土上的日俄战争阴云，“激励”着年轻的高野五十六为天皇建功立勋而发愤用功。他的同年级学员中可谓“人才济济”，后来就有 4 人升任大将、3 人升任中将。我们只能从后来的结果来反推这一批学员的校内学习和训练情形。

在学校里，高野五十六被称为“顽强的五十六”，由此可见，他的学习训练是刻苦、严格的。到三年级时，他已经是学员第 9 分队的队长。另有资料显示，他在海军兵学校进行的黄海海战和攻占旅顺的各次模拟训练中，均获得优异成绩。

---

① 小村寿太郎（1855—1911）：日本外交官，作为外务大臣，他在日英同盟、日俄战争等重大事件的处理中，使尽浑身解数最大限度地为日本谋求权益。

② 伊藤博文（1841—1909）：日本第一个内阁总理大臣，四次组阁，任期长达 7 年，任内发动了中日甲午战争，使日本成为东亚头号强国。

但在社交方面，高野五十六的才能和表现都不太好，他寡言少语、性格敏感。不过，拥有长冈武士实干精神的他，义气、勇气兼具，待人诚恳，乐于助人，因而被树为“长冈武士的榜样”。与他交往最多、关系最密切的是堀悌吉[①]（后来早于高野五十六升任中将），两人算得上是莫逆之交。有一次，堀悌吉问他：毕业以后最想做的事情是什么？高野五十六毫不犹豫地回答，立即参加战斗，为帝国，为天皇。

就在高野五十六从海军兵学校毕业当年，日俄战争[②]爆发了。整个海军兵学校顿时沸腾起来，高野五十六和其他学员一样坚决要求尽快参加对俄战争，为天皇征战、建立功勋。

1904 年 11 月 4 日，高野五十六从江田岛海军兵学校毕业，其毕业成绩在 300 名毕业生中名列第七。他作为一名少尉候补生，正等待着分配。

参加对马海战

1904 年 2 月 8 日夜，日本海军鱼雷艇队不宣而战，袭击了驻泊旅顺的俄国太平洋舰队，日俄战争爆发。

对日本海军来说，这是一次毫无把握的冒险行动，也是日本自有海军以来的第二次海战。第一次是大清舰队和日本舰队之间的甲午海战，也是人类历史上第一次蒸汽舰队之间的决战，没有前例可循。第一次海战日本虽然取胜了，但从战斗过程可以看出，其舰艇指挥官依然水平不高。海军舰艇作战，很大程度上取决于舰长的指挥水平。而培养一个合格的巡洋舰舰长，需要 30 年时间。日本海军从无到有，发展不过 30 余年，也就是说，日本海军还没有真正合格的巡洋舰级别以上的舰艇指挥

---

① 堀悌吉（1883—1959）：海军中将，山本五十六的好友、同班同学，历任陆奥舰长、海军省军务局局长、第 3 战队和第 1 战队司令。

② 日俄战争：1904 年到 1905 年间，日本与沙俄为了争夺中国辽东半岛和朝鲜半岛的控制权，在中国东北进行的一场帝国主义列强战争，以沙俄失败而告终。

官。高级指挥官除了伊集院五郎[①]、上村彦之丞[②]、三须宗太郎[③]、片冈七郎[④]等少数几位将官外，恐怕再无合格者了。

再从兵力来看，日本舰队经过中日战争后 10 年时间的扩张，已实现了“六六舰队”的目标，即以 6 艘战列舰和 6 艘装甲巡洋舰为主力的舰队，似乎可以在远东和太平洋地区与俄国舰队相抗衡，但在作战经验和整体实力上，与俄国舰队仍有很大差距。开战前夕，日本联合舰队下辖第 1、第 2 和第 3 舰队，编有舰船 100 余艘，几乎包括海军的全部作战舰艇。而他们要面对的俄国舰队，战舰数量是日本的 3 倍，包括波罗的海舰队、黑海舰队和太平洋舰队，曾在波罗的海打败过瑞典皇家海军，在黑海歼灭过土耳其舰队，可谓声名显赫。

日本人之所以敢这样冒险，与联合舰队司令东乡平八郎[⑤]海军大将有直接关系。他被日本军国主义奉为“圣将”“军神”，曾在甲午战争中指挥“浪速”号战舰参战。他最大的特长就是善于偷袭，算得上是个赌徒。他最成功的一次是以突然袭击的方式击沉了运输中国军队的英国运输舰“高升”号，使 1 000 多名清军官兵葬身大海。而这一次，他故伎重施，再次将“偷袭”的战术用到俄国人身上。

2 月 8 日是一个不吉利的日子。当天晚上，俄军高级将领都上岸参加舰队司令亚历山大·维萨里奥诺维奇·史塔克公爵举办的舞会，而且俄军认为日本绝对不敢与俄国开战，所以港口航道连防雷网都没有架设，各舰也没有实施灯火管制，舰上灯火辉煌。此时中国黄海海面上浓

---

① 伊集院五郎（1852—1921）：日本海军将领，日俄战争后历任第 2 舰队司令、第 1 舰队司令。

② 上村彦之丞（1849—1916）：日本明治时期的海军大将，在日俄战争中指挥巡洋舰舰队，击败了俄国符拉迪沃斯托克分舰队；并在对马海战中挽救了东乡平八郎的指挥失误，果断决定拦住俄国舰队的退路。

③ 三须宗太郎（1855—1921）：日本明治时期的海军将领，在甲午战争中及日俄战争前主管海军人事，1905 年对马海战中任第 1 战队司令，左眼负伤失明，战后封男爵，晋大将。

④ 片冈七郎（1854—1920）：日本明治时期的海军大将，在日俄战争中指挥第 3 舰队。

⑤ 东乡平八郎（1848—1934）：日本海军大将，与陆军的乃木希典并称日本军国主义的“军神”。在对马海峡海战中率领日本海军击败俄国海军，成为近代史上东方黄种人打败西方白种人的先例，也使他得到了“东方纳尔逊”的美誉。

雾弥漫，海天之间笼罩着一片阴森森的杀气。东乡平八郎指挥日本联合舰队，悄悄逼近停泊在旅顺口外的俄国远东太平洋舰队。俄军官兵们还在做着美梦，突然日本舰队万炮齐发，火光照彻夜空，没等他们反应过来，就有 2 艘铁甲舰、1 艘巡洋舰被击毁。同一天，俄国军舰“瓦利雅格”号和“柯列茨”号在朝鲜仁川港也遭到突然袭击。2 月 9 日早晨，俄国又有军舰数艘被击毁。

1904 年 2 月 8 日夜，日本联合舰队司令东乡平八郎指挥日舰偷袭了旅顺口的俄国舰队。2 月 10 日，日俄战争爆发。图为日俄战争中的日本“三笠”号战舰

偷袭成功后，日本联合舰队对旅顺口的俄国舰队进行了多次猛烈的攻击，并对港口实行封锁。最初是招募敢死队员，采取沉船堵口的办法，企图将俄国军舰堵在港内，但不见效果，于是又改为水雷封锁。同时，日本陆军在朝鲜和辽东半岛多处登陆，包抄俄军主力。

4 月 13 日，俄方遭遇了开战以来最大的挫折——战列舰“彼得罗巴甫洛夫斯克”号被日方布设的水雷炸沉，新上任不久的俄国海军中最

出色的将领斯捷潘·奥斯波维奇·马卡洛夫海军中将也随舰沉入海底。他的死对于俄军来说是一个无可挽回的损失，俄太平洋舰队官兵的士气从此一落千丈，不想也不敢再与日军在大海上战斗了。继任的舰队指挥官认为前途渺茫，下令在港内舰队掩蔽。而日本陆军在海军的支援下，成功地在辽东半岛登陆，开始在陆上包围旅顺。

沙皇尼古拉二世[①]闻此噩耗，于6月20日决定派遣波罗的海舰队进行增援。日本对此极为不安，海、陆两军都采取了紧急对策。负责进攻旅顺口的是日本陆军第3集团军，司令官为著名战将乃木希典[②]。旅顺口历经沙俄10年经营，已成为俄军“固若金汤”的海军要塞。面对用钢筋水泥修筑的要塞工事，日本炮兵即使用新式大炮轰击也无济于事，炮弹命中后马上就被反弹出去，加上俄军首次装备了先进的马克沁重机枪，可谓坚不可摧。但是乃木希典认为，炮弹打不进，肉弹总能起作用，于是完全置广大士兵的性命于不顾，下令实施“肉弹攻击”。

海上，东乡平八郎则连续向港口发动攻击，把俄舰从港内逼出来，使之失去岸防炮台的保护。

为了避免远东太平洋舰队覆没在港内，俄国舰队在新任司令维佐弗特少将的指挥下，试图于6月23日突围，但在日本联合舰队早有准备的阻截下不得不又退回港内。至月底，日本陆上围攻部队的炮火已达港口，维佐弗特又试图向符拉迪沃斯托克突围。8月10日，突围的俄国舰队在黄海海面上遭到日本联合舰队主力的拦截，双方发生了一场激烈的海战。维佐弗特不幸在战斗中被打死，大多数俄舰又被逐回旅顺港，由符拉迪沃斯托克派出的俄国增援舰队也遭到日本联合舰队拦截。

12月6日，日本陆军在付出高昂的代价后，攻占了旅顺港西北的制高点——尔灵山顶峰。当天，日军将18门重炮置于山顶猛轰俄舰。

---

① 尼古拉二世（1868—1918）：俄罗斯帝国末代皇帝，俄罗斯罗曼诺夫王朝最后一位沙皇。他登基之时，沙皇制度已经开始摇摇欲坠，他对外扩张、对内改革均不尽如人意。

② 乃木希典（1849—1912）：日本陆军大将，对外侵略扩张政策的忠实推行者，因在日俄战争中攻克旅顺口而成名。

俄舰被日军关门打狗，毫无还手之力，除 6 艘驱逐舰外，驻旅顺港的俄国舰船全部被击沉。

旅顺口、符拉迪沃斯托克的俄远东太平洋舰队被歼灭后，东乡平八郎率日本联合舰队志得意满地撤回国内基地休整。

12 月中旬，毕业后正焦急等待分配的高野五十六终于接到了迟来的通知——到联合舰队内港基地横须贺向“初濑”号战列舰报到。高野五十六闻讯喜出望外，因为“圣将”东乡平八郎是他的偶像，能在其麾下效命是无上光荣的事。但他不明白为什么命令来得这么迟，战争已经结束了，他失去了一次难得的机会，这让他兴奋之余又有些遗憾。

高野五十六兴冲冲地来到横须贺基地后才知道，“初濑”号战列舰已经在旅顺港触雷沉没。他被临时改派到“春日”号上以少尉候补生见习。第二年年初，他转入“日进”号做通信联络官（实际上只做舰桥传令兵的工作）。“春日”号和“日进”号都是全新的装甲巡洋舰，由意大利生产，排水量为 7 700 吨。它们是在没有试运行的情况下直接被编入由东乡平八郎亲自指挥的日本联合舰队第 1 舰队参战的，入役不到一年。

1905 年 2 月中旬，东乡平八郎的旗舰“三笠”号在吴港修理好后，经江田岛、佐世保，于 2 月 21 日进驻朝鲜半岛的镇海湾，之后以该地为据点，在对马海峡进行训练。高野五十六所在的“日进”号重装甲巡洋舰也参与了此次训练。一心想为天皇开疆拓土、建功立业，为高野家族赢得荣耀的高野五十六，在训练中格外卖力。

整编后的日本联合舰队分为第 1、第 2、第 3 舰队，共辖 7 个战队。在东乡平八郎的严格管理下，各战队日夜操练，本着“一门百发百中的大炮要胜过 100 门百发一中的大炮”的宗旨，完全以实弹演练。他们的射击精度提高得很快，到训练结束时，几乎用掉了一半炮弹。

在训练过程中，日本联合舰队还做了一个很不寻常的战位变换：炮术长的位置上升到了舰桥（原来是舰桥传令兵站的位置）。炮术长在舰桥上指示射击目标和决定射击诸元，各主炮副炮只能按照炮术长的指令进行操作，禁止自作主张。这样做的好处是不言而喻的：一艘舰上装载的几十门主炮副炮的炮弹同时飞向一个目标，大大提高了首发命中率。但是，通信问题又该怎样解决呢？日本的大型舰只上都有军乐队，一旦开打，军乐队就是弹药搬运队，现在又给他们加了一个射击传令兵的活。从职责上讲，高野五十六的任务就是对各炮位的作战情况进行记录和传达炮术长的命令。

此时日本联合舰队的各级指挥官都知道，沙皇尼古拉二世派出的增援远东太平洋舰队的援军很快就要到了，一场更大更激烈的战斗正等待着他们。高野五十六给父母寄了一张照片，照片的背后写着"生死有命不足论，唯有鞠躬报至尊"，表达了这个长冈武士后代临战前的心情和决心。他的父母收到信后激动不已，也立即给他写了一封勉励信，鼓励他奋勇出征，以效忠天皇。他后来在回忆此事时写道：

当我经过3年苦学上舰时，日军攻陷了旅顺，敌人的第1太平洋舰队（即俄国远东太平洋舰队）业已全军覆灭。正当我为逢不到敌手而扼腕叹息的时候，传来敌人的主力舰队波罗的海舰队要来的消息，岂能不叫快哉。

事实上，沙皇尼古拉二世下达增援命令后又经过3个多月的准备，俄国海军才完成舰队编组。1904年9月26日，沙皇尼古拉二世登上停泊在塔林港的舰队旗舰"苏沃洛夫"号战列舰，检阅了舰队。在沙皇的祝福声中，这支由7艘战列舰（其中3艘是老式战列舰）、6艘巡洋舰、9艘驱逐舰、1艘医疗船（由贵族妇女自愿参加组成）、1艘工厂船（给未完工的战列舰做些零星装配工作）和其他后勤辅助舰船组成的第2太平洋舰队，离开芬兰湾，沿非洲海岸南下，绕过好望角，进入印度洋、太平洋。

俄国第2太平洋舰队从欧洲起航后，日本海军军令部的情报人员一直密切关注着这支庞大舰队的东调航迹。有关其动向的情报源源不断地出现在海军军令部长的办公桌上和日本联合舰队的指挥室里。

1905 年 1 月 9 日，当俄国第 2 太平洋舰队抵达马达加斯加岛北端的诺西贝时，得到了旅顺口陷落、整个远东太平洋舰队覆没的消息，全体官兵如遭雷击，许多人主张返回圣彼得堡，但舰队司令罗杰斯特文斯基中将固执地遵照沙皇命令继续东行，抱着如果能侥幸取胜，也许能给俄国捞回点面子的幻想。实际上，这支舰队存在着极大的隐患：

一是新旧舰只不一，编队航速相当低，而且水兵还未熟悉新式军舰上的设备。

二是这支舰队是从波罗的海出发前往远东，途中经过北海、大西洋、印度洋、南中国海，航程近 1.8 万海里（几乎相当于绕地球一圈），如此漫长的航行给舰只、人员带来了极大的损害，整个舰队减员严重，士气低沉。

三是在航行过程中，舰队找不到可以加煤的港口，只得把军舰上一切能装的地方都装上了煤，结果造成整个舰队航速更慢，舰员的生活环境变得异常恶劣。

四是舰队出发时，俄国国内局势不稳，无产阶级革命的影响已经波及军中，舰队中人心浮动，充满了厌战、畏战情绪。

五是舰队属于临时拼凑而成，水兵缺乏协同训练，且有严重的恐惧心理，一路上草木皆兵。

4 月 8 日，俄国第 2 太平洋舰队通过马六甲海峡进入中国南海，在越南金兰湾休整并于 5 月 9 日和第 3 太平洋舰队会合。当这支远征舰队离开金兰湾时，舰队更加庞大了，一共拥有 11 艘战列舰。这样一支庞大的舰队驶往符拉迪沃斯托克有 3 条路可走：一是穿过对马海峡；二是穿过日本本州岛和北海道之间的津轻海峡；三是穿过北海道与库页岛之间的宗谷海峡。其中，对马航线最近，从对马海峡到符拉迪沃斯托克只需要 3 天时间。罗杰斯特文斯基在没有与任何人商量的情况下，选择了对马海峡。为了迷惑日本海军，他派出 2 艘伪装巡洋舰，到日本东海岸近海一带，装出要走津轻海峡的样子。

日本联合舰队司令东乡平八郎根据俄国舰队的航速和补给供应情况，断定俄国舰队将通过对马海峡直接前往符拉迪沃斯托克。5 月 20 日，东乡平八郎下令联合舰队所有分舰队进入战位守株待兔，等待俄国舰队的到来。当然，这一决定也是非常冒险的。因为按俄国舰队编队平均航速 10 节[①]计算（实际航速没有达到 10 节），俄国舰队应在 5 月 20 日到达对马海峡，但到了 20 日后仍无消息，东乡平八郎很担心俄国舰队取道津轻海峡，甚至考虑是否要做两手准备，分兵北上至津轻海峡堵截。但这样一来，本身实力就有限的日本联合舰队的作战力量就更加不够了。

5 月 27 日夜，在对马海峡南口五岛列岛以西海区担负侦察监视任务的日本海军侦察船“信浓丸”，透过黑夜的海雾首先发现了缓缓北上的俄国“奥勒尔”医疗船的灯光，船上那些贵族妇女公然违反罗杰斯特文斯基的灯火管制命令。4 时 45 分，“信浓丸”看清了俄国舰队。于是，它一面继续对敌舰进行监视，一面向日本联合舰队司令部发出了预定好的“今天天气晴朗，但海浪很高”的密码电报，其译文为“发现敌舰队”。这一发现，让等待已久的东乡平八郎终于放下心来，他站在旗舰“三笠”号上，数日来一直铁一般严峻的脸上终于露出了难得的微笑。

5 时 05 分，在朝鲜半岛马山附近的镇海湾内，待命中的日本联合舰队得到了全体出港的命令。

高野五十六所在的“日进”号，是联合舰队第 1 战队司令三须宗太郎中将的旗舰。上午 10 时，舰长召集全体人员作最后动员：“我们等待已久的敌舰队即将来到，以国运相赌与之进行的大决战，3 小时后即见分晓。……今日实在是显露我们精妙技术的时候，如果对战胜敌人舰队还有什么要求的话，那就是要沉着冷静，仰望祖国，无所畏惧。谨让我们高呼天皇陛下万岁！”于是，全体舰员山呼万岁。高野五十六情绪

① 1 节 =1. 852 千米/小时。

激昂，已经做好了为天皇献身的准备。

一个小时后，东乡平八郎根据俄国舰队的行进路线分析判断俄军进攻的时机，让舰队尾随俄国舰队前进。整个上午，日本联合舰队都像幽灵一样始终跟随着俄国舰队，若即若离，给俄国官兵带来了极大的精神压力，本已不高的士气更显低落。

当天接近正午的时候，日本联合舰队第3战队在冲之岛附近接近了俄国舰队。俄舰抢先试探性开火，但日舰没有马上还击，只是继续跟进。此时俄国舰队的队形是：第1、第2装甲舰大队在右翼，第3装甲舰大队和巡洋舰大队在左翼，运输船队居中。舰队司令罗杰斯特文斯基终于绷不住了，命令舰队组成战斗队形，第1、第2纵队加速到11节，行驶到第3纵队前面，由于他没有同时下令第3纵队减速，整个俄国舰队的阵形陷入混乱。

13时30分，日俄双方接近至10海里，而俄国舰队尚未把混乱的阵形调整到位。13时55分，东乡平八郎模仿特拉法尔加海战时的霍雷肖·纳尔逊①，发出“皇国兴废在此一战，各员一同奋励努力”的信号，并命令主力第2战队加速。不久，日本舰队第4战队（快速驱逐舰队）利用其航速优势压向俄国舰队正前方，逼迫俄舰队偏离原航向。

14时05分，为占据有利的攻击阵位，东乡平八郎毅然下令敌前大转向，即著名的“U”形转弯。

由于日舰定点转弯时为俄军提供了一个固定的射击靶，而且日舰在转弯时无法开炮，所以日舰第1、第2战队的每舰都在转弯点上受到了俄军炮火的攻击。14时08分，罗杰斯特文斯基抓住有利时机，令“苏沃洛夫”号向日本联合舰队开火，东乡平八郎的旗舰“三笠”号中弹起火，两艘装甲巡洋舰“出云”号和“浅间”号受伤。

但是，东乡平八郎冒着“苏沃洛夫”号的猛烈炮火，利用16分钟

---

① 霍雷肖·纳尔逊（1758—1805）：英国18世纪末、19世纪初的著名海军将领及军事家，在尼罗河口海战、哥本哈根战役、特拉法尔加战役等重大战役中带领英国皇家海军胜出。

时间完成了“U”形转弯，采用抢占“T”字横头的战术穿过俄国舰队，向俄国先头战舰发起攻击。即日方舰艇排成T字的一横，而俄方舰艇排成T字的一竖，这样，日方所有的炮火（舰艇主炮）都可以轰击俄方的先头战舰，轰沉第一艘后再继续轰击第二艘……而俄舰每个纵队只有先头战舰可以主炮攻击。双方主力舰在4海里距离内开火。日舰第一排炮就击伤了“苏沃洛夫”号，第二排炮齐射后，“苏沃洛夫”号损失严重，罗杰斯特文斯基和舰长双双负伤，炮塔失灵，无线电被击坏，“苏沃洛夫”号被迫退出战列。

俄国舰队失去指挥后，变得更加混乱。俄第2分队的旗舰“奥斯利亚比亚”号遭到6艘日舰的集中轰击，舰艏吃水线附近很快被撕开一道裂口，海水不断涌入，舰艏开始下沉，于15时10分左右沉没，全舰900名官兵仅幸存300余人。随后，“亚历山大三世”号、“博罗季诺”号、“鹰”号、“西索依－维利基”号也先后遭到重创。

当天16时左右，前往符拉迪沃斯托克的航道也被封锁。16时45分，日本联合舰队第5、第6战队投入战斗，不久，俄国巡洋舰“斯维特拉娜”号被击沉，另一艘旧式巡洋舰“顿斯科伊”号顽强地抵抗6艘日本巡洋舰的围攻，并击伤了“浪速”号和“音羽”号，后为避免被俘而由舰员自行凿沉。“奥列格”号、“阿芙乐尔”号、“珍珠”号及其他几艘驱逐舰、辅助船向北突围不成，便一直南下逃往菲律宾。

双方的主力舰在16时45分、17时30分两次相遇，但俄国战舰都受到重创，无法发起有力的攻击，结果3艘战列舰相继被击沉。19时许，已被打得千疮百孔的“亚历山大三世”号战列舰沉没，舰员全部遇难。10分钟后，“博罗季诺”号的弹药库被日舰“富士”号击中，弹药库被摧毁，并引起锅炉爆炸，当即下沉，全舰官兵仅1人获救。在海上漂浮的旗舰“苏沃洛夫”号依然遭到日舰炮击，俄国驱逐舰“狂暴”号冒险靠近旗舰，接走舰上伤员，包括舰队司令罗杰斯特文斯基。19时20分，日本驱逐舰发射鱼雷将“苏沃洛夫”号击沉，全舰仅幸存20人。

高野五十六站在“日进”号舰桥上担任记录，此时舰上已有人员死伤。当白天的战斗快要结束的时候，“日进”号突然被俄舰的炮弹击中。高野五十六后来这样写道：

轰隆一声巨响，剩下来的8英寸口径舰艏左炮被俄国人的重炮击中，舰上顿时硝烟弥漫，遮住了战舰的前半部分。一股巨浪猛烈袭来，我不觉踉跄几步，左手手指“嚓”地一下折断两根，只连着一点皮。挂在脖子上的记录板也不翼而飞了。同时左腿也被弹片削去巴掌大的一块肉，鲜血染红了甲板。

夜幕降临后，东乡平八郎命令鱼雷艇去收拾所有受伤的俄舰。

整整一夜，日军的37艘鱼雷艇和21艘驱逐舰，像嗜血的鲨鱼一样不停地跟着继续北上的俄国舰队残部，伺机进攻，先后击毁1艘俄国战列舰、2艘装甲巡洋舰，而日本鱼雷艇则被打沉2艘、击毁1艘。俄国海军少将安克威斯特对去海参崴已经绝望，黑夜中趁着混乱率领4艘新式快速巡洋舰南下，开往中立国菲律宾，这才得以逃生。而这时东乡平八郎正率领日本联合舰队主力悄悄连夜赶往北方的郁陵岛附近设伏，等待继续赶往海参崴的俄国舰队。

5月28日清晨5时过后，当涅博加托夫海军少将指挥的俄国第2、第3分舰队残部开到郁陵岛南方60海里处时，被等候在这里的28艘日本战舰包围。上午9时，“三笠”号重新升起战斗信号“Z”字旗，日本战列舰一齐开火，俄舰奋力还击。10时45分，身负重伤的“尼古拉一世”号舰长斯米尔诺夫沉重地说：“今天我们的情况是不能再打了，除了投降，别无出路。”他的话无疑代表了大家没敢说出的想法。涅博加托夫环顾四周，点头表示同意，并下令升起白旗。10时53分，“海军上将阿普拉克辛”号、“海军上将谢尼亚文”号、“鹰”号等战列舰也先后投降。日舰在看到俄方的投降信号后，依然进行不人道的炮击，直到俄国军舰挂出日本旗为止。載有舰队司令罗杰斯特文斯基的“狂暴”号也向日方投降。只有“海军上将乌沙科夫”号在看到日军的劝降信号后，毅然用炮火做了回答。最后，为了不让这艘以俄国著名海军将领命名的战舰落入敌手，舰长下令自行凿沉。巡洋舰“绿宝石”号在逃往海参崴的途中触礁，被舰员炸沉；余下几艘分别逃往上海、马尼拉、马达加斯加等中立国港口，最终逃回海参崴的只有巡洋舰“金刚石”号和驱逐舰、运输舰各1艘。

对马海战结束了，高野五十六在他开始军事生涯的第一仗中就被炸掉了两个手指头，真可谓付出了血的代价，但他也因此战而开始崭露头角。

加速度的升迁之路

日俄战争是日俄两国之间矛盾激化的必然结果，同时也是以两国为前哨的帝国主义列强两个营垒为争夺远东霸权而进行争斗的结果。战争的受害者依然是贫穷落后的中国。

1905年9月5日，在美国的斡旋下，日俄两国经过一番激烈的讨价还价，最后签订了《朴次茅斯和约》。一纸和约，使中国尚未送走前门虎，又迎来了后门狼。日本完全达到了对俄作战的目的，正如当时的美国总统西奥多·罗斯福所说：

> 日本取得了令人惊异的胜利，获得了显著的成果。日本获得了中国东北及朝鲜的驾驭权，得到了旅大（今大连市）和库页岛南部，又因为击败俄国的海军而自然地拥有强大的海军力量，在太平洋内除英国之外，占据了任何国家都难以匹敌的优势。

如同日俄战争对日本海军的发展起了强刺激作用一样，这次海战也使高野五十六这个刚开始血与火历程的少尉候补生，赢得了在海军发展所需要的“资历”，实现了他多年来为天皇效忠的梦想。海军军令部认定他作战勇敢，报请嘉奖。1906 年 4 月 10 日，天皇授予他六等功勋旭日章，并颁发 350 日元奖金。

高野五十六认为，这一仗是他人生的重要经历，也是他进阶的垫脚石。后来他还为此专门撰文写道："我从海军军官学校毕业不久就碰上了日俄战争，作为一名海军士官，能够获得实战经验实在是幸运的，当时我受命在三须中将阁下乘坐的第 1 战队旗舰'日进'号担任舰长（应该说是炮术长）的传令兵，在前舰桥写战斗报告是我的任务。怎么也无法忘记，在敌舰队投降的前一天，即明治三十八年（1905 年）5 月 27 日，以国运相赌的大决战在日本海开始了，有不少战友受伤。就在那一天，一发炮弹飞起来，被击中的舰桥碎片打伤了我的左腿，并夺去了左手二指。那一瞬间，我没有感到丝毫恐惧，只想到人在岗位上应当尽自己最大的努力。从那以后，虽然经过了 30 年的岁月，但这一信念始终未变。"正是这一信念鼓舞着他一步步忠实地执行日本军国主义对外扩张的计划，并在这一过程中得以步步高升。

日俄海战后，高野五十六改任"日进"号舰枪炮官，成为正式的少尉军官，两年后又升为中尉。

正是因为这场战争，日本海军的发展又跃上了一个新的台阶，1907 年由当时的海军大臣提出海军军备扩充的构想，简称"八八舰队"，即由 8 艘战列舰和 8 艘装甲巡洋舰组成，由舰龄在 8 年以内的主力战舰充当。虽然由于经费问题，计划未能如期实施，但战后日本海军的发展步伐仍然很快，一些新式、大吨位的战舰先后入役，训练舰员的任务相当繁重。

高野五十六因受过军校专业培训，又有实战经验，被调任为训练舰队宗谷分队的指导官，军衔随之升为大尉。"宗谷"号训练舰队的舰长铃木贯太郎也毕业于江田岛海军兵学校，比高野五十六大十几岁，算是学长。此人大有来头，甲午海战时，他作为鱼雷艇艇长，因冲入威海卫锚地击沉清军的铁甲舰"定远"号而扬名；日俄海战时，他带领的是一个战队——第 2 舰队第 4 战队（驱逐舰队），他让驱逐舰队开出 29

节，快速在俄国舰队中穿插，击沉俄军战列舰 3 艘、巡洋舰 2 艘，可谓战功赫赫。他历次远洋航行到过中国的珠江口和广州湾一带，并到过北美和澳大利亚。高野五十六对他钦佩有加，在他手下当教官自然小心翼翼，倍加努力。高野五十六的职责是，对来舰上进行远洋实习的少尉候补生进行业务指导。

高野五十六身材短粗，略显驼背，但却很结实。他身高只有 1.59 米，与他的偶像东乡平八郎恰好一般高。他神情忧郁，显得心事重重，内心却倔强刚毅，胆大心细。他与铃木相处颇为融洽，铃木对他的印象很不错。据铃木后来回忆，此时的高野五十六最引人注目的是其凡事深思熟虑而果敢行动的性格。他平时沉默寡言，认真指导候补生，默默地履行分队指导官的职责；在指导官开会时很少发言，但一旦开口，即观点明确，坚持己见，使大家每每不得不采用他的意见。

这一时期，世界海上强国都在探索海军的发展路子，提出了很多新的理论。高野五十六认为，以自己现有的水平还不能满足学员们对知识的渴求，也无法适应未来海上战争的需要，自己该学的东西实在是太多了。在这种思想的指引下，1908 年，高野五十六进入海军炮术学校学习，因成绩突出，被留任海军炮术学校教官兼分队长，同时兼任海军经理学校教官。1910 年 12 月，高野五十六被日本海军大学录取为乙种学生。

日本海军大学创立于 1888 年，是一所主要培养日本将校级军官的高等学校。学生最初分为甲、乙、丙 3 种。甲种主要是大尉军官，进修舰炮、水雷、航海等高等学科；乙种主要是校官或大尉，可选修任意学科；丙种主要是少尉。前两类学生的学习期限是 1 年，后者为半年。1890 年，学校进一步修改条例，将学生种类改为将校科甲种学生、将校科乙种学生、机关科学生和选科学生。将校科甲种学生是指有 2 年以上海上经历，且身体健康、业务成绩优异、具有敏锐的判断力、将来可充分发展才能，经所属长官推荐的海军大尉。将校科乙种学生是指有一年以上海上经历者，主要学习舰炮、水雷和航海。

一年后，高野五十六从日本海军大学毕业，出任佐世保预备舰队参谋。1914 年 5 月，高野五十六出任横须贺镇守府副官兼参谋。同年，他又被录取为甲种学生，以上尉军衔再次进入日本海军大学深造。

高野五十六深造期间，正值第一次世界大战爆发，参战各国使用的各种新式武器装备，让他产生了极大的兴趣。尤其是飞机在大战中的广泛运用，揭示了其广阔的发展前景，使他一度迷上了飞机。1914 年 9 月 5 日，日本海军的水上飞机母舰“若宫”号发起了世界上第一次海上航空兵攻击，这又引起了他的特别关注。水上飞机母舰“若宫”号的前身为输送船，于1914 年改装成为水上飞机母舰。尽管它只搭载了4 架飞机，攻击力十分有限，但高野五十六认为，航母体现了海军舰船的一种发展趋势。

丰富的战争经验及先后两次进入日本海军大学学习的经历，为高野五十六日后在海军中的飞黄腾达奠定了坚实的基础。1915 年，他被授予四等瑞宝勋章，并晋升为海军少佐。1916 年，他经长冈藩藩主牧野忠笃子爵介绍，过继到旧长冈藩家老山本家，成为山本带刀的义子，改名为“山本五十六”。同年 12 月，山本五十六毕业于日本海军大学（第 14 期），出任联合舰队第 2 舰队参谋。他是一个孝子，当军官后还常常回乡为高野、山本两家的祖坟扫墓，并将大部分薪水都寄给母亲，接济兄姐，有时还为亲戚和老师的子弟缴纳学费。

1917 年 7 月，山本五十六赴海军军务局任职，并兼任海军教育本部部员、海军技术本部技术会议委员等职。

仕途顺畅、年轻气盛的山本五十六可谓春风得意，他虽然没有参加第一次世界大战，但他对大战中的各种战术运用颇有研究，对海军的发展提出过不少新的主张，在当时的日本海军军官中表现出一种强劲的上升势头。

第三章　事业第一

务实的婚姻

青年时代的山本五十六一直在为事业和仕途打拼奔劳，儿女私情似乎被他遗忘了。“月上柳梢头，人约黄昏后”的浪漫对他来说“不过是虚幻织成的梦境”，已经三十出头的他还没有成家的想法。

山本家族非常讲究家族传承，但到了山本五十六的义父山本带刀这一代，山本家的嫡传中已没有男丁。而山本五十六一心想把自己磨炼成一个“真正的军人”，以弘扬长冈武士道精神为己任，加上深受日本军国主义思想熏染，他拼命追逐军功和荣誉。在事业和仕途一步步迈向成功的同时，他的青春也在慢慢地流逝。这让长冈的名流们既喜又忧，不得不煞费苦心地为他物色合适的伴侣，以使山本家族后继有人。他们为山本五十六挑选了好几个相亲对象，这些姑娘大都出身豪门显贵，而且都是花容月貌的大美人，但他一个也没有看中。大家无法知道其中的缘由，于是便有了种种猜测，有人说山本曾有个初恋，名叫鹤岛正子。

据说，山本与正子是在佐世保一家名叫“宝家”的餐馆里偶然相识的。当时正子是“宝家”的艺伎，艺名叫小太郎，年仅 12 岁。山本则是佐世保镇守府舰队的一名见习参谋，大尉军衔，已经 28 岁，比正子大 16 岁。山本第一次在“宝家”饮酒作乐时，接待者并不是正子，而是一个叫小春的艺伎。正子与小春关系很好，情同姐妹。那天山本正打算告辞，正子过来了。她虽然年少，却十分早熟，长得风姿绰约，清纯迷人，山本不禁看得愣了神。于是，小春就向正子介绍山本大尉，并让她送送这位客人。正子拿起山本那双雪白的手套，准备给他戴上，突然发现山本的左手少了两个指头，惊讶地喊道："哎哟，小姐姐呀，这可怎么戴呀?"

小春是知道山本残疾的，背后还叫他"八毛钱"（当时艺伎们给客人修指甲通常要收取 1 日元的费用。要是按两只手的 10 个指头来算，每个手指头合 1 毛。而山本五十六的左手只有 3 个手指头，所以他每次只需付 8 毛），但是当着客人的面不能不讲礼貌。听到正子的话，小春立即斥责了正子，认为这是对客人的不尊重，有损客人的人格。但山本早就知道"宝家"有人给他取了绰号，因而对此并不太在意，何况正子小小年纪，也没说什么太难听的话，他怎么好意思训斥她呢。相反，他还不停地夸赞正子聪明伶俐，招人喜欢。

小春心想，山本可能是喜欢上正子了，此后，山本来"宝家"的时候，她就让正子接待。山本一有空闲就带着正子到佐世保一家叫"伊吕波楼"的酒馆去玩，这是一家专供艺伎游乐的酒馆。山本还经常借故将正子带出门，到外地去游玩，并给正子买些她爱吃的糖果、点心之类的零食。次数多了，他自己也喜欢吃甜食了。

正子被山本的小恩小惠所感动，悄悄爱上了这位行动多于言辞的军官。在正子看来，山本有一种她自己也说不上来的与其他海军军官不一样的地方，他冷酷的外表下面有一颗火热的心。他沉默寡言，长得也不算英俊，但只要和他进一步交往，就会发现他是一个非常有趣和幽默的人，而且他刚毅果敢，志向远大，终有一天会青云直上，成为一个了不起的大人物。

1916 年，"宝家"的小春为了学习歌舞等技艺来到东京，她很想在东京学有所成，但因患有心脏病，她最后不得不放弃舞蹈，改学当时流行的长谣曲。她拜杵屋佐吉为师，并易名为杵屋和千代。学成后，她来到新桥的新吉小川家，以“善奴”为艺名出现在新桥艺伎界，并打算在东京长期定居。正子也跟着小春来到了新桥。

小春把正子带到东京本来是想让她学习歌舞技艺的，但正子似乎在东京待不习惯，或许是因为年龄太小，仅仅过了一年，她就想家了。有一天，她对小春说：“小春姐姐，我觉得还是乡下好，我不想在这儿待下去了。”最后，她一个人回到了佐世保。

此时的正子已经不是当年那个满身稚气的“小太郎”了，她出落得像一朵盛开的莲花，摇曳多姿，妩媚动人，成了一个颇具声名的艺伎。《文艺俱乐部》的杂志封面上还刊登了“小太郎”的一幅非常性感的照片，下面附有“九州名花”的赞词。

1916 年，山本五十六刚从海军大学毕业，正好改姓山本。当他再次见到正子的时候，发现她已经是一只熟透了的苹果，于是更加迷恋她了。但山本家族的人还蒙在鼓里，以为山本的择偶标准实在太高了。他们要是知道山本爱上了一个艺伎，肯定不会赞成，最终，山本和正子也没能修成正果。

山本家族的人为了尽快了却心愿，又把山本最好的朋友堀悌吉请出来，请他帮忙为山本五十六物色对象。堀悌吉自然乐意效劳。他知道山本爱的是什么样的女人，而结婚成家又该是什么样的女人。很快他就给山本找到了一个适合结婚的对象，是堀悌吉的朋友四灶幸辅的远房亲戚，叫三桥礼子，时年 22 岁，是会津若松的一个农家女，全家以经营农业兼养奶牛、销售牛奶为生。礼子的父亲叫三桥康守，曾是会津藩的士族（明治维新后授予武士阶级的一种族称），早年在朝鲜从事畜牧业长达十几年之久，后回到日本专营畜牧业，是远近闻名的畜牧业专家。三桥康守很看重中国的儒家文化，以仁、义、礼、智、信分别为自己的 5 个孩子取名。礼子排行第三，所以叫“礼”，她生性宽容大度、温顺敦厚，完全受其父亲的影响。

当然，山本看上她并不是因为她的家世和学识，他在写给哥哥高野季八的一封信中曾提到自己的婚姻问题，说：“牧野家（指旧长冈藩藩主牧野子爵家）曾给我提过几门亲事，前任次官铃木（指铃木贯太郎）和其他一些老师、长辈也时常劝我早日订婚。他们给我介绍的几个姑娘大多出身名门，或者多注重于家族的财产与势力，或者寄希望于我未来的飞黄腾达。对于我这样一个‘白手起家’、居无定所又无恒产的军人来说，我觉得，我与她们是不相配的。”

他在信中还表明了自己对礼子的看法：“这个女孩 1913 年毕业于会津女子高中，之后一直代替女佣帮助母亲照料家里的生意，从未来过东京。据说其家风朴实。她本人身高 1.54 米，身体结实，能够吃苦耐劳，我觉得她对于我似乎还比较合适，因此我想前去相亲。假如没有什么明显的问题，就打算定下来。”

相过亲后，山本对长相与家境均十分普通的礼子颇有好感，而且她细腰丰臀，是传说中生育能力很强的那种女人，正好可以为山本家族兴旺人丁。他想快刀斩乱麻，便写信给礼子：

钝笔谨致亲切的问候。天气日渐炎热，与大家分别后，我的身体一直很好，特此告知于你，请勿挂念。我们的事由于诸位好友的热心帮助，进展顺利，可谓一切如意，我深感慰藉。倘你同意，我今后将不会再另有所爱，我已对你倾尽肺腑之言，望你亦如我，尽你所欲言，不必羞怯。倘能如此，实符我心。

这些情话，当然不能说是谎言，因为礼子的确有其可爱之处。比如，礼子的字写得非常漂亮，山本在阅读礼子写的情书时被她那手漂亮的字打动了。还有一次，他们一同乘车出去游玩，正值炎热的夏季，天气十分闷热，山本在车上打起盹来，而坐在他身边的礼子则不停地为他扇扇子，令他深为感动。可以这样说，礼子的可爱之处正在于她的知书达理、朴实贤惠。

1918年，山本五十六和三桥礼子的合影

由于“诸事进展均十分顺利”，1918年8月31日，34岁的山本五十六与三桥礼子一起走进了婚姻的殿堂。他们在东京芝区水交社日本海军俱乐部举行了婚礼。

阴差阳错，鹤岛正子此时突然又冒了出来。那天，正子到佐世保的一家商店购物，看见山本从一辆黑色的轿车里走出来，不禁失声叫出了山本的名字。他们已经有四五年没见面了，但正子还是一眼就认出了他。山本仔细打量着正子，发现她浑身上下都散发着一种摄人心魄的女性魅力，令人难以抗拒。这次偶遇，使两人之间爱的火焰又被重新点燃，以致山本不惜冷落新婚的妻子，时常跑去与正子幽会。在去美国考察学习前夕，山本还专门把正子接到一家高级宾馆里，两人缠绵一夜，难舍难分。到了美国，他给正子寄去明信片，上面写有一首小诗："孤寂睇视窗外雪，异地远怀故乡君。"

山本真的爱正子吗？难说，也许他只是触景生情，也许正子只是填补了他心灵上的某处空缺。但正子却全身心地投入了她的爱，她终身不嫁，就是因为她把女人的所有——幸福与悲伤、爱与性、现在与将来，全都交付给了山本。

山本去美国进修后，他们很少有机会见面，但只要见了面，都能让对方享受到无尽的欢娱和快乐。山本和正子的亲密关系，一直延续了将近30年。1940年年底，已晋升为海军大将的山本，成了日本联合舰队的司令长官，仍念念不忘初恋情人。此时，年已四十的正子经营着一家名为"东乡"的小酒馆，为了能够见到山本，她特地从佐世保赶往别府港。

尽管山本对正子的到来颇感意外，但他仍十分感激她对自己的一片痴情。当时他正在为偷袭珍珠港而绞尽脑汁，但仍抽出时间陪伴正子。

有一天，山本和正子从一家烤鳗鱼店吃完晚饭出来，山本突然焕发了青春的活力，他叉开双脚呈外八字形，弓腿弯腰，在正子面前学起了电影上卓别林的走路姿势。当时恰巧有几名海军士兵经过此地，其中一个水兵小声地对另外几个说："喂，快看，那不是咱们的司令长官吗？"几个水兵瞪大眼睛看着山本，其中一个几乎不敢相信自己的眼睛："别胡说了，那怎么可能是山本长官呢？咱们的司令可不会在大街上那样出洋相吧。"但那人的确是平时一点幽默感都没有的山本大将。

那么，山本与自己明媒正娶的妻子礼子关系到底如何呢？从山本与礼子结合来看，山本选择女人的标准是比较务实的，他想找一个能够传宗接代和操持家务的贤内助，与爱无关。

山本与礼子的新房位于东京赤坂区青山高树町，和堀悌吉住在同一条街上。他似乎并不在乎夫妻精神生活，他的婚姻观带着一股浓厚的旧武士遗风，家族传承是婚姻的首要任务。从这一点来看，山本的婚姻观是很不负责任的，完全忽视了妻子的情感世界，只把妻子当作生育的机器和照顾家庭的“保姆”。这可以说是礼子的悲哀。

15 年间，礼子为山本生了 4 个孩子：1922 年 10 月，长子义正出生；1925 年 5 月，长女澄子出生；1929 年 5 月，次女正子出生；1933 年 11 月，次子忠夫出生。作为一个职业军人的妻子，礼子没有享受到多少夫妻恩爱、生活的甜蜜，可贵的是，她心胸开阔，通情达理，具有东方女性特有的温顺，时时刻刻都在尽一个家庭主妇的职责。堀悌吉后来谈到礼子时曾说：“在日本这样的国度里，山本五十六的妻子——三桥礼子堪称一个出色的贤妻良母。当然，山本也是一流的人物，但相比之下，他的妻子显得更为出色。因此说，礼子是日本名副其实的一流女性。”

山本和礼子由于离多聚少，感情越来越淡薄。他甚至不愿意带礼子出入任何公共场合，这并非礼子上不了台面，而是在他的心目中完全没有礼子的位置。每当部下的妻子向他打听：“您夫人身体好吗?”山本总是说：“她看着像棵大松树一样，结实着哪!”这种不屑一提的态度正是他与礼子感情有隔阂的证明。

随着山本在仕途上的不断升迁，他对家庭的关照也越来越少。不过，在孩子们的眼里，他还是很慈爱的。他的长子后来曾发表过一篇文章，题目叫“永别了，父亲：山本五十六”，文章中说：“我们的家庭如同在严冬的阳光下一般，始终是平静、温暖的。父亲表面上很冷淡，但他的内心对我们却是十分关怀的。”

除了孩子，倘若要山本在爱情、家庭与事业之间选择，那么，他会毫不犹豫地选择事业，任何时候都不会有第二个答案。

求学哈佛大学

1919 年 4 月底，已经 35 岁的山本五十六接到海军军令部的通知，让他到美国哈佛大学学习。此时，他与礼子结婚还不到 9 个月，本该是难分难舍的时候，但他却在出国前的几个夜晚全用来与正子缠绵。临别时，正子并没有对他说一路保重，而是说“我会永远等着将军回来”。这么一句很普通的话，让山本感动不已，而这全是因为“将军”二字。此时的山本只是个少佐，但正子一直坚信山本未来会成为一个了不起的将军，这也正是山本奋斗的目标。他认为正子是最了解、最信任、最依赖他的人。世界大战已经结束了，一个职业军人在和平时期有了这样一个目标，才有最大的前进动力。

5 月 20 日，山本以外交官的身份登上“诹访丸”号邮船，从横滨起程。他身穿雪白的海军制服站在邮轮上，远眺着蓝色的大海尽头，仿佛看到了那片他向往已久的神奇土地——美利坚合众国。他此行的任务是学习英语，研究美国国情，目的地是波士顿市。

为了度过漫长的海上旅行时间，船上的乘客自发地组织起联欢会。一些来自美国和欧洲的乘客在晚会上相当活跃，船上的日本乘客并不在少数，但每遇这种场合，囿于东方民族特有的不爱抛头露面的传统，没有一个日本人出场献艺，场面有些尴尬。这时，平素寡言少语的山本显得特别兴奋，给客人表演了他的拿手绝活——头手倒立。在乘客们的阵阵喝彩声中，他又顺手拿起早晨吃饭用的盘子，一手一只，跳起了自少儿时就很擅长的“盆舞”。只见他两手托盘，呈“十”字形左右摆动着，突然双脚起跳，向前凌空翻了一个筋斗，而两只盘子仍然稳稳地托在手掌之中。他的表演十分精彩有趣，总算为日本人挣回了点面子，这也显示出山本敢为别人所不敢为、好胜好斗的性格。

山本到达美国东海岸的波士顿市后，随即进入他向往已久的举世闻名的哈佛大学。跨进这所学校的那一刻，他内心感慨不已。小时候，姐姐嘉寿子经常带他到一个美国传教士开办的教堂去做礼拜，正是在那时，美国传教士对幼小的他产生了较深的影响，使他较早地接触到了西方的一些思想。如今能进入哈佛大学这样的名校学习，无疑会对他的事业乃至人生产生影响，他下定决心要好好把握这次机会。

同年 12 月，山本在美国波士顿被晋升为海军中佐。

他更加珍惜这次学习机会，学习十分用功。不过，他认为学习文化知识是次要的，最主要的是考察美国国情。这是一个肩负“使命”的军人与普通留学生的区别。所以，除了学习英语，他利用一切可能的机会广泛接触美国各界人士。每逢周末或节假日，他便相约与美国人外出旅游，以了解美国的资源、政局及风土人情。

在美国从东海岸到西海岸的考察旅行，使山本认识到了日本与美国的差距。美国广袤的地域、丰富的物产、强大的经济实力，都给他留下了极为深刻的印象。首次赴美给他带来了很大的冲击。美国的女性都能接受大学教育而且能够工作自立，使得除了欢乐街的女子之外几乎不知道还有其他女性的山本目瞪口呆；美国的砂糖居然不要配给，让山本懂得了什么是“国力的差异”；后来，底特律的汽车工厂和得克萨斯的油田，更是让山本直面美国真正的工业力量。

美国可以说是第一次世界大战中的暴发户。第一次世界大战期间，美国的生产集中和资本积聚的过程、垄断组织实力增强的过程都加快了，垄断组织大发战争横财。经济实力的日益增强，使美国占据了世界经济的绝对优势地位。1920 年，美国的钢铁产量近 8 000 万吨，占世界黑色金属总产量的 60% 以上。其中，美国的钢产量比英国多 3 倍半，比法国多 13 倍。1916 年至 1920 年，美国石油开采量占世界石油开采量的 66. 8% 。此外，美国还是世界金融中心，拥有世界黄金储备的 40% ，是 20 多个国家的债主，债务总额约 100 亿美元。在美国的所见所闻，使山本越来越清楚地认识到钢铁与石油是战争的命脉，他为此选修了燃油专业。日本是一个资源十分缺乏的岛国，尤其是战略物资——石油更为缺乏。因此，山本十分注意考察美国的石油工业。他实地考察了美国大部分的油田和炼油厂，查遍了美国所有有关石油的文献著作，每天阅读四十几种美国的新闻杂志，写了大量的考察报告。

山本还开始研究石油及其与海军政策的关系。当时海军战舰的燃料已经逐渐用石油代替了煤炭。舰队对石油的需求是巨大的，而日本在石油方面离不开进口，否则根本不可能支撑一支庞大的舰队。日本海军部于 1920 年重拾“八八舰队”计划，山本想，舰船固然重要，但战争一旦打响，石油的来源便成了一个事关战争胜负的战略问题，增加石油来源比增添舰艇更重要。他试图找到一个解决这一瓶颈问题的途径，并自作主张跑到美国的邻国墨西哥去考察石油。

在墨西哥，山本结识了日本驻墨西哥大使馆的陆军武官山田健三少佐。山田健三是山本的新潟同乡，在日俄战争期间又和山本的哥哥是同期战友，因而两人关系十分密切。交谈中，山本得知山田因驻墨期间嗜赌如命，输得连回国的路费也拿不出来了，于是将自己的大部分经费给山田做了路费。山田非常感激他的慷慨相助，表示日后一定把钱悉数归还。

山本听了把手一挥，笑着对山田说：“这点钱就不劳你惦记着了，等我有时间了也去赌上两把，把你输掉的钱赢回来。”

山田听了非常惊讶地问道：“你也会赌博吗？”

山本哈哈大笑起来，意味深长地看了山田一眼，然后半开玩笑地说：“山田君，你那也叫会赌博吗？等我回到日本，你可得好好向我学习学习，别老在外国人面前输钱了，这样哪对得起国家呀？”

之后，山田顺利回国，而经费紧张的山本在墨西哥的旅行却变得十分艰难。他住在三流旅馆中最差的房间，一日三餐以面包和生水为主。墨西哥最便宜的香蕉，成了这位海军中佐的唯一副食。由于他的服饰过于平常，加之寒酸的生活，以至于墨西哥警方不得不致函日本驻美大使馆查询“有没有一个叫山本五十六的逃犯”。

但是，山本认为自己的墨西哥之行是很有价值的。在墨西哥东海岸的坦皮科市，他特意给哥哥写了一封信，毫不掩饰地描述了他参观油田时惊讶的心情："我为考察石油来到墨西哥的坦皮科市。这里的一口油井每天约产原油500余石，有的井已连续喷油13年。油的行情为1石原油1日元，出口税1日元。这在我们的家乡越后实在是无法想象的。"

在美国学习期间，山本对美国有了非常全面的了解，内心开始涌出一丝隐隐的不安。日本与美国在远东地区的矛盾正变得越来越尖锐，而当时日本的国力根本无法与美国相比，一想到日美之间力量的差距和日美矛盾的尖锐化，他的心中就充满了忧虑。正是从这一时期，他开始思索一个十分现实的问题——如果日美之间爆发战争，日本如何才能战胜强大的美国呢？

参与美日谈判

当山本还在为尚未发生的日美战争而劳心费神时，一个新的任务随之而来。1920年，山本五十六奉召担任驻美大使币原喜重郎的助手，准备在即将召开的华盛顿会议上与美国副国务卿戴维斯进行谈判。

作为第一次世界大战的战胜国，法、英、美与意、日等国经过巴黎和会长达6个月的谈判，于1919年6月28日在巴黎的凡尔赛宫签署条约，这就是标志第一次世界大战结束的《凡尔赛和约》。但这个条约使战胜国矛盾滋生，开始了长达数年的明争暗斗。

根据条约规定，德国损失了10%的领土、12.5%的人口、所有的海外殖民地（包括德属东非、德属西南非、喀麦隆、多哥以及德属新几内亚）、16%的煤产地及半数的钢铁工业。条约规定剥夺的德国全部海外殖民地，由主要战胜国以"委以统治"的形式予以瓜分。法国认为自己的诉求没有完全得到满足，总理乔治·克里孟梭[①]在随后的大选中

① 乔治·克里孟梭（1841—1929）：法兰西第三共和国总理，第一次世界大战协约国的胜利和《凡尔赛和约》签订的奠基者之一。

下台。总的来说，英国对条约比较满意，德国东部边界得到了一定的安全保障，如波兰的独立和但泽自由市的成立。在某种程度上，英国甚至认为条约对德国过分苛刻，可能导致德国的不满并成为未来的不稳定因素。日本则悄然获得了德国在中国山东的权益与太平洋上赤道以北的岛屿，加强了它在远东和太平洋的优势。

法国总理克里孟梭

美国认为条约是欧洲的麻烦所在，而且对德国过于苛刻。1919年，美国国会投票决定拒绝签署《凡尔赛和约》并拒绝加入国际联盟。围绕着远东和太平洋的争霸问题，日本与美国之间的矛盾变得十分尖锐。

美日之间矛盾的关键在哪里呢？“一战”期间，日本乘西方列强忙于欧战、无暇东顾之机，大肆在亚洲和太平洋地区扩张，占领了原德国在太平洋上的加罗林群岛、马绍尔群岛和马里亚纳群岛，并夺得了德国在中国山东的权益。日本的主要目标是把中国变成其独占的殖民地。为此，它于1915年提出了灭亡中国的“二十一条要求”。战后，日本在对中国的贸易中处于领先地位，英国被排挤到第二位，美国居第三位。这种情况自然不能为“一战”的最大暴发户美国所容忍。美国发表声明，不承认日本专享德国在中国山东的权益。

但在霸权主义时代，所有的否决权取决于一个国家的政治、经济和军事实力，否则即使喊破嗓子也没人理会。因此，第一次世界大战刚刚结束，日本与英美就围绕着太平洋的霸权展开了军备竞赛。1907 年年底美国大白舰队的环球航行，就预示着美国开始要成为取代大英帝国的超级大国。日本要与美国比肩，两国先后开始制造排水量超过 4 万吨的大型主战舰，比如日本的“日向”号和“长门”号战列舰，设计排水量都超过了 3. 5 万吨。另外，航空母舰也在规划设计或建造中。

在海洋上，美国海军把后勤保障作为一门科学来研究。通过切斯特·威廉·尼米兹[①]等人的实践，海军后勤支援部队解决了海战中最令人头痛的问题，即舰只为了添加燃料、补充给养和维修，必须返回陆上基地。随着海上列车式的快速货船和移动修理船编入舰队，过去常常需要脱离战斗数周甚至数月的后勤补给行动，此时只需几天甚至几个小时即可完成。

从种种迹象完全可以推知华盛顿会议的主题——与势力范围划分和限制军备有关。敏感的山本为此做了很有针对性的准备工作。当时他为代表团做一些具体的事务性工作，尤其在最后撰写报告书的时候，经常通宵达旦地工作。精力旺盛的他连续三天三夜没有睡觉，其精力之充沛，工作准备之充分，令代表团成员十分吃惊。当时的驻美大使币原喜重郎说他是“一个不可思议的人”，不管怎样熬夜都毫无倦色，而且屡屡提出一些中肯的意见。连谈判对手、美国副国务卿戴维斯都称赞他是一个“了不起的家伙”。

华盛顿会议也称太平洋会议，于 1921 年 11 月 12 日在大陆纪念堂

---

① 切斯特·威廉·尼米兹（1885—1966）：美国海军五星上将，“二战”期间担任美国太平洋舰队司令、太平洋战区盟军总司令等职务，主导对日作战，是山本五十六在太平洋战场上的主要对手。

美国海军五星上将　尼米兹

开幕，目的是要解决《凡尔赛和约》未能解决的帝国主义列强之间关于海军力量对比问题，以及在远东、太平洋地区特别是在中国的利益冲突问题，完善第一次世界大战后的帝国主义和平体系。核心是平衡美、英、日三国在东亚和太平洋地区的利益关系。

日本首席全权代表是海军大臣加藤友三郎①，山本最要好的朋友堀悌吉也是会议代表团的成员。大会选举美国首席代表、美国国务卿查尔斯・埃文斯・休斯为大会主席。会议有两个主要议题：一是限制海军军备问题，二是远东和太平洋问题。为此，除由美国、英国、日本、法国、意大利、荷兰、比利时、葡萄牙及中国九国代表参加的大会外，还

① 加藤友三郎（1861—1923）：日本第 21 任内阁总理大臣，火炮专家，日俄战争日本海海战时任联合舰队参谋长。

设立了由美、英、日、法、意五国组成的“缩减军备委员会”，以及由九国组成的“太平洋远东问题委员会”。会议实际上是在美、英、日三国的操纵下进行的，可以说是美国迈向超级大国的第一步。会议结果是在英国、美国、法国和日本之间缔结了导致日英同盟最后终结的《四国条约》，这四个国家加上意大利达成了《华盛顿海军条约》，美国、英国、法国、日本、意大利加上荷兰、比利时、葡萄牙和中国签订了《九国公约》。

其中，《四国条约》的主要内容有：四国相互尊重彼此在太平洋区域内岛屿属地和领地的权利，如相互间发生涉及上述权利的争端而未能通过外交途径获得满意解决，应举行缔约国会议以便协调解决；如上述权利受到任何国家侵略行为的威胁，缔约各国应全面进行协商，以便“联合地或单独地采取最有效的措施”应付局势；条约生效后，英日1911 年的同盟协定应予终止。1922 年 2 月 6 日会议结束时，英国、美国、法国、日本还签订了一个补充条约，规定有关“岛屿属地”和“岛屿领地”的概念对日本只适用于库页岛南部、日本从中国夺取的台湾澎湖列岛以及由日本委任统治的各岛。

会上，英国为了保住自己的海上地位，提出了《限制海军军备条约》预案。美国国务卿休斯建议，英、美、日三国主力舰的吨位应是：英美各 50 万吨，日本 30 万吨，即 5 ∶ 5 ∶ 3 的比例。日本对此表示反对。1921 年 11 月 28 日，日本政府提出三个预案，密电指示日方代表在会上讨价还价，即首先提出第一预案，争取英、美、日的主力舰比例为10 ∶ 10 ∶ 7；如不行，则提出 20 ∶ 20 ∶ 13 的第二预案；倘若必须退至5 ∶ 5∶ 3 的第三预案，则要求各国“维持太平洋防务现状”。但是，美国态度强硬地表示反对。最后，英国代表阿瑟 · 贝尔福向日本提出妥协案，即日本接受 5 ∶ 5 ∶ 3 的比例，英国则不在西太平洋建造和加强海军基地。

经过一番讨价还价，1922 年 2 月 6 日，美、英、法、意、日五国正式签订了《华盛顿海军条约》（即《限制海军军备条约》），主要内容是：

（1）规定五国主力舰总吨位限额为美英各52.5万吨、日本31.5万吨、法意各17.5万吨，即五国按比例为10：20：12：7：7。

（2）禁止建造标准排水量超过3.5万吨的主力舰，并不得装置口径超过16英寸的火炮。

（3）航空母舰的总吨位限额为美英各13.5万吨、日本8.1万吨、法意各6万吨；单舰标准排水量原则上不超过2.7万吨，并不得装置8英寸以上口径的火炮。

（4）美、英、日在太平洋地区所占岛屿要塞一律维持现状，各国不得建立新的海军基地和要塞，但夏威夷群岛、澳大利亚和新西兰等地除外。

华盛顿会议正式举行时，山本五十六已经回国，被任命为“北上”号轻型巡洋舰的副舰长，到中国沿海一带活动。由于他参加了会议的筹备，加之他的朋友堀悌吉是会议代表团的成员，因而他对会议的情况十分了解。他知道，这个《限制海军军备条约》不过是一纸空文，因为无论会前还是会后，美、日的大吨位舰船都在紧张建造之中。日本政府为了实现“八八舰队”计划，付出了巨大的代价，仅1921年，政府拨给海军的费用就占国家财政总预算的1/3，如果加上陆军的费用，总的军费开支占国家财政总预算的60%。

山本认为，要承认美日之间经济实力的差距，不要过早与美国进行军备竞争。日本目前应将国家安全建立在与美英列强的合作之上。加藤友三郎和堀悌吉也持同样的观点。但这一观点却遭到日本海军内强硬派的反对。以海军专门委员身份列席华盛顿会议的加藤宽治，回国后大肆鼓吹加快海军发展步伐的作用和意义，得到了海军中少壮派的支持，也引起了很大一部分日本国民的共鸣。

当时，日本有2艘4.1万吨的战列巡洋舰“赤城”号和“天城”号正在建造，如按“八八舰队”计划建造，将超过条约规定的日本主力舰总吨位的限额。因此，日本海军决定将这2艘巡洋舰改建成航空母舰。日本第一艘航母“凤翔”号于1922年12月竣工。英国“竞技神”号也随后下水。这极大地刺激了美国的欲望，美国将运煤船“木星”号进行改建并命名为“兰利”号航母，不过，它还算不上是真正意义上的航母，只能算是一个移动的海上飞行平台。随后，“列克星敦”号和“萨拉托加”号也投入改建之中。

由此可见，海上强国的军备竞争不是靠条约就可以限制的。山本显然也明白这一点。他虽然赞同限制军备竞争，但他又是一个彻头彻尾的用武士道思想武装起来的民族利己主义者，根本不可能容忍美、英等国压制日本海上力量的发展。他在等待时机，也在积极探索如何在现有条件下尽力弥补日本海军与美国海军的实力差距，而建造航空母舰便成了一个重要途径。因为航母作为一种辅助舰船，不在条约限制之列。后来的事实证明，他的努力没有白费，他从海军舰载航空兵身上找到了一个终极办法，从而掀起了海战史上的一场革命。

天生的赌徒

在“北上”号轻型巡洋舰上完成了对东亚受关注地区的考察后，山本五十六被调往日本海军大学任教官，教授军政学。让一个炮术专家来教军政学似乎不太对口，但在日本海军大学担任教官的一年多时间里，山本得以摆脱艰苦的海上生活，消化在各地考察的收获。接着，他又奉命考察华盛顿会议后的欧美现状，在1923年7月重新踏上前往异域的旅途。

这次山本是陪同军事参议官井出谦治大将前往欧洲和美国考察，在9个月的时间里，他们先后到过英、法、德、意、奥、美和摩纳哥7个国家。山本非常重视这次考察，对所考察的国家观察细致、记录详尽，还附有自己的体会。

其间山本还特意到赌城摩纳哥去了一趟，以试试自己的身手。他向来好赌，而且嗜赌如命。他与同僚赌，与部属赌，还常跟艺伎赌，走到哪里都想一展身手，他不仅赌得认真，而且赌技超群。他喜欢拿生活中随便遇到的事情跟人打赌。

山本认为，所谓打赌，就是当遇到某一问题双方各持己见而相持不下时，押上一些赌注，迫使自己对自己的观点或行为负责的一种游戏。山本是个可怕的赌徒。他性格阴沉，眼疾手快，头脑冷静，博闻强识，做事执着，果敢凶狠，一旦选定目标，就有一种不到黄河心不死的劲头，天生一个无所畏惧的赌徒。作为一个赌徒，他最大的特点是愿赌服输。

有一次，“金刚”号和另一艘巡洋舰在伊势湾进行舰炮打靶实验，山本的好友堀悌吉认为一定能够击沉靶舰“壹岐”号，山本则认为击不沉。为此，双方商定以 3 000 日元为注打一次赌。这笔赌注在当时是一个相当大的数目，可以买一幢豪宅。结果，靶舰被击沉，山本输了。堀悌吉说：“放心，我不会要你这笔钱。”山本则坚持要给，最后两人决定由山本分期将这笔钱捐给江田岛海军兵学校第 32 届毕业生学友会。据说为了这一次打赌，直到山本从少佐升为大佐时，他还在按月偿付这笔赌资。

留美期间，山本也在哈佛大学留下了不少赌博趣事，其中让人印象最深刻的是他和同校学生小熊信一郎的 75 盘将棋决赛。当时山本和小熊同居一室，闲暇经常对弈度时，互有胜负。

某日，小熊以 2∶3 落败，便随口戏言道：“下五六盘棋很难说明真正的水平。”山本听后十分当真，问道：“那么你说几盘能分胜负?”小熊不甘示弱地说：“当下到筋疲力尽，手不能动弹为止。”山本断然答道：“好吧，改日我们就下到谁先躺倒为止。”这让小熊想后悔都来不及了。

几天后，山本给小熊下了战书，约定比赛自下周日 21 时开始，在决出胜负之前，除大小便外不能离席，吃饭只能吃事先准备好的面包，直到决出胜负。

顽强的山本要与小熊通宵决战的消息，很快便在日本留学生中传开了，到了决战之日，大家都各自带着三明治、面包和水来到他们的房间观看。山本带着准备好的水果和面包，脸上一副一决到底的神情，坐下来后又从包里取出精心制作的成绩记录表。这张表大约能记录 100 盘，一盘以 30 分钟计算，100 盘要整整两天才能赛完。可见他事先准备得有多充分，决心何其大。

21 时，比赛开始了。起初观战的人还颇有兴趣，但随着时间的推移，到了深夜，大家一个个面带倦容相继离去，到天将破晓时只剩下山本和小熊。每下完一盘棋，山本都要把成绩和用时记录在表格上。两人一直下到第 2 天 11 时，整整下了 38 个小时 75 盘棋，结果山本无论先手后手均获大胜。小熊彻底落败，输得心服口服。

这件事之后，山本赌博的名声不胫而走，他自己也引以为荣，不断学习新的赌博方法。他对博弈棋类具有特殊的爱好，一学就通，最后无论是骰子、扑克还是围棋，他都成了在行的专家。有一次，有个美国人问他打桥牌为什么学得这么快，他回答说："5 000 个汉字我都能记住，还愁记不住 52 张牌?"他的记忆力确实高人一等。

山本对赌博不是一般的感兴趣，还拥有一套自己的见解。他认为，赌博虽然与自身的物质利益有关，但不能与物质利益纠缠不清，如果纠缠在一起，判断就容易出错。正确的态度应是出于内而超乎其外。他从不为物质上的利益去赌博，因此常常大获全胜。他总是说赌博虽靠运气，但必须进行科学的计算，一味计较胜负是没有意义的。当然，在必胜的结果到来之前，需要长时间的等待和忍耐，这是非常重要的。在许多人陷于疯狂的时候，自己要忍受周围人的白眼，冷静地等待经过计算的获胜时间的到来。

在摩纳哥蒙特卡洛大赌场里，山本自恃赌技高超，几次赢走了赌场不少钱。一向出言谨慎的他对自己的赌技也颇为得意，曾向井出谦治①夸口说："如果给我两年时间游遍欧洲各地，我能赚到建造一艘战列舰

---

① 井出谦治（1870—1946）：日本海军大将，是第一个对潜艇感兴趣的日本军官。历任"丰桥舰"舰长兼第 1 和第 2 潜艇队司令、海军大臣山本权兵卫副官、驻英武官、吴港水雷队司令、吴镇守府参谋长、第 4 战队司令、海军军务局局长、海军次官、佐世保镇守府司令、军事参议官。

的费用。”这令赌场老板大伤脑筋，不得不禁止他入内。据说他是蒙特卡洛大赌场开设以来，因赌技高超而被拒绝入场的人之一。

与山本同行的海军中将三户由彦说：“他确实很喜欢玩牌，而且技术很高，他认为赢牌有很多运气成分在内，但也需要高超的技术才能，同时他认为玩牌是对自己判断力和意志力的一种训练。”

例如，有一次，山本和好友榎本重治海军教授下象棋，经过一番激烈的搏杀之后，棋盘上出现了势均力敌的态势，榎本重治看了看表说：“看这态势谁也胜不了谁，不过按‘大成会’（日本象棋联盟的前身）的规则，我多子算胜。”山本则不急不躁地说：“我不记得有这种规则，哪有不分胜负的道理，还是接着下吧。”到了 24 时，两人还分不出胜负，榎本重治坐不住了，又勉强坚持了一个小时，还是难解难分，他不耐烦地说：“好了！好了！实在是不行了，就这样结束吧。”山本说：“那就是你认输了！打仗也是一样，厌战本身就是失败。使敌人丧失斗志，也就等于消灭或俘虏了敌人，达到了打仗的目的。”

反町荣一、高木惣吉都是日本最早研究山本的学者。在他们所写的山本传记著作中，不时可以看到有关山本“赌性”的描述。高木惣吉写道：“他好赌成癖，但从不计较胜负。”

山本赌博的信条是，不是大赢，就是大输。他从赌博的切身体验中学到了不少可用于战争的东西，赌博对他的思维和行动方式也产生了很大的影响。他常说：“战争就是赌博。”战后，日本原海军中的一位将军曾对山本下过如此评语：“山本五十六是日本海军中的赌棍。”这句话较准确地反映了山本性格的一个侧面。

欧洲考察结束之后，山本一行来到美国。在对美国海军军备情况进行考察的同时，山本又特意到得克萨斯油田进行考察，并视察了日本投资经营的奥伦治油田。

凭着在美国学习的经历加上此次对美国的观察，山本深知美国军事实力十分强大，认为当时日本海军的整体实力不足以与英美抗衡。因此，回国后他四处游说日本石油公司向美国进军，开发油田，但没有得到响应，反而被嘲笑为“媚美派”。

1923 年 12 月，山本晋升为大佐。作为一名校级军官，长期的海外生活拓展了他的生活领域和视野，而在第一次世界大战之后军事技术飞速发展的时期，这一经历是绝对有益的。

日俄海战时，日本联合舰队只是战时的临时编制，变为常备编制还是 1923 年以后的事。从 1905 年 12 月 20 日第二次日本联合舰队解散，到“八八舰队”计划重新实施，说明日本早已有了危机感。裁军对日本海军来说是不可忍受的，当时的海军经费只占全部国防预算的 10% 左右。从 1919 年到 1922 年这段和平时期，海军每年的军费开支增加到占国家预算的 25% 以上，完全是战争时期的财政预算。但是，没有人能给海军建设指出一条明路，也拿不出什么高深的理论来说明海军应该付出昂贵代价而存在的理由。另外，海军军令部次长加藤宽治①从第一次世界大战担任第 3 南遣特务舰队司令以后，就成了一个反英美派；大战结束以后，他又担任日本赴德军事调查团团长，从那以后更是成了一个亲德派。在最高长官的影响下，山本的思想显得很矛盾，一方面积极主张与美国保持良好的关系，并借鉴欧美经验；另一方面又以美国为假想敌和竞争对手，开始探索日本海军新的发展道路。

① 加藤宽治（1870—1939）：日本海军大将，海军炮术专家，对美七成论的坚定维护者，舰队派中心人物。

第四章　破茧而出

积极发展海军航空兵

在如何处理与美国关系的矛盾心理中，山本五十六又迎来了他海军生涯的一次关键转折。1924 年 9 月 1 日，他被调往霞浦海军航空队。实际上，在他步入海军高层之前，他的人生轨迹与航空兵是密不可分的。

12 月 1 日，山本正式就任霞浦海军航空队副队长兼教育长。从未接触过航空兵，也没有碰过飞机的山本，其实对航空兵的发展有过很细致的研究。他在欧美的两次考察中，除了石油钢铁外，最关注的就是航空兵。

我们都知道，20 世纪初，人类最伟大的一项发明就是实现了在空中飞行的梦想——美国莱特兄弟发明飞机成功。而最先让这个文明产物发挥作用的，竟是把它作为战斗武器。

1905 年 6 月 6 日，法国人加布里埃尔·瓦赞发明了第一架从水上起飞的飞机。1908 年，美国人格伦·柯蒂斯又发明了一种称为“潜鸟”的水上飞机①。由于美军航空兵少校比利·米切尔等人的大胆尝试，1910 年，美国海军第一次使用舰载飞机起飞成功，从而宣告了航空母舰的诞生。1911 年，在意土战争中，意军皮亚扎上尉驾驶着布莱里奥

---

① 水上飞机：指能在水面上起飞、降落和停泊的飞机，主要用于海上巡逻、反潜、救援和体育运动、旅游、通勤、航拍等。

XI 型飞机，飞往的黎波里与阿齐齐亚之间的土耳其阵地上空，进行了长达 1 个小时的侦察；加沃蒂少尉驾驶“鸽”式单翼飞机向土军阵地投掷了 4 枚各重 4. 4 磅的榴弹，从而揭开了飞机用于战争的序幕。

当飞机作为新式战斗武器显示了它的威力之后，世界各军事强国都开始打飞机的主意。各国购买飞机的订单纷纷飘向当时两个主要的飞机生产国——法国和意大利。到 1914 年 8 月第一次世界大战爆发时，几乎所有大国都设有军事航空队，飞机总数约为 1 000 架。

第一次世界大战可以说是一种令人无法预料的新型战争：庞大的军队、密集的士兵、彼此相隔数千米对峙几个月甚至几年的战线，全靠大炮和飞机来解决这些难题。战前谁也没有料到飞机会在这次战争中得到突飞猛进的发展，然而事实证明，空中作战的许多模式是由这场战争播下的种子。从此以后，空中作战和远程作战思想开始萦绕在世人的脑海中，进而改变了整个战争的面貌。

千百年来，骑兵一直把自己视为陆军的“眼睛”。然而，在第一次世界大战中，侦察飞机几乎将骑兵的侦察任务抢了过去，一架飞机在几百英尺的高空就可以完成一支骑兵队伍的侦察任务，而且时间可以缩短很多。当然，飞机并不仅仅是陆军的“眼睛”，还是一种有效的空中作战武器。

1914 年 10 月 5 日，法军飞行员约瑟夫·弗朗茨和机械员兼观察员路易·凯诺中士驾驶一架瓦赞飞机在己方阵地上空巡逻。观察员位于靴形短舱的前部，操纵一挺 0. 303 英寸口径的能活动的刘易斯式轻机枪。正当他手痒难耐之际，一架倒霉的德国“阿维亚蒂克”双座侦察机闯入了他的视野。弗朗茨驾机冲了过去，当两机距离接近时，可怕的机枪吐出了“火舌”，惊慌失措的德机不一会儿就被击中坠毁。这是战争史上第一次用机枪进行的空战，空中追逐与歼击的时代由此开始。

第一次世界大战期间，飞机还被广泛运用于空地协同作战。在 1917 年 11 月 20 日进行的康布雷战役中，英军派出 1 000 余架飞机参战。这些飞机以低空盘旋的噪声来掩盖坦克开进的隆隆声，以对地轰炸和机枪扫射来支援地面部队的行动，还轰炸了德军的炮兵和指挥部。经过 10 个小时的激战，英军突破了德军的防线，俘敌 8 000 余人，缴获火炮 100 余门。11 月 30 日，德军同样在 1 000 余架飞机的支援下实施反击，收复了失地，俘敌 9 000 余人，缴获坦克 100 辆，火炮 148 门。这次战役是坦克、飞机、步兵、炮兵的首次协同作战，为协同战役理论的产生奠定了基础。

1914 年 9 月 22 日和 10 月 6 日，英国皇家海军航空兵先后两次空袭德国杜塞尔多夫飞艇库。这是飞机执行远程作战任务的例证。

1914 年 8 月，英国皇家海军改装了 3 艘水上飞机母舰，每艘可搭载 3 架水上飞机。同年 11 月，英国皇家海军决定用这 3 艘水上飞机母舰从海上对库克斯港以南的一座齐柏林飞艇库发动一次袭击。这便是真正意义上的海军航空兵作战。

尽管这次空袭没有达到预期效果，但英国飞机突然出现在德国主要海军基地上空，大大超出了当时空中攻击所能达到的范围。结果，德军不仅在库克斯港和威廉港，而且在所有易受攻击的军事设施周围都加强了防空力量。英军这次空袭牵制了德军的力量，同时证实了航空部队可以和舰队一起作战，从而提出了一种崭新的作战方式。

到第一次世界大战快要结束的时候，英国海军在军舰的飞行甲板上试验飞机起飞和降落获得成功，并在 1918 年建成的“百眼巨人”号航母上，第一次建造了完全没有阻碍的飞行甲板，成为世界上第一艘真正的航空母舰。

“一战”后，人们对飞机在军事斗争中的作用及其战略意义进行了分析总结，意大利的朱利奥 · 杜黑于 1921 年发表了关于空中力量的名著《空权论》，全面阐述了他对空中作战的基本观点。空军制胜论的出现，给战后世界军事学术界以强大的冲击，也给了山本极大的启示。

山本是主张发展航空兵的积极鼓吹者，而且海军航空兵不在《华盛顿海军条约》的裁减范围之内。但日本无论是海军本身的实力，还是经济的整体实力，都不能与美、法、英、德等强国相提并论。山本把建设海军航空兵当作一个突破口，试图以此弥补日本海军自身的缺陷和国家财力的不足。他对新工作充满激情和干劲，就像一架冲上跑道的战机，只能义无反顾地飞向天空。

霞浦航空队建立于 1921 年，和海军兵学校一样，也是效仿英国 1918 年成立的航空队而设立的，主要培训海军航空兵。山本作为舰炮专家，在这方面却是一个外行。那些体格健硕的飞行学员见到这位其貌不扬、身材矮小、从未与飞机打过交道的教官，立刻发出一片嘘声。

山本很快发现，这里的飞行员不仅留长发，蓄小胡子，高傲自大，目中无人，而且军纪松弛。他原本想着自己初来乍到，还是先当学生，但随后发生的一件小事使他很快改变主意，决定整治军纪。

当时，航空队里有一个叫三和义勇的中尉见习教官，长官安排他做山本的副官，但他自视甚高，执意不肯。他不客气地对内务主任松永说："一个快要当飞行教官的人，偏让去当甲板军官，实在难以从命。"松永尴尬地笑了笑，回答说："我奉命行事，你有异议就自己去跟山本大佐说吧。"

三和中尉还真有胆量，马上去找山本。山本听他说明来意后，看着这个年轻的中尉，用低沉的声音说："作为军人，不是你想干什么就能干什么，而是军队要你干什么你就必须干什么，上天下海都要本事。我发现这里军纪涣散，军纪不好就不可能有品质优良的军队。我想从整顿军纪入手，提高航空队的品质。年轻人，你是不是应该从自己开始呢?"

三和被山本的威严所慑服，竟不自觉地立正答道："是，大佐！我会全力以赴，尽职尽责。"

当天全体官兵奉令集合，山本穿着航空兵常服，大步走上讲台，目光扫视全体官兵片刻后说："本人来自海军舰艇，奉命担任航空队副队长兼教育长。到任前我特意去剃了头发、修了胡子，我希望你们也这样做，一周后看不到有蓄长发、留胡子的人。我的报告完毕！"

全队官兵一时愣住了。他们不清楚山本是不是在来之前就理了光头，但既然这是命令，就不能不服从。一周后，队员们全部剃成了光头。

年已四十的山本，除严格要求部属遵守军纪、履行自身职责外，还每天像小伙子一样主动接受几个小时的飞行训练。

随着对航空知识更详细全面的了解，山本更加相信，经过系统化训练的海军航空兵，完全有可能弥补日本海军主力舰与英、美的差距。此时英国海上霸主的地位已经有所动摇，而且与日本的关系变得越来越微妙，所以他更倾向于向美国和德国学习。

此时，日本联合舰队已经列入海军的常规编制，保有 2 艘改装的航空母舰和 8 艘战列舰。如果将航空兵配置到位，那么日本联合舰队就是一支以航母为核心的特混舰队。而美国也仍处于“特混”概念的讨论中，若排除其他因素，两国的差距并不大，山本甚至想在航空兵的培训上超过美国。

为此，他在霞浦航空基地利用码头和模拟飞行甲板的驳船，对队员实行了严格而近乎残酷的训练，训练标准完全从实战出发。无论是狂风暴雨的恶劣天气，还是伸手不见五指的黑夜，飞行起降训练夜以继日地进行。没过多久，不仅全队飞行员的飞行水平大幅提高，他自己的飞行水平也突飞猛进，甚至超过了不少青年学员，达到了熟练驾驶单座教练机的水平。他以自己的意志和才干，在飞行员中树立了威信。一个当时与山本共过事的教官评价说：“他寡言少语，不轻易发表意见，但他对他的下属却有着一种不可思议的魅力。”

由于训练很少考虑天气和环境因素的影响，全天候飞行是一种严酷的要求，因此在训练中发生事故而死亡的事件大幅增加。但山本并不因此降低对飞行员的要求，他将死亡飞行员的名字记下来，挂在自己的办公室里，每当新学员入队时，都要求他们首先向死亡者名单敬礼，以激发队员好勇斗狠的意志。他对航空本部技术部的所有人员灌输“航空第一”的思想，并一再向学员传递这样的观点——飞机将成为海战的主要兵器，由航空母舰和舰载机组成的海上机动部队将决定海战的胜负。他同时提出：“日本海军的发展方向应从战列舰转向飞机，因为飞机将是未来海战胜负的决定性力量。”这种思想逐步成为航空部的工作方针，并被列入训练纲要之中。

山本还尝试利用这一职位积极改进日本海军的鱼雷攻击机和远程轰炸机，并把生产快速战斗机提到日程上来。由于海军航空兵的起步晚于陆军航空兵，因此，当时海军飞机的技术性能较陆军飞机还差一等。航空母舰搭载的飞机主要是带有轮胎的舰载机和带有浮筒的水上飞机，飞机的活动半径不过200海里，只能完成一些侦察、搜索任务。虽然有时也担负轰炸任务，但人们普遍认为飞机只是舰队的辅助兵器，不能充当海军的主要兵力。这种状况使人们对海军航空兵的发展并不抱多大期望。但山本凭其赌博养成的敏感和判断力，相信经过进一步的技术改造，可以制造出更为先进的飞机，并使飞机最终成为海军的主要武器，使航空兵成为决定未来海战胜负的主要力量。他说："只要看看飞机在过去10年间的迅速发展，就应该相信，飞机在未来10年一定会取得更惊人的发展。空海军时代终究要代替海空军时代。"

为了提高远程作战能力，在一次模拟实战训练中，这支年轻的飞行队伍进行了一次访问东京的远程飞行，这在当时被人们称为"壮举"，而山本也搭乘编队中的1号机亲自参加了飞行。

在飞行训练的同时，山本还跟普通学员一起学习航空理论知识和相关技术，尽管有些力不从心，但他仍乐此不疲。每天22时以后，其他人都洗完澡各自就寝了，一心想为日本扩张效力的山本则开始研读有关航空的书籍。每个月几乎有一半的时间，他都不回家，而是住在队里。自上任后，他房间里的灯光从来没有在午夜之前熄灭过。

从第一次世界大战到第二次世界大战，是兵器技术发展最令人眼花缭乱的时期，各种新兵器的出现，已有兵器性能的不断改良，让还不具备世界最高工业水平的日本有点无所适从。富国强兵之路到底在哪里？山本一边进行理论学习，一边在实践中摸索，试图找到他想要的答案。他第一次与飞机接触后，便发现飞机将对海军产生深远的影响。所以他认为，打造日本海军航空兵，付出些代价是必然的，也是值得的。这可以从山本发起创建霞浦神社的倡议书中得到验证：

本队自创建以来，殉职者已有20余名，每年之所以设坛招魂祭祀以迎其在天之灵，不仅出于对牺牲者当然之礼仪，而且还在于继承已故战友之遗志，加倍奋起吾人之雄心壮志，以期我航空界之飞跃发展，慰先辈僚友之神灵。为进一步彻底贯彻这一宗旨，兹在队内创设神社，不论是壮烈殉职者还是不幸病故者，一概合祭其灵魂，如日夜膜拜此神殿得经常维持清新之心志，即足以告慰故友在天之灵。

随着时间的推移，航空队的官兵们逐渐改变了对山本的看法，从最初的反感到越来越敬佩，最后竟与他建立起了非常亲密的关系。

山本在霞浦海军航空队任职一年零三个月后，即1925年12月1日，又接受了新的委任——再度出使美国，任日本驻美大使馆副武官。

对于山本的离去，霞浦海军航空队的官兵感到非常惋惜。他们已经习惯了他的严格训练方式，是他完全改变了航空队的面貌，使之成为一支足可作为日本航空兵标杆的队伍，也使日本海军航空兵走上了独立发展的道路。因此，当山本乘“天洋丸”号于1926年1月21日驶出横滨港时，该队的飞行员们驾驶整整一个中队的飞机，出现在“天洋丸”号上空，并做俯冲动作掠过船头，以向山本作别。以如此隆重的仪式向一个人告别，在日本海军史上是前所未有的。

执掌“赤城”号航母

山本五十六在海军航空队如鱼得水之际，之所以再度出使美国，担任驻外武官，是因为日本人总是拼命学习先进文明的东西来武装自己，派出少壮派去各国担任武官，就是为了追踪最新的军事动态。

第一次世界大战结束后，美国海军中形成了“在取得制空权的前提下进行舰队决战”的作战思想。山本五十六担任驻美大使馆副武官这段时间，正是美国飞机和航空母舰研制最快的阶段。

自 1915 年世界上第一架实用的全金属飞机问世后，强度大和重量轻的钢、铝、镁合金在整个 20 世纪 20 年代继续迅速发展，将这些成果付诸实施的时机已经成熟。各种新式飞机的不断问世，使航空事业异常兴旺。有几个美国人开始越洋飞行冒险并获得成功，全程约 5 800 千米，历时 33 个半小时；还有人组织了飞机竞速飞行比赛，创下平均时速约达 374 千米的纪录。这昭示了飞机在征服空间距离方面无比广阔的前景。

这自然引起了正为日本海军探索发展道路的山本的关注和兴趣。他命助手三和义勇全面了解和研究美国航空界的这一新动向，并拿出比较接近日本实际的观点和建议。不久，三和义勇交了一份报告给山本，其中谈到“日本海军航空界仍墨守英国‘圣培尔’飞行团的旧规”，山本认为他的说法很有道理，英、法、意等国的航空事业起步早，但都不及美国发展得快，与其效法英国，不如直接从美国学点东西回去。之后，山本把三和义勇的报告进行了认真修改，然后刊登在日本海军内部发行的月报上。

不过，山本主张日本要学美国其实是学不起的，因为日本的经济底子太薄。从 1894 年到 1914 年，日本人称之为“苦难的 20 年”，因为在这 20 年间，正好每隔 10 年日本就打一仗：1894 年甲午战争，1904 年日俄战争，1914 年第一次世界大战。连年的军费战费把小国日本压得喘不过气来，好不容易盼到“一战”结束，可以安心过日子了，军部又要扩军。但日本人很能“忍”，那些野心政治家、财阀和军阀抛出来的“富国强兵”的大饼，忽悠了几乎所有日本人。为了实现这一目标，他们已经忍了 20 年，而且准备再忍 20 年。从日俄战争的媾和谈判开始，以当时东京帝国大学的 7 名教授——户水宽人、福井政章、金井延、寺尾亨、高桥作卫、小野塚喜平次和中村进午为首的极端民族主义知识分子，逐渐统治了日本的思想界，扩张和掠夺已经成为主流思想界、政界和军界强硬派的追求目标。这段时间，山本一直在竭尽全力为这个“富国强兵”的馅饼寻求原料和作料。

1928 年 3 月，山本由美国离任回到日本，担任“五十铃”号巡洋舰舰长。这艘舰属于长良级轻型巡洋舰，而日本当时由于受到《华盛顿海军条约》的限制，实际上没有划分巡洋战列舰系列，只能保有“扶桑”号、“山城”号、“伊势”号、“日向”号、“长门”号、“陆奥”号、“榛名”号、“雾岛”号、“比叡”号和“金刚”号这10艘战列舰，“加贺”号和“赤城”号已改建为航母。

同年12月，山本又被任命为“赤城”号航空母舰舰长，离他的梦想更近了一步。海军航空兵司令部就设在“赤城”号上，他终于有机会研究和演练让飞机与航母配合作战。同时，他还大肆鼓吹“空军本位主义”和“以航空母舰为基地的进攻战”。

有段时间，因“赤城”号上的大部分官兵染上痢疾，该舰被隔离在佐世保港。第1航空战队司令部为此不得不离开旗舰“赤城”号，暂时移至“龙骤”号上。

当时，司令官办公室和舰长寝室间只有一个公用浴室。一天夜里，舰长桑原虎雄突然腹痛，便到浴室解手。他没有敲门就直接闯了进去，没想到山本正坐在西式便盆上，边解手边看书。桑原见此情景，只得忍痛退了出来。当时山本看的是中国著名的军事著作《孙子兵法》，也许他的一些军事谋略正是来自该书，只是他没有把其中的精要完全理解透彻而已。

同时，在硬件上，日本也处于模仿阶段。只要外国制造出一种新式飞机，日本一定会少量引进，然后拆卸，进行详细研究，稍经皮毛性的改装后，便定型投入批量生产，以满足使用。对此，外国的飞机厂家常以开玩笑的口吻评论日本说：“假如日本每次购入的飞机不是一架的话，那我将感激不尽。”也正因为如此，日本被称为是猴子学人的“模仿民族”。

研制飞机需要钱，舰船的制造维护也需要钱，为了省钱，模仿制造就成为日本海军军备的一大特色。按照军方的计划，“八八舰队”应该于1927年建成，但由于做“馅饼”的原料不足，这个计划实际上并没有真正完成。除了钱的问题外，还有不少技术问题没能解决，日本军方不得不寻求外援。如此一来，亲德派便乘机而起，使日本脱离英国而向德国靠近，也使军备竞争演变成了激烈的政治斗争。

条约派与舰队派的纷争

日本在加快大型战舰、新型飞机的建造步伐，美国、英国等国家也不例外。这是因为华盛顿会议所签订的条约只限制了主力战列舰，而且期限只有 10 年，各协约国对此都阳奉阴违，因此，它并没有限制住军备的竞争。但是，这样一来，强国间的军事平衡再次被打破，于是，几个协约国于 1927 年在日内瓦又召开了第二次裁减海军军备会议。不仅参加这次会议的日本代表是军人，美国、英国、意大利等国的代表也几乎全担任过舰队司令。这些习惯在战场上冲锋陷阵、缺乏耐性的军人，使谈判一开始就火药味很浓，连美国和英国都吵了起来。美国不仅主张要限制舰艇总吨位，还要限制舰只数量。对此，英国首先提出了异议。由于大家各怀鬼胎，最后会议不欢而散。

但没有结果肯定是不行的。1929 年初，美、英首脑不得不聚在一起，就裁军问题进行磋商，决定在伦敦再次召开海军裁军会议。

1929 年 7 月，山本在探视皇后的父亲久迩宫时得知，他将作为日本代表团的随员参加伦敦海军裁军会议。得知这一消息后，山本内心十分矛盾。很多日本人都不赞成 1922 年华盛顿会议所确定的造舰比例，因为这个比例以法律的形式承认了日本在海军方面相对美、英的劣势地位，是日本的耻辱，因此坚决要求修改这一比例，在辅助舰只上则坚决要求获得对英、美的优势地位。而山本考虑的是，限制主力战舰的建造对贫困的日本是有好处的，如果放任竞争下去，日本的军费肯定无法与英、美相比，差距反而会越来越大。所以，从这一方面来说，他是赞同《华盛顿海军条约》的。但是，他又不满足日本长期处于相对落后的状态，试图从其他方面来弥补这一劣势。他想到并已经开始进行的计划就是大力打造航空兵，发展非主流的武器，特别是舰载飞机，并希望军令

香淳皇后像

部将军费用于建造航空母舰（当时航母属辅助舰船而非主力战舰）上。这无疑是一个有远见的战略思维，但山本当时人微言轻，无法主导军界、政界上层的决策。

1929 年 11 月，日本赴伦敦参加会议的代表团正式组团，前首相若槻礼次郎[①]、海军大臣财部彪[②]、驻英大使松平恒雄[③]等 4 人为全权代

① 若槻礼次郎（1866—1949）：日本第 25 任、第 28 任首相。

② 财部彪（1867—1949）：日本海军大将，伦敦海军裁军会议时作为日本全权代表缔结《伦敦海军条约》，系条约派主帅。

③ 松平恒雄（1877—1949）：日本外交官、政治家，伦敦裁军会议和日内瓦裁军会议日本全权代表。

表；代表团成员有顾问安保清种[①]，首席随员有左近司政三[②]中将；海军随员有山本五十六大佐（出发后晋升为少将）、丰田贞次郎[③]大佐、中山龟三郎大佐、岩村清一大佐；陆军随员有前田利为大佐等；2名内阁外务省人员。从其他国家选派的人员组成也可以看出，此次各国吸取前次会议的教训，人员以政界为主，希望政治家们能从大局着眼，冷静而友好地达成协议。

11月30日，日本代表团从横滨起程，取道美国前往英国，这显然是另有企图。当时日本处于政治、经济一片混乱的时期，首相田中义一[④]因为关东军在皇姑屯谋杀张作霖事件而下台，接任的是浜口雄幸[⑤]。他非常不走运，赶上了1927年爆发的金融危机，日本经济十分萧条，随身携带工具去南洋打工成了日本女人的一大选择，政府正在实行紧缩财政政策。为了不让国会裁减海军军费，对浜口首相来说谈判一定要成功。在谈判代表出发之前，海军军令部就表明了谈判的底线：巡洋舰要7成，其他辅助舰只也要7成，潜艇则是现在保有的数字71艘，总排水量7.8万吨，决不让步。

所谓谈判，就是各方为了满足自己的最大利益而进行的讨价还价，如果对方谈都不谈就全盘接受你的条件，那就不是谈判，而是最后通牒。但军令部为什么要事先公布他们的底线呢？其中肯定有文章。日本代表团取道美国，就是想拉拢美国，以促成谈判成功。

在华盛顿的3周时间里，山本企图利用他的活动能力，在会前与美

---

① 安保清种（1870—1948）：日本海军大将，浜口雄幸内阁海军大臣。

② 左近司政三（1879—1969）：日本海军中将，条约派人物，伦敦海军裁军会议日本首席随员，极力促成条约的签订。

③ 丰田贞次郎（1885—1961）：日本海军大将、实业家，太平洋战争爆发至1945年7月，任日本制铁株式会社社长，力图增加钢产量，支持日本对外扩张。1945年4月出任铃木内阁的军需大臣兼运输通讯大臣。战后被开除公职。

④ 田中义一（1864—1929）：日本陆军大将，政友会第5任总裁，日本第26任首相，长期在日本军政两界呼风唤雨，在国内实行高压政策，摧残议会政治；在国外推行“满蒙分离”政策，阻挠中国统一。皇姑屯事件后被免职，不久失意死去。

⑤ 浜口雄幸（1870—1931）：日本第27任首相，在位期间强行推行金本位和裁减军费1个亿，1931年被暗杀。

国达成一个非正式的协定。尽管后来非正式协议没有签订，但山本出色地完成了他此行的第一项任务，那就是摸清美国的底牌。他通过胡佛总统的海军副官、他的老相识艾伦·布坎南上校，与华盛顿的上层人物打交道，凭借自身的魅力、“诚恳”的态度和几个小时的桥牌，就从美国人那里得知，日本将获得一个接近它所要求的海军主战舰配置比例。胡佛总统还专门宴请了日本代表团。

事后，山本与其他成员一起，心满意足地登上了前往英国的轮船。

到达伦敦后，日本代表团故技重演，没有下榻在预订的宾馆，而是在日本大使馆对面租了一栋房子作为办事处，这样更便于他们会前的暗箱操作。与此同时，英国亦按例展开了会前的摸底工作，英国人派出的对日交涉委员是英国外交官中有名的日本通罗伯特·克雷吉。

山本不仅是个炮术专家，也算得上是个交际高手，他善于洞察人心，一眼就看出了英国人的意图。“克雷吉的父亲以前是英国远东舰队的舰长，因此他自幼就随父亲来到东方，对日本的文化、环境自然是了如指掌。”平时寡言少语的山本在关键时刻常常抢先发话，并一语中的。他说：“这次英国竟然派他担任交涉委员，分明是表示英国反对我们提出的保留 7 成兵力的要求。”日本代表团的主要代表自然知道山本此话的分量，他作为一名海军普通军官，对国际事务竟有如此透彻的理解，使他们既感惊奇，又十分佩服。为了让英国改变态度，他们做了很多会外工作。

1930 年 1 月 21 日，伦敦海军裁军会议正式开幕。日本代表团提出了事先经内阁批准的三大原则，但立刻遭到英、美的强烈反对，美国坚持非主力舰的吨位比例应按照主力舰的比例，并提出废除潜艇比例的建议。因为英、美、法等国发现了一个问题：日本没有巡洋舰系列，如果将巡洋舰、辅助舰保有 7 成，它就可以利用巡洋舰和辅助舰大做文章。在欧洲殖民国家的海军里，作战主要用战列舰，巡洋舰是用来“巡洋”的，一般用在其殖民地海域巡视，平时架着洋枪洋炮成天在海上晃来晃去，吓唬那些受他们欺负的人，若无异常情况，就打开香槟在舰上开舞会。所以，老式巡洋舰都有一个宽广的大厅，其攻击性武器远低于战列舰。后来，由于战列舰在作战中暴露出了不少缺陷，巡洋舰才在武器配置上加以强化。日本当时没有什么殖民地，用不着巡洋，其绝大部分巡洋舰都是战时向国外购买的，直到1922年后才真正自主生产了“古鹰”级、“妙高”级等巡洋舰，这也是为了避开条约限制。

日本代表团已事先知道美国会重提华盛顿会议提出的战舰比例，因而对主力战舰不再提出异议，而对辅助舰只的比例毫不让步，各方争执不下，会谈几乎濒于破裂。英国表面上居于调停地位，但由于英国首相拉姆齐·麦克唐纳[①]事先已与胡佛达成协议，因此美、英的意见基本上是一致的。

这种复杂的情况使多方谈判进行得十分困难。其间，山本在写给海军省军务局局长堀悌吉少将的信中说：“这次会议真如同老牛拖车，未来的结果实在令人担忧。”

为了不使会谈破裂，完成首相浜口雄幸交给的使命，日本代表团与美国经过一系列幕后交易，于3月达成了一个妥协方案。除了上次的《华盛顿海军条约》再延长5年之外，其他的辅助舰船达成了以下的裁减方案：

（1）大型巡洋舰：日本12艘（108 400吨），美国18艘（180 000吨），英国15艘（146 800吨），日美比例6∶10；

（2）轻型巡洋舰：日本100 450吨，美国143 500吨，英国192 200吨，日美比例7: 10；

（3）驱逐舰：日本105 500吨，美国和英国均为150 000吨，日美比例7∶10；

（4）潜艇：日本、美国、英国均为52 700吨，日美比例1∶1。

总的来说，日本应该满足于这个方案，所以海军大臣财部彪准备自

① 拉姆齐·麦克唐纳（1866—1937）：英国政治家，工党出身，英国首相兼外务大臣，由于在任内与保守党、自由党合组国民政府，并另组国民工党，造成与工党关系决裂。

作主张代表日本政府在条约上签字。但山本作为海军随员却提出了异议，要求先征得国内同意。果然，日本当局接到请示电文后，海军部门的意见一分为二：海军省认为采取妥协态度是迫不得已，但以加藤宽治为首的军令部却表示反对，理由是该方案对日本的两大重点即大型巡洋舰和潜艇极力加以限制，要想与美国抗衡，日本的潜艇绝对需要达到7.8万吨。浜口雄幸经过慎重考虑，改变初衷，同意海军省的看法，并于4月1日复电通知了日本代表。

既然首相有此表示，财部彪便大笔一挥在《限制和裁减海军军备的国际条约》上签了字。对此，军令部的加藤宽治等人认为代表团没有尊重他们的意见，于是就和财部彪杠上了。自华盛顿会议之后，日本国内就出现了条约派和舰队派，双方暗中较上了劲。这次条约虽然签订了，但正式生效还要日本政府经过议会、贵族院和军事参议院的批准，两派的矛盾纠纷由此公开显露出来。日本国内军国主义势力（以舰队派为主）攻击日本政府对英、美实行投降外交，在国内发起了一场攻击政府的运动，指责政府不顾军令部的反对，是侵犯天皇对军队的统率权。

财部彪是个很有权势的强人，是前内阁总理大臣山本权兵卫①的女婿、加藤友三郎大将的心腹。而加藤宽治之所以敢藐视财部彪，也是因为他是个大权在握的人物，而且是皇族伏见宫博恭王②的密友，而日本的军权来自天皇陛下。伏见宫是舰队派的核心代表人物之一，这样的两派人斗起来岂不乱套？

5月20日，军令部参谋草刈英治少佐企图暗杀财部彪未成，为唤起国内右翼的注意而切腹自杀。

① 山本权兵卫（1852—1933）：日本明治、大正时期重臣，海军将领，曾两度出任首相。大到对我国晚清时期作战制海论的制定、联合舰队的建立、“六六舰队”和“八八舰队”的提出，小到老旧军官的退役，吊床号的推行，对镇、定两舰用速射炮取胜，起用伊东祐亨、东乡平八郎担任舰队司令，无不鲜明地带有他的个人特色。

② 伏见宫博恭王（1875—1946）：日本海军将领，太平洋战争前任日本军令部总长，与东乡平八郎并列为舰队派的总后台，任内撕毁伦敦海军条约，推动海军同意对美开战。

6 月 20 日，军令部部长加藤宽治被迫向天皇提出辞呈，一时间国内闹得沸沸扬扬。最后条约虽然签字生效，但最终由谁来执行呢？加藤友三郎大将早已病逝，山本权兵卫也老矣，条约派的财部彪、堀悌吉、左近司政三等人势单力薄，首相浜口雄幸本人也于当年 11 月 14 日在东京车站被一个名叫佐乡屋留雄的右翼分子枪杀，使得条约派势力大减，同时预示着法西斯逆流在日本的兴起。日本海军此后在“复制－改进－创新”的政策下继续自己的扩张道路。

山本这时刚由大佐升为少将，在军中的地位仍无足轻重。目睹这一变局，他深受刺激却又无能为力，遂在家闭门谢客，重新思考日本海军的出路。海军中不少人认为山本将要辞职，山本的好友堀悌吉不放心，赶紧到他家去拜访。堀悌吉对山本说：“因为你很长时间未向海军部报到，很多人都谣传你将引咎辞职。”

山本说：“我怎么会平白无故地辞职呢？回国后我一直在思考如何弥补此次会议的缺憾。国人只知道一味地批评条约的不是，根本不考虑补救的办法。”显然，山本对条约也是不满的。但堀悌吉是坚定的条约派，所以山本也不好公开指责这个让步条约。

堀悌吉问道：“你说的补救还是要多搞点航空兵？”

在堀悌吉面前，山本不得不斟词酌句，他想了想说：“在这种军备比例下，假如有一天和强劲的美国海军作战该怎么办？假如我们不理会裁军条约而建造主力舰，他们也同样会造，而且肯定比我们造得更多，何况美国的工业技术也超出我们一筹。如此一来，我们的海军在经费紧张的情况下绝对赶不上美国的发展速度。解决这一难题的办法是，生产最新式的巡洋舰，我们的巡洋舰系列还有很大空间；同时，生产轻型航空母舰，把它作为航空兵的平台，依靠飞机的补充力量，完全可以与美英的比例趋于相等。”

堀悌吉听了，隐隐感到山本和自己不是一路人，山本是在钻条约的空子，但山本也不属于舰队派，而是在独立地寻找一条适合日本海军的发展之路。

或许山本的出发点是居安思危，但这也突显了他好战的本性，和平年代的生活对他来说是乏味的，对于与美国开战，他的内心其实是充满期待的。

强硬的“伦敦之鹫”

在条约派与舰队派的纷争中，山本五十六最初完全保持“中立”。舰队派几乎都是激进的法西斯分子。1930 年夏，军内最大的法西斯组织樱会宣告成立，这是一个由日本陆军参谋本部中佐至大尉级军官组成的法西斯团体，其宗旨是“以改造国家为最终目的，如为此需要行使武力，亦在所不辞”。与对内“改造国家”相适应，他们在对外政策中极力鼓吹“战争乃创造之父、文化之母”，主张以武力解决“满蒙问题”。

所谓“满蒙问题”，是日本在日俄战争之后，为攫取在中国东北和内蒙古的利益而制造的一系列事件。由于日本在“一战”中从德国手中夺取了不少在华利益，这使得日本一部分军国主义分子野心勃勃，想进一步策动满蒙独立，以便从中渔利。但《朴次茅斯条约》中有一个附加条件，即必须得到中国政府的同意。为了达到目的，日本不择手段地制造了一系列事件，而以松冈洋右等为首的激进分子则极力主张武力入侵满蒙。

1929 年至 1933 年爆发了世界经济大危机，欧美受到的冲击最大。从美、日的军备竞争来讲，日本得到了一次赶超美国的机会。尽管日本也有很多工厂倒闭，百业萧条，各种利益集团矛盾激化，但日本的法西斯势力却利用这一时机，通过政变、暗杀等残暴手段把日本引向军国主义道路。

日本少壮派法西斯在中国东北制造“九一八”事变之后，法西斯军人在国内身价倍增，军部一批法西斯分子手握大权，法西斯势力空前膨胀，各种暗杀活动十分猖獗。

1932 年 2 月 9 日，以井上日召为首的“血盟团”，公然实施“一人

1931 年 9 月 18 日夜，在日本关东军的安排下，铁道“守备队”炸毁沈阳柳条湖附近日本修筑的南满铁路路轨，并栽赃嫁祸于中国军队。日军以此为借口，炮轰沈阳北大营，是为“九一八”事变

一刀”计划，暗杀了前藏相井上准之助；3 月 5 日，又暗杀了三井财阀的董事长团琢磨。5 月 15 日，一批法西斯青年军官与农本主义者橘孝三郎所组织的爱乡塾学员合谋，袭击了首相官邸及内大臣官邸、政友会本部、三菱银行、首都警视厅、变电站等处，妄图制造混乱，乘机实行政变。结果首相犬养毅被暗杀，这就是日本历史上有名的“五一五”事件。这些动乱大都是日本军人制造的。

与日本陆军不同，日本海军直到 20 世纪 30 年代还不是那么崇尚军国主义，山本也包括在内。这时，日本发生了帝国海军史上最重要的人事变动，先是 1931 年 12 月大角岑生接替安保清种出任海军大臣，后是 1932 年 2 月伏见宫接替谷口尚真出任军令部部长。

1932 年“淞沪抗战”前，上海公使馆陆军武官助理田中隆吉少佐受关东军高级参谋板垣征四郎[①]大佐的委托，在没有和海军打招呼的情况下，在上海策划了“袭击日本僧侣事件”，以转移国际视线。

对于这次突然袭击，海军大臣大角岑生和军令部部长谷口尚真的反应截然不同。大角岑生发表的谈话含含糊糊，但是强调了“上海有2.7万名日本人”。谷口尚真在2月1日有关上海局势的军事参议官会议上坚决反对扩大事态，理由是事态的扩大很可能导致与英美发生战争。东乡平八郎对谷口尚真的表态非常反感，他拍着桌子说：“军令部每年都在制定对英美作战方案，怎么到了这个时候反而说不能和英美开战?”因为东乡平八郎的这句话，谷口尚真很快被整下台，由伏见宫取而代之。当然，说话含含糊糊的大角岑生也被拿下了。海军的人事权全部集中在海军省人事局。这些人事变动的主谋是加藤宽治和末次信正，后台是东乡平八郎和伏见宫博恭王。但这不仅是权力之争，更是两种立场或者说是条约派与舰队派的斗争，结果是海军被舰队派彻底把持。

在这一大背景下，山本又一次踏上英国国土，来到伦敦，任务是参加讨论废除《华盛顿海军条约》和修改《限制和裁减海军军备的国际条约》的预备会议。

作为此次会议的日本海军首席代表，山本对谈判并没有抱太大的希望。和上次一样，出发前内阁就给他交了底：

（1）反对现行各国军舰按比例限定的办法；

（2）主张军舰总吨位一律平等；

（3）规定“不威胁、不侵略”的兵力标准；

（4）退出现有条约。

显然，这是舰队派的主张，一些狂热的法西斯分子对山本之行寄予了很高的期望。海军大臣在欢送会上给他授权：“在符合总谈判方针、

① 板垣征四郎（1885—1948）：日本陆军大将，第二次世界大战甲级战犯之一，与石原莞尔共同策划了“九一八”事变。1945年在马来西亚、新加坡等地与英荷军队作战，直至日本战败。战后被远东国际军事法庭判处绞刑。

原则、指导思想的前提下，可根据当时谈判的具体情况，在向国内请求的情况下做出某种决定。”事实上，就在任命山本为谈判代表当天，日本内阁已决定废除《华盛顿海军条约》，谈判结果已不是那么重要了，山本只是被派去走完这个过场而已。

这一次，山本再次取道美国，仍然期待在美国会有所收获。其实，他只要知道美国在想什么和准备做什么就够了。他虽然十分关注美国同行的理论，但却极力掩饰自己。当有记者问他有关日美之间日益紧张的关系时，他用日语宣称：“我从来没有认为美国是潜在的敌人，日本的海军计划也永远不会包含日美战争的可能性。”但这番自欺欺人的话恐怕没有人会相信。

1935 年 10 月 25 日，第二次伦敦海军军备会议开幕。参加谈判的英方代表是首相麦克唐纳、外交大臣约翰・西蒙①、海军大臣博尔顿・艾尔斯－蒙塞尔、第一海务大臣阿尔弗雷德・厄恩利・蒙塔卡特・查特菲尔德和外交部参事罗伯特・克雷吉，美国方面的代表是诺曼・戴维斯大使和斯坦德勒将军。

山本等人开门见山地抛出了 4 个条件，并对英国记者说：“除非日本首先得到平等，否则我们不会接受英国的建议。日本再不能屈从于海军比例的约束。在这一点上，我国政府没有任何妥协的可能。”在这种情况下，第二次伦敦海军军备会议从一开始就已经夭折，在预备会议的时候就宣布休会了。

11 月 15 日，山本被提升为中将，这是为了给他在谈判桌上增加点分量。美方代表戴维斯没想到谈判对手竟是过去华盛顿会议时的一名中佐。然而，好斗的山本凭其赌博习性养成的善于观察和估量对手的才能，在谈判中很快就令对手大感头痛。戴维斯认为，国际形势的变化并没有给日本增加比例提供正当理由，因此，美国坚持《华盛顿海军条

---

① 约翰・西蒙（1873—1954）：英国外交大臣，一贯主张对日、意、德的侵略扩张实行妥协退让，力图与纳粹德国建立友好关系。

约》的原则，主张继续保持原有的比例。

在英日、美日谈判分别开始后，潜艇存废问题首先成为争论的焦点。美国代表史坦德质问山本：“我们确信潜艇是攻击性武器，而日本却把它视为防御性武器，这倒要听听阁下的意见。”

山本满脸堆笑地回答：“有关潜艇的性质，阁下也是海军军人出身，且不论在年龄、经验各方面都是我的前辈，我想当比我更为清楚。从续航力来说，潜艇比驱逐舰大，但从构造来说，艇员的生活和粮食的贮存等都远不如驱逐舰。因此，潜艇绝不适宜远离基地深入敌国海域作战。无论怎么说，在近海防御来攻的敌舰才是其主要任务。畏惧潜艇，犹如小偷害怕屋内的狗一样，只要不随意侵入，即无被狗咬的顾虑。这是我将潜艇视为防御性武器的理由。”

英美谈判时，双方重申了英美共同限制日本的基本原则，确认一致反对日本提出的“共同的最大限度”。而山本则毫不动摇地坚持要完全对等，他在一次午餐会上说：“我虽然比你们个子小，但你们不会坚持只让我吃盘内五分之三的食物，你们会让我按我的需要吃。”他的话让美英代表哭笑不得。

为了争取主动，山本又提出将航空母舰纳入主战舰的范畴加以限制。他是积极主张日本建造航母的，为什么要将它在条约中加以限制呢？其实很简单，他已经看透了日本内阁的意图，无论谈判结果如何，它都会按照自己的计划行事而不会理会条约规定，如果将航母纳入条约中，可以给美、英、法等国的航母建造带来限制，但对日本的约束却不大。

戴维斯知道山本主张“空海主义”，于是对他进行旁敲侧击：“在我的记忆中，山本将军当过‘赤城’号航空母舰的舰长，也曾任过航空战队的司令官。有过这种海空经历的人，竟会说出废除航空母舰的话，简直令人难以相信。”山本轻描淡写地回答：“正因为如此，本人才知道航母是具有超强攻击力的主战舰，将给人类带来多少不幸，一想到这些就让我不寒而栗，纳入限制条约中理所当然。”山本的狡辩能力在此显露无遗，而且他把话说得道貌岸然、冠冕堂皇。

戴维斯被山本的话搞蒙了。他知道，此前美国海军最热门的话题就是探讨航母“特混编队”问题，并已开始组建。一旦航母受到限制，对美国海军的束缚是很大的，他哪里当得起如此责任。他吃惊地对身旁的代表说：“不知是我的能力不及休斯，还是山本的水平比加藤（友三郎）高。在华盛顿会议时，是美国左右谈判局面，现在则完全相反，山本左右了谈判的局面。”

山本因此名声大噪。英国新闻界对小个子山本的表现进行了大量报道和宣传，称他说话面带的笑容是“钢铁微笑”。英国前首相劳合·乔治得知后，还在其私邸约请山本，对他说：“戴维斯惊叹他在华盛顿遇到的小鸟，现在变成了一只老鹰，而我不这样认为，要我说，你是一只鹫，伦敦之鹫。”这话虽然有些夸张，但充分体现了山本的外交才能。正是因为这一点，日本国内的舰队派才把山本当成“自己人”，舆论界也再次掀起了“对外强硬”的狂潮。

不过话又说回来，如果戴维斯能识破山本在使诈，踏踏实实地坐下来跟日方代表谈这个议题，那么这只“伦敦之鹫”便会自己从空中摔下来，只可惜戴维斯当时没有这个勇气。

山本回国途中，纳粹德国外交部部长约阿希姆·冯·里宾特洛甫①热情邀请他顺道访问柏林。山本在柏林火车站受到了里宾特洛甫和纳粹德国海军部长埃里希·雷德尔②的接见，然后乘火车穿过苏联，经西伯利亚于1935年2月12日回到了日本。

可以说，山本之行是日本自华盛顿会议以来第一次外交上的成功，所以通往皇宫的道路两旁挤满了狂热的欢迎人群。平时面无表情的山本跳下车来，一边向欢迎的人群挥手致意，一边冒雪步行，直到皇宫外的

---

① 约阿希姆·冯·里宾特洛甫（1893—1946）：曾任纳粹德国驻英国大使、外交部部长，对促成德、日、意三国同盟起过重要的作用，并直接参与了闪击波兰、入侵捷克斯洛伐克和苏联的战争。战后被纽伦堡国际军事法庭判处绞刑。

② 埃里希·雷德尔（1876—1960）：纳粹德国海军元帅，海军部长，德国海军的主要缔造者。“二战”期间由于水面舰队无法达成希特勒期望的战绩而被勒令拆解，他以辞职表示抗议，其职位被邓尼兹接替。

二重桥。几天后，海军大臣为山本举行了“归国报告会”。军令部总长[①]伏见宫出席了会议。同日下午，山本在军事参议官会议上作了同样内容的汇报，并于2月19日将此内容以“复命书”的形式呈报天皇。

1935年12月9日，海军裁军会议在伦敦正式召开，史称第二次伦敦海军会议。会上，日本代表永野修身再次重申了他们的立场，在遭到其他4个国家的一致反对后，宣布退出裁军会议。但英、美并没有意识到问题的严重性，仍然坚持与其他与会国就达成新的限制海军军备协议进行谈判。

关于交换造舰计划，意大利代表提出，造舰计划应在每年1月1日起的4个月内，至少在龙骨下水前4个月公布。一旦宣布了造舰计划，在计划的期限内，任何舰种都不得超出规定。这一建议被大会接受。

关于主力舰的限制问题，美国认为《华盛顿海军条约》对主力舰的规定（不超过3.5万吨，炮口径不超过16英寸）应继续保持下来。因为美国不愿看到与日本相比，自己的力量遭到削弱。而英国坚持对主力舰炮口径的限制是14英寸。最后，美国接受了这一限制，条件是1937年1月1日前，《华盛顿海军条约》的其他签字国必须遵守这一规定。

关于巡洋舰的限制问题，英国提出1937年1月1日后的6年内停止建造1万吨以上、舰炮口径8英寸以上的重型巡洋舰，同时要求增加轻型巡洋舰的数量。但是美国认为，英国的巡洋舰计划一方面会使日本在重型巡洋舰上超过目前的比例，另一方面也使英国能够建造更多的巡洋舰。经过一番争论，美国最终做出让步，同意英国的计划，但表示1942年后它打算重新开始建造1万吨以上、舰炮口径8英寸以上的巡洋舰；同时在重型巡洋舰“停建”期间，如果任何一个《华盛顿海军条约》的签字国大规模增加其巡洋舰力量，那么美国也将开始自由建造大型巡洋舰。

1936年3月25日，美、英、法等国的代表签署了新的《限制海军

---

① 军令部总长：日本海军军令部成立于1893年，1933年《军令部令》制定后始称“军令部”，其地位与日本陆军参谋本部平行，首长为军令部部长。后为对应陆军参谋总长的职衔，于1933年将军令部部长改称军令部总长。

军备条约》。意大利由于不满意国际联盟对它在埃塞俄比亚的侵略行动进行制裁，因而没有在条约上签字。

第二次伦敦海军裁军会议条约，是在日本退出会议的情况下，由英、美、法等国签订，实际上是一个作茧自缚的条约。当时国际形势已经发生了重大变化，日本、意大利已经在亚非点燃战火，纳粹德国疯狂扩军备战，对世界和平构成了严重威胁，这时，只有经济比较发达的美、英、法等国家有能力重整军备以抗衡法西斯国家的挑战。然而，它们不但不重整军备，而且仍然致力于限制其他国家的海军军备，这种做法对各国海军力量的对比造成了极大影响。

第五章　进入海军省

秦楼楚馆的红颜知己

山本完成谈判回国后，发生了一件让他很不愉快的事情：他的好友堀悌吉在他赴伦敦谈判期间被迫退役。他对此深感惋惜、不平。

堀悌吉是山本在海军兵学校时的同班同学，在校期间二人结为知己。堀悌吉比山本大一岁，在校时很多方面都显得比山本成熟。在过去的军旅生涯中，堀悌吉的军衔也一直比山本高。山本视堀悌吉为兄长，对他十分敬重和信赖。

华盛顿会议后，堀悌吉被划为条约派，经常遭到极右派的无情攻击。他有一件事特别被人拿来做文章，那就是在上海事变中的表现令人起疑。

1932 年 1 月 28 日夜，日本派海军陆战队突袭了驻守上海的中国军队，随后又进攻江湾和吴淞，指挥官是盐泽、植杉两名少将。在中国国民革命军第 19 路军的奋力反击下，日军毫无进展。2 月 7 日，日军撤下盐泽，改由野村继任。日军再战再败，又撤下野村，改由中将植田谦吉任指挥官，并增派大量兵力。但在中国军队的顽强抵抗下，日军仍一筹莫展。后来，日军将兵力增加到 10 万人，终于在浏河一带登陆。据说在战斗中，堀悌吉率领的第 3 战队突然受到吴淞炮台的攻击，但他没有立即反击，而是往后退避。事后，极右派军人攻击他胆小懦弱。实际上，他后退的原因是为了发布警告消息给炮台附近的外国船只，并且花时间仔细瞄准炮台的位置。堀悌吉后来表示，上海事变的时候日军无视战争法规，恣意破坏，滥用兵力，是为修罗场；其排挤同僚的行为则近乎畜生道，整体表现根本就是武士道最大的堕落。

其实，在裁军问题上，堀悌吉与山本的看法基本一致，他虽然属于日本海军中的条约派，但条约派的首脑人物加藤友三郎去世后，条约派逐渐失势，基本构不成一派了；以加藤宽治、末次信正为首，主张对英美采取强硬态度的舰队派，在日本法西斯主义浪潮的推动下，逐渐控制了日本海军的各要害部门，继续排挤打击条约派。条约派的骨干山梨胜之进、谷口尚真、左近司政三等被迫下台后，堀悌吉成为又一个被打击对象，被指在进攻中国上海时支援登陆部队行动不力，被撤去了第 3 战队司令官的职务。而山本则因为在伦敦谈判中的强硬态度，被舰队派看重，成为被热捧的对象。山本对堀悌吉的遭遇深感痛心，叹息道："我更加孤独了。撤掉堀悌吉，等于损失了一支巡洋舰队。"

山本特意去看望堀悌吉，安慰他并邀他到歌舞伎馆去饮酒散心。在山本有限的生活圈子里，如果说堀悌吉是挚友，那么，河合千代子则是他的红颜知己。他们是山本最信赖的两个人。这个时候，山本想去的地方自然是河合千代子那里。

山本是在 1933 年夏天认识河合千代子的。

当时在新桥的歌舞伎娱乐场所，很多人都知道有个外号叫"八毛钱"的人。在新桥的花街柳巷，山本不仅"有名"，而且极有人缘。他给那里的女人们的印象是：尽管个子不高，但富有阳刚之气，举止彬彬有礼，深沉而含蓄。很多歌舞伎都喜欢接待他。如果山本长时间没有到这儿来，她们便会说："不知道'八毛钱'最近忙什么去了，是不是把咱姐妹们都忘记了。"

光顾娱乐场所是孤独的军官们闲暇时的一大乐事，海军军官也好，普通海员也罢，长期漂泊在大海上，都一样忍受孤独和寂寞，新桥这个歌舞伎馆云集的地方自然成了他们心灵的港湾。

山本经常和一个叫渡边安次的下属军官一起去饮酒作乐。为了称呼方便，渡边安次化名“安山”。据说，山本与河合千代子相识相爱，就是他给撮合的。按理说，山本这样的将官携带家眷是很方便的。但是，在山本的心目中，妻子三桥礼子只是一个传宗接代的工具，他宁愿把更多的休闲时间花在歌舞伎馆里，找中意的歌舞伎诉说心事，甚至为她们多付出点“爱”。

笹川良一是当时很有影响力的右翼首领，他在谈及山本的私生活时说：“山本对女人的感情是纯真的，可以说是充满痴情，在这方面，如果说我是个大学优等生的话，那么山本充其量不过是个小学一年级学生。”

有一次，笹川良一与山本闲聊，他对山本说：“将军春风得意，应该有不少女人吧？如果连两三个女人都混不上，那还何谈统率全军啊！”

山本看了看笹川良一，反问道：“你的交际如此广泛，那你到底有多少个女人呢？”

笹川良一微笑道：“东京、大阪、九州等日本各地都有。”说着他脸上漾起一股自豪的表情。

“那你是如何把‘爱情’分成这么多份的呢？”山本有些不解。

笹川良一回答说：“当我去东京的时候，我就把九州、大阪等地女人的事都抛到九霄云外，而把全部的爱情倾注到东京的这个女人身上。这当然要根据不同的地点和不同的女人而定啦。”

山本听后，一边摇头一边大笑不止。

山本虽然爱泡歌舞伎馆，但总的来说与笹川良一评价的一样，还算比较专一，他对自己真正喜欢的女人一般都会投入“真爱”。安山对上司的性格特点和爱情观比较了解，所以极力把河合千代子推荐给山本。

河合千代子艺名叫“梅龙”，在这个行当里属于半路出家。她于1904年出生在日本名古屋，父亲曾是东京一家公司的股东，算得上是小康之家。河合千代子在中学毕业以前一直过着比较优裕的生活。不幸的是，1923年东京发生了一次大地震，千代子的父亲因公司在这场地震中被毁而破产。一夕之间，千代子成了无家可归的人。她的父亲在求助无门的情况下，只得带着一家人返回老家名古屋。

千代子的父亲在名古屋没有什么家业，一切都得从头开始，几年下来家境不仅没有起色，反而更加困难。千代子失学了，帮家里干些杂活以维持生计。这对于由富裕而变得赤贫的人来说是极难承受的，全家人甚至萌生了一起自杀的念头。后来，她的父亲得到了几个朋友的帮助，全家才得以渡过难关。但好景不长，千代子 21 岁的时候，母亲因病去世，不到一年，她的父亲也在忧郁苦闷中死去，千代子从此孤身一人，四处漂泊。

她重新回到了自己熟悉的城市东京。不过 3 年时间，东京对她来说已经变得有些陌生了，她没有谋生的技能，生活艰辛自不待言。她在小餐馆洗碗、当招待，但薪水微薄，在消费水平日益高涨的城市实在难以支撑下去，只好到郊区去当家教，但又遭到学生家长的性骚扰。千代子忍无可忍，愤然辞工。之后，她漫无目的地在街上游荡，身上的钱很快就花光了。

这时，一个来自盛冈市的马贩子向她伸出了援手，两人开始了未婚同居的生活。这个马贩子长得帅气，又能说会道，最初对千代子很不错，让千代子度过了一段短暂的幸福时光。但相处的时间长了，两人不仅没有加深感情，反而不断发现对方的毛病，关系越来越疏离。马贩子对待千代子，原本就只是玩玩而已，新鲜劲一过，就露出了本来面目，粗俗凶暴，经常在酒后打骂千代子，不堪受辱的千代子便出去找情人寻求慰藉。马贩子发现后把她痛打了一顿，并威胁说，若再发现她和别的男人在一起，就要让她毁容。千代子失去了活下去的信心，吃了许多安眠药想要自杀，幸亏被人发现，及时抢救过来。

这件事后，她离开了那个马贩子，躲到都港区新桥，成了一名艺伎。这时，千代子已经 28 岁了，在这样一个吃青春饭的行当里已经是半老徐娘，何况半路出家，要把歌舞练好也不易。但是，她天生丽质，脸蛋妩媚娇艳，身材凹凸有致，体态婀娜多姿，十分诱人。更为重要的是，饱尝过世态炎凉的千代子很懂得待人处世之道，以她的诚挚、热情和礼貌赢得了客人的喜爱。在“野岛馆”，她有了正式的艺名——“梅龙”。

艺伎需要能歌善舞，这对半路出家的千代子来说，不得不下一番苦功夫。她从头开始跟人学习歌舞、三弦等技艺，尽管她为人机灵，但毕竟赶不上那些年轻的艺伎。所幸她与“野岛馆”的鸨母丸子关系很好，每当来了有头有脸的客人，丸子都尽可能让千代子去接待。千代子的热情大方、谦恭有礼弥补了技艺的不足，赢得了很多“有品位”的客人的青睐，并很快有了名气。很多人都不知道她的真名，只知道她叫“梅龙”。

在客人中，有个人常来与她饮酒闲聊，这个人就是海军中将堀悌吉。一天，山本到饭店赴好友聚会，第一次见到了千代子。当时，山本是海军航空战队司令，少将军衔，但那天他穿的是西装。席间，“梅龙”看见山本打不开汤碗盖而自觉尴尬的情景，便主动上前帮忙。就在伸手去接汤碗的一瞬间，“梅龙”突然看见了山本残缺的左手，像突然想起了什么似的，不由自主地一愣。山本瞪了她一眼，很反感地说：“我自己来。”

堀悌吉担心他们因此感到不愉快，就在山本面前极力夸赞“梅龙”。其实，山本见到“梅龙”的那一刻，就觉得她与众不同，像一只熟透了的水蜜桃，让人口水直流。他不过是故作姿态罢了。他们第一次见面都给对方留下了极深的印象，但似乎都不是什么好印象。

1934 年夏天，山本已经调到海军省任职。在他接到命令准备第二次出使伦敦参加谈判预备会议时，海军省军务局局长吉田善吾等人在蜂龙饭店为他举行饯行酒宴，在这次酒宴上，山本再次见到了千代子。这次朋友中没有堀悌吉，但有渡边安次。

酒宴上，大方热情的千代子看到山本后，便主动上前打招呼，山本一下子就记起了她。千代子看见山本身着洁白的海军将官服，又想起了第一次见面的情景，礼貌地对山本说：“那天的事让你多心了，实在对不起，请多原谅!”

“什么呀，我早就不记得了。我对你们女人的事情哪能一件件都记住呢，早忘记了。”山本本想说得委婉客气点，没想到话一出口还是那样生硬。

千代子见山本还没有原谅自己的意思，又解释道：“将军忘了很正常，我只是一个小女人，当然还记得清清楚楚。可我真是无心的啊！”

吉田善吾是个很细心的人，发现山本与“梅龙”之间似乎有什么过节，连忙调解说：“小梅，山本君是个很直率的军人，说话从来不会拐弯抹角，你别介意啊！”

“梅龙”这才知道他姓山本，军人的直率是讨人喜欢的。山本也想跟“梅龙”解释一下，但在上司和朋友面前，他碍于面子始终没有说出口。

众人中还有一个有心人，那就是渡边安次。没过几天，他专门安排了一次私人小宴，让山本有更多的机会与千代子相处。这样一来，两个表面看似有冲突而内心躁动不安的人终于能单独待在一起了。他们之间并没有什么误会和矛盾，相反都有进一步交往的意愿。为了表示诚意，山本发出邀请，在帝国饭店请客。那天，他们度过了热烈而缠绵的一夜。

此后，他们便开始了约会。两人虽然相差 20 岁，但却就此燃起了爱情的火花。山本乐不思蜀，像年轻人那样满怀激情地坠入爱河之中，不能自拔。

山本和千代子都相信对方不是玩玩而已，而是真爱。有一天，山本与千代子一起散步，突然他停下来，双手捧着千代子的脸，认真地说：“小梅，我是个军人，又没有钱，我想我们以后的来往还是应该有一定的限度。我看，我还是应该把你当作妹妹来对待比较好。”千代子闻言，一下子抱住山本，非常激动地说：“我的感情已经不允许把自己当作你的妹妹了，请你亲手给我剪‘岛田’发型（日本妇女结婚时所梳的一种发型）吧！”她要与山本共效于飞。

当然，以千代子的身份，要与山本成为正式夫妻是不可能的。她作为新桥有名的艺伎，结识的上层男人自然不止山本一个，但她真心相待的却只有山本一人。他们交往了 10 余年，直到山本死于非命，千代子还想为他殉情自杀。当然，山本也并非只有千代子一个情人，但自从认识她后，他大部分的感情便寄托在了她的身上。在出使伦敦参加裁军会议前夕，他们已经成为知己。

河合千代子成了山本最信赖的人之一，山本在写给她的书信中，经常把自己内心不愿或者不能对他人讲的一些想法、秘密及苦闷毫无保留地写出来。下面这封情书是山本于 1935 年 5 月 1 日写给河合千代子的：

回忆这如同在梦境中度过的三四年中的往事，特别是在想到今后 10 年、20 年、30 年的未来的时候，不能不让人感到世事难料。人生如梦，转眼百年，什么功名、富贵、爱情、憎恶，这一切的一切，不过都是过眼烟云，就像清晨的露珠一样，转瞬即逝，似有若无。

想象得出，你是如何寂寞、孤独。有许多人，自从他们来到人世，就为世俗观念、社会羁绊所束缚，饱受痛苦与煎熬，欲罢不休，欲死不能。他们犹如沦落天涯的孤儿，连仁慈的上帝也不把他们视为宠儿，去怜悯、同情他们。每当我想到这些，深感人生的一切不过是虚幻织成的梦境而已。

在道理上，虽然的确如此，但在现实的生活之中，我又因与你结识，得到你的温暖和理解，而感到幸福。我把你视为我的妹妹、知音，当然也是情人。你身体的瘦弱，时时使我深感不安。在这里，我用“不安”一词，绝不是简单地模仿你和你的先生，而完全是站在你的角度上来衡量我。在客观上，也是我发自内心的自我反省，或者说是自我嘲讽。

每当我想起你娇艳多姿的身影，就无法抑制内心对你的眷恋之情，但是我又不得不离开你。相信你能够理解，我之所以决定前往伦敦，完全是出于我个人甘愿担负起国家兴废之责、民族图存的重任之心。

那时，虽然我们就要分离了，但我们之间迅速发展起来的炽烈的感情之火，还是使我无比兴奋、热血沸腾。对你爱恋的烈火在不断地燃烧着我的整个身心。

到了伦敦之后，我不得不竭力压制自己对你的思念之情，把全部精力都倾注到会议之中。遗憾的是，随着时间的推移，特别是回到东京之后，我才发现：不用说一般的社会舆论，就连海军中的上层，对会议本身也并不感兴趣，他们对裁军问题漠不关心，派我前往伦敦与会，不过是应景而已。这怎么能不使我心灰意冷呢？

在东京工作，实在感到苦闷无聊，难以忍受。

实际上，正是你爱的力量，增加了我坚持下去的信心。每当我想起你娇艳多姿的身影，就无法抑制内心对你的眷恋之情。我恨不得插上翅膀飞入你的怀抱，为你减轻孤独寂寞之苦。但有时我又分明地感到，我作为一个须眉男子，在你面前表现得那样脆弱与温柔，未免有些难为情。

以上肺腑之言，我只能直言于你，千万不能泄露于他人。

山本给千代子写过很多封情书。1942 年中途岛大战前夕，他还在战舰“大和”号上写下了这样一段话：“对着你的肖像，我吻了又吻，千代子啊，与君相会在今朝。”试想，一位已经 58 岁的舰队司令在大战前夕居然还有这样的心情，多么令人不可思议！山本的情书不只是为煽情，而是他自己心路历程的一种显露和倾诉，不断向情人千代子倾诉自己在思想、信仰、理想上产生的每一个变化，也使我们了解到一个更真实的山本。

出任海军省次官

尽管山本五十六频频出入秦楼楚馆，但是，了解他的人都知道他不是一个放荡不羁的人。他处世稳重，为人谨慎，性格顽固刚强，无论在工作还是闲暇时，他都十分勤奋刻苦、处事独断坚决、目光毒辣。他一生都抱着为天皇“开拓疆土”、向外扩张的“志向”，而他又具备了在全世界范围内冷静且较为客观地分析战争的能力。正是这样的志向和性格特点，使他从一个普通的舰炮专家一步步成长为日本联合舰队司令，担负起要职。

真正能读懂山本的人，或者说真正能走进山本内心世界的人，都会对他的仕途前景抱有乐观的态度。鹤岛正子作为山本的第一个情人，对他仕途的预言是最为精确的。这位对山本一见钟情，而且终身未嫁，始终对山本充满感情的女人，早在山本还是一名大尉的时候便断言：终有一天，山本会青云直上，成为一名海军大将。

正如正子所预言，山本不仅情场得意，而且官运亨通，官衔也一路飙升。他有一个不仅在日本，而且在全世界海军高级军官中也是独一无二的纪录：从中佐开始到中将这 4 次晋升，本人都不在国内。1919 年年底晋升中佐时，他在波士顿的哈佛大学留学；1923 年年底晋升大佐时，他在欧洲出差；1929 年年底晋升少将时，他在伦敦参加海军军备会议；而 1934 年年底晋升中将时，他还是在伦敦参加海军裁减军备谈判预备会议。

通过两次裁军谈判，山本对世界海军发展的大势更加明了，尽管国内法西斯分子开始追捧他，但他依然认为，日本如果卷入与美国无限制的造舰竞赛，将不可避免地使日本耗尽资源。他希望日本接受德国的教训，目前要不事声张，避免过分刺激英美，冷静、慎重地充实自己的实力。他及时把握海军军事科学和技术的最新发展动向，认为特别要加速航空兵力的发展，果能如此，则让英美被日本超越的日子就为期不远了。

他在伦敦会议期间给亲信部下三和义勇的信中写道：

可以想象，大战（第一次世界大战）前的德国，如果再忍耐 50 年的话，它也能与欧洲强国相匹敌。前车之覆，后车之鉴。今天我们日本帝国必须冷静自重，积蓄力量，盛国强兵。尽管此次谈判已毫无胜利可言，但只要我们能清醒地意识到上述各点，并使之付诸实施，将不愁英美不败倒在我们的麾下。对海军来说，至为重要的也是谨慎自重，艰苦努力。与英美开战的日子不会太远，在开战之前做到航空上的跃进是最紧要的事务。

实际上，日本海军极其重视航空兵，从 1930 年开始便在横须贺航空队建立了一个“预科栋”，招收 15～17 岁的高校在校生，从“预科栋”毕业后给予海军兵编入的资格，后来又扩招到中学毕业生。野村吉三郎任海军省教育局局长时，又提出了海军兵学校全体毕业生首先送到霞浦航空队接受飞行训练的方案，使得海军的所有少尉候补生都能执行飞行任务。日本海军航空兵队伍由此越来越壮大。山本为提高日本航空母舰舰载飞机的作战能力做出了巨大努力，对日本海军航空兵的发展起了重要作用。

1935 年 12 月 2 日，山本被任命为海军航空本部部长。这个部门因为海军航空兵的迅速壮大而从舰政本部独立出来的。前几任部长都对舰政本部唯命是从，山本到任以后，这种情况似乎有了很大改观，因为海军航空本部与舰政本部对于大力发展航空兵的观点已经基本一致了。

山本接任航空本部部长时，正是日本法西斯运动走向高潮的时期。而且，日本海军从一开始就存在着亲德派，但在山本权兵卫和伏见宫当权时期，这种亲德势力还只是一种思潮，这种思潮能够得势依赖日本海军和德国海军越来越紧密的技术交流，而这种技术交流的最大推动者就是山本五十六。

针对美国海军的优势地位，山本首先考虑生产一种大型化的远程陆基机，希望依靠这种远程飞机有效地削弱美国海军的力量，以便在未来对美作战时，有利于在舰艇兵力上处于劣势的日本海军。当时日本主要的飞机制造厂家都从某特定的德国厂家招聘技术人员，如爱知航空机会社从亨克尔、三菱从容克、川崎从道尼尔招聘了大量技术人员。就是在这一时期，日本海军开始试制最先进的零式舰载战斗机和九九式舰载爆击机。1936 年又将“九试中型陆基轰炸机”投入批量生产，正式命名为“九六式陆基轰炸机”。

九六式陆基轰炸机由三菱工业公司设计制造。该机吸收德国容克公司等世界各飞机制造厂家的造机技术，结合三菱公司自己的创新，是日本海军装备的首批国产双引擎活动式起落架飞机。航程约 4 000 千米，最大时速达到 350 千米，机上最多可携带 1 700 多磅重的炸弹，并配有机炮 1 门和机枪 4 挺，机组 7 人。该机与当时世界上最先进的轰炸机不相上下。

尽管如此，飞机的作战半径依然受到很大的限制，所以航空母舰就成为飞机的最好搭档。同时，山本还将目光投到太平洋几个可以占领的群岛上，把这些岛屿也作为日本“不沉的航空母舰”。

德国没有航空母舰，在向英国求助遭拒后，便转求于日本。于是，日本在德国尚未完工的航空母舰“齐柏林伯爵”号上与德国开始了合作，并转让了山本最熟悉的“赤城”号航母的技术。只是后来的战争没有给德国太多的时间去建造航母和训练海军航空兵，没等德国的航空母舰服役就爆发了战争，德国只能多造自己最有优势的潜艇，而将航母搁置下来。日德合作仅限于技术层面，战略思想都比较保守。即使是积极主张发展航空兵的山本，思路也依然停留在巨炮战舰加飞机的基础上。

在此前后，日本国内爆发了“二二六”事件。一批少壮派军官发动政变，刺杀政府要员，鼓动推翻政党政治，实行军人政治。一系列的恐怖行动，使日本政界、军界充满了腥风血雨。法西斯的“统制”派在铲除异己的同时，借机控制了政府。

“二二六”事件之后，永野修身①大将回国，广田弘毅②将他推到前台，在新组建的广田内阁中取代大角岑生出任海军大臣，这是日本恢复陆海军大臣现役武官制后的第一任海军大臣。在永野修身和陆军大臣寺内寿一的极力鼓动下，广田内阁为服从法西斯的意志，加快对外扩张的步伐，于 1936 年 8 月通过了《帝国外交方针》和《国策基准》，确立

① 永野修身（1880—1947）：日本海军元帅，日本海军舰队派的主要人物，对美开战的急先锋，太平洋战争时期的日本海军第一号首脑，1944 年因战局不利转任天皇首席顾问。

② 广田弘毅（1878—1948）：日本第 32 任首相，第二次世界大战甲级战犯。

了“在确保帝国在东亚大陆地位的同时，向南方海洋发展”的根本国策；出台了装备 50 个师团和建造海上主力舰、航空母舰各 12 艘的扩军计划，其中包括建造“大和”号和“武藏”号超级战列舰的补充计划，军费开支达 14 亿日元，占国家总预算开支的 46. 4%，这笔庞大的军费开支在日本是史无前例的。这也说明，日本法西斯“统制”派已经在思想、政治、军事上为对外扩张做战争准备了。

永野修身是一个积极主张扩充日本海军实力、实行对外侵略的战争狂人。他曾两次率团出席伦敦海军裁军会议，为突破西方大国对日本海军发展的限制而四处奔走。回国后他又串联各内阁成员和政党党首，竭力推动内阁通过建造大型战舰的军费预算。

此时日本保有 4 艘正规航母，即“凤翔”号、“赤城”号、“加贺”号和“龙骧”号。1934 年 10 月，日本海军军令部确立“帝国海军第三次造舰补充计划”，决定建造装载 18 英寸大口径火炮、总吨位达 7. 2 万

1941 年，太平洋上试航的日本巨型战舰“大和”号以时速 27 海里的速度向深海推进

吨的巨型战舰“大和”号和“武藏”号。英、美等国在条约中限定的主力舰最高吨位数是 3. 5 万吨，要建造 7. 2 万吨的巨舰，即使是老牌造舰大国英国也望而却步，由此可见日本扩军备战的野心有多大。不过，如果没有德国，这样的巨舰日本是无法独立完成的。因为战舰的设计有一条铁则：不能被自己装备的主炮击沉。因此，“大和”号、“武藏”

号的装甲必须能够经受住“大和”号所配备的18英寸口径大炮的炮弹，计算下来，装甲钢板的厚度必须达到41厘米以上。当时日本战舰装甲最厚的是“陆奥”号，达30厘米。而在海军裁军之后，日本能够生产的装甲铁板厚度只有12.5厘米左右，万吨级巡洋舰装备的8英寸主炮就能够轻易将其炸穿个大洞出来。如要生产这种锻压钢板，就得从德国克虏伯公司进口压延机和1.5万吨的水压机，困难之大是难以预见的。与好大喜功的永野修身相比，山本更加务实，所以他提出了明确的反对意见。

永野修身是了解山本的，他在四处笼络人心的时候首先想到了这个在伦敦海军裁军预备会议上表现不俗的山本中将。

在海军定期的人事变更过程中，永野找到时任航空本部部长的山本，请他出任海军省次官。但是，山本听说了永野的来意后只轻描淡写地表示，肯定是永野误会他了。山本觉得航空队司令的位置比海军省次官更重要。这让永野修身大感意外，他早就把山本当作自己人了，根本没料到山本会不赏脸，他怎能不恼火？但他又感到非常需要山本的帮助，实在不愿就此放弃。因此，他决定进一步对山本施加压力。他对山本说：“山本君在去年伦敦海军裁军会议上的良好表现是有目共睹的，现在正是我们向这一目标迈进的时候，怎么止步不前了呢？难道是山本君对我有什么看法，存心不愿与我配合？”

俗话说，道不同不相为谋。山本心想：“你我现在还不是一路人，谈不上配合不配合。”但他又不能明说，他和永野虽然政见不同，但永野毕竟是大臣，是自己的上司。同时他又考虑到海军的规矩，军令是不能推辞的，便说：“既然大臣阁下看得起在下，卑职岂有不听命之理，只不过担心自己不能胜任次官重职，恐有辱阁下厚爱而已。”山本的话说得挺好听，这也正是永野想要的答案。

1936年12月1日，山本应永野修身之邀，就任广田内阁的海军省次官。山本对此次“荣升”不知是喜还是悲，在反町荣一特地从长冈老家赶来东京祝贺他被提升为海军省次官时，他竟一脸漠然地说：“反町君，劳您大驾跑来祝贺，可是，我不得不告诉您，我是极不情愿出任此职的。唉，‘将吊不暇，何贺之有’（出自《国语》，意为：“我恐怕哀悼还来不及，又有什么可以祝贺的?”）呢?”然后他们就去了新桥歌舞伎馆。

艺伎们听说山本升任海军省次官，都围拢过来向他表示祝贺，但他一脸不高兴地说：“这是政客们才有兴趣的位置，作为一个军人，当他正全心致力于海军航空事业的时候，却要弃军从政，这又有什么值得庆贺的呢?”

过了好几天，前任海军省次官长谷川清见山本还不来交接工作，便对首席副官田结穰说：“你熟悉山本，一应事务工作，就由你酌情代为移交吧!”田结穰是一个很干脆的人，也知道山本的工作风格，只用了两个小时就和山本将工作交接完毕。当然，这也掩盖了一个重要的事实——海军省人事关系复杂，矛盾重重。

就在山本就任海军省次官不久，高松宫宣仁亲王（昭和天皇的弟弟）来海军省报到，将在军令部任参谋。当时他还只是个刚从海军大学毕业的年轻少佐军官。在高松宫没来报到之前，首席副官近藤就已经从有关方面打听到这个亲王来海军省军令部报到的准确日期，特意准备在这一天召集大家到海军省门前列队欢迎。这么多人迎接一个低阶青年军官，在海军省尚属少见。就在近藤做好一切准备工作后，山本当着众人的面，毫不客气地把近藤叫到跟前，训斥道：“喂，宫（亲王）是以宫亲王的身份来海军省报到呢，还是以一个普通海军少佐军官的身份来就任参谋呢？请你告诉我，他到底是以什么身份来的?”

近藤从未见过山本发这么大脾气，慌忙解释道：“他当然是以少佐的身份来就任参谋的，但他毕竟是亲王，这个旧礼也不好废啊!”

“既然他不是以亲王的身份来视察的，那么怎样接待一个少佐军官，你不是不知道吧？现在提醒一下，海军省中是绝对不允许有高低贵贱之分的，至少在我任职期间是这样!”

如此看来，山本还真是个不畏权贵的炮筒子。反过来说，他在仕途上一路升迁，平步青云，还真要有点真本事。

对外扩张的“三驾马车”

山本五十六与永野修身的合作未能持续多久，3 个月后，因为国会中残存的政党势力指责军部干预政治，并点名陆军大臣寺内寿一应该切腹，内阁垮台。当时，政友会（即立宪政友会，日本当时的一个政党派别）的滨田国松在国会发表了一篇措辞尖锐的演讲，指出：

> 军部（陆军）近来狂妄至极，竟夸口说：“我等乃政治上的推动力。”俨然以救世主自居，大有普渡众生之慨。大量事实俱在，不容争辩：“五一五”事件是这样，“二二六”事件也是如此，从军方不时传出来的关于独裁政见的观点也是这样。有关议会制度调查会的陆相恳谈会的经纬，更是无可辩驳的事实。关东军司令长官就“满洲协和会”所发表的声明书中，通篇充斥着这种荒谬的观点。总之，这种独裁政治的思想，已经渗透到军队的底层。如此颠倒文武关系，破坏吾帝国安邦之本，治国之道的倒行逆施，不能不招致国会的颦蹙和鄙弃。

当然，陆军也不是软弱可欺的，寺内寿一等人马上进行了强硬的反击，甚至提出要政党反省，并主张内阁召集会议，解散国会。永野和山本都是支持寺内寿一的，但永野有些举棋不定，国会没有被解散，陆军拒绝与政府合作，从而导致广田内阁于 1937 年 1 月 23 日垮台。海军与陆军的关系也因此出现了裂痕。之后，宇垣一成大将奉诏筹组新内阁，但由于陆军再次拒绝合作也宣告流产。接着，林铣十郎大将出面组阁并取得了暂时的成功。这样一来，永野在新内阁中就没有位置了，海军大臣人选尤其引人注目。山本当然希望有一个与自己政见一致，特别是志趣相同的上司。他特别推崇日本联合舰队的司令官米内光政①大将，并不遗余力地为他奔走。米内在海军兵学校 29 期的 128 人中“吊床号”（即海军兵学校的在校学生成绩排名）只有 68 名，并不怎么优秀，但他却是升迁最快的人之一，主要原因恐怕是因为他在“二二六”事件中的坚定立场和出色表现。

山本等人的努力没有白费，结果正如他们所愿，米内入阁成为海军大臣。而狂热鼓吹对外发动战争的永野则自谋出路，接替米内成为日本联合舰队司令。

永野很早就开始参与侵略中国的阴谋活动。“九一八”事变爆发后，为了进一步扩大对中国的侵略，同时也为了转移国际社会对中国东北局势的关注，时任海军军令部次长的永野，应关东军高级参谋板垣征四郎的请求，立即指示第 1 遣外舰队司令盐泽幸一②配合日本特务，在上海制造了“一・二八”事变。他在对华战争中一直是个急先锋，如今掌管了日本联合舰队，意味着发动全面侵华战争的时机就要到了。

林铣十郎新组内阁之后，实施的政策纲领是“充实国防军备，增进生产”，这完全反映了军部的意志。而且还有一个强腕人物在左右着内阁意志，那就是自负、执拗的贵族院议长近卫文麿③。这个人比永野更加激进，他在《元老重臣与我》中声称，少壮军人在“‘九一八’事变以来所推进的方向，是我日本必须走的命运之路”。他如此明目张胆地鼓吹法西斯侵略有理的论调，自然获得了军部与右翼组织的支持。林铣十郎在“水深火热”中熬了几个月，终于辞掉首相之职，把内阁打包让给了近卫。

---

① 米内光政（1880—1948）：日本海军上将，日俄战争中曾参加对马海战，与山本五十六、井上成美组成稳定铁三角，反对与德、意结成军事同盟，被陆军视为亲英美派。“二战”后期主张接受《波茨坦公告》，日本投降后参与解散海军的工作。

② 盐泽幸一（1883—1943）：日本海军大将，山本五十六的同学，上海“一・二八”事变期间任日本第 1 外遣舰队司令兼驻上海特别陆战队司令。

③ 近卫文麿（1891—1945）：日本第 34、第 38、第 39 任首相，任内实行严密的法西斯主义统治，对外发动全面侵华战争，发表了臭名昭著的“近卫声明”，同时与德、意签订《三国轴心协定》，并扩大日本军国主义对亚洲各国的侵略。1945 年日本投降后畏罪服毒自杀。

在频繁的内阁重组中，山本还算比较稳定，毕竟他只是海军省的次长。在将近两年的时间里，他与米内配合得很好。他们早在海军炮术学校时就吃住在一起，闲暇时还经常一起练剑、锻炼身体。那时，米内是大尉，山本是中尉。校友加战友，这种长时间建立起来的友谊自然很深厚。

米内非常信任山本，而且他们发展日本海军的观点也相同，尤其在建造航空母舰和壮大海军航空兵方面，他们都是务实的，积极尽自己的一分力量。米内经常对海军省的一些人说："我有山本这样一个好的助手，工作非常轻松。"每次参加内阁会议回来，米内总要把内容详细地告诉山本，好像下属向上司汇报一样。对于米内的谦逊，山本很欣赏，他曾跟米内开玩笑说："大臣的头脑也许不那么精明，嘴也不善言辞，但却有个宽大坦荡的胸怀，为人正直，办事公道。"在非工作场合，他总是把米内看作朋友而不是上司，完全不会毕恭毕敬地对这位大臣说"是"。

当然，山本也不因此而狂妄自大，他十分尊敬米内，对海军省的下属也以礼相待。副官兼大臣秘书松永敬介少佐如此描述山本：

> 我觉得他有一种独有的敏锐性，明察秋毫。他对他的每一个部下都了如指掌，但从未苛责过任何人。由于他能看透每个人的心，所以他的部属都觉得有一种威迫感。当你和他接触时，你会很快发现，他有着非凡的洞察力，绝不是一个普通人。有人曾问起我："在像他这样刀锋一样敏锐的人手下工作，不感到困难吗？"我一向没有这样的感觉。诸如在酒会一类的场合，他虽然不会喝酒，但他和大家在一起很融洽、自然，给人一种平易近人、和蔼可亲的感觉。当然，他对陆军中的极端分子和他的政敌，则始终是冷酷无情的。

对于山本与米内的合作关系，人们称之为"山本－米内组合"，这也肯定了他们在推动建造巨舰和飞机方面的贡献。其实，在他们的班子中，还应该加上一个人，那就是米内的参谋长井上成美[①]。井上成美是海军兵学校 37 期的第 2 名，以少将军衔出任海军省军务局长。这三人被称为海军省内的“三驾马车”，他们都在“富国强兵”的口号下，上了对外扩张的战车。

就在山本担任海军省次官期间，以近卫文麿为首的内阁进一步把“建立东亚新秩序”扩大为建立“大东亚新秩序”。近卫所鼓吹的侵略立场、公爵贵族的出身，加之与皇室、元老重臣的密切关系，使他一步步走向为发动侵华战争而推波助澜的最前沿。他就任首相才一个多月，即 1937 年 7 月 7 日，日本便蓄意制造了“七七事变”。当天晚些时候，近卫主持内阁会议，陆军省、海军省和外务省的代表一致同意采取“不扩张”和“就地解决”的政策，但不久近卫就发表增兵声明，向中国增派了 5 个师团。在内阁与军部的互相协助与合作下，日本侵略军的铁蹄步步深入，于 1937 年 7 月底侵占了平津地区。日本法西斯分子对此异常兴奋，气焰十分嚣张，狂叫战争“终于开始了！越大越好！”

山本具有极强的观察与分析能力，绝不是那种因循守旧的人，在研究历史与关注现实时，他始终注重把握战争的发展规律，对未来战争的发展趋势有着极其敏锐的嗅觉。不可否认，山本是支持对华战争的。事实上，他研制远程爆击机的目的就是用于中国战场。但出于对陆军的反感，他不赞同全面开战，这并不是因为他对中国人民怀有恻隐之心，他只是担心将大部分兵力消耗在中国的泥潭里，会给美苏以可乘之机。他主张向中国增兵，认为中国不堪一击，日本完全可以速胜。他曾对知心好友武井大助说：“陆军中的这些混蛋，果然挑起了战火，简直要把人气疯了。我从此戒烟，直到蒋介石投降为止。”在侵华战争中，日本陆军的确是大出风头，这让山本很是嫉妒。陆军在华北的推进刺激了日本海军的战争野心，海军不甘心让陆军在中国抢了头功。

---

① 井上成美（1889—1975）：日本海军大将，与米内光政、山本五十六组成“铁三角”，强烈反对三国同盟及对英美开战。“二战”期间任第 4 舰队司令，因战果不理想，被讥为“日本的赵括”。

海军首脑经过协商，于7月29日由日本联合舰队司令永野修身发布“第1号作战命令”，第1舰队主力驶往上海；同日，电令日本联合舰队第3舰队司令长谷川清，立即撤走长江沿岸的日侨，为华中作战做准备。当时，驻上海的日本联合舰队第3舰队和海军特别陆战队，共有4 000多人。第3舰队辖有第10、第11战队和第5水雷战队，以巡洋舰“出云”号为旗舰。

从日本在中国战场的作战部署来看，陆军当时正倾尽全力进行平津作战，力图尽快解决华北问题，海军在上海暂时保持蓄而不发的态势，以待整个战局的发展。8月9日晚，虹桥机场案发，当晚21时30分，长谷川清下令在日本佐世保待命的第8战队、第1水雷队、第1航空队、佐世保镇守府第1特别陆战队、吴港镇守府第2特别陆战队，做好出航准备。

8月11日，上述部队到达上海，其中陆战队2 000人于23时登陆完毕。同日，国民革命军总司令蒋介石下令京沪警备军进军上海，发动对驻沪日军的围攻战。

8月12日夜，根据米内海相的要求，内阁召开由首、海、陆、外参加的四相会议。海相正式要求陆军出兵，各大臣皆无异议，确认了向上海派兵的方针，以第3、第11师团为基础组成上海派遣军。

8月13日下午，进入阵地的日本海军陆战队在八字桥地区的伊藤茂第3大队，首先向刚到达该地的国民党军第88师发起突然袭击。当地驻军国民革命军第9集团军在总司令张治中的指挥下，指挥3个机械化师开始总攻。中国空军也到上海协同作战。

8月15日，日本宣布组建上海派遣军，以松井石根大将为司令官，率领两个师团的兵力开往上海增援，进一步扩大对中国的侵略战争。

9月，近卫文麿内阁发起“国民精神总动员”运动，大肆宣扬“举国一致”“尽忠报国”“坚韧持久”的方针，支持法西斯侵略的步伐。在他的鼓动之下，日本媒体大力进行舆论宣传，歪曲事实、颠倒黑白地叫嚣“膺惩中国”，宣布进行“圣战”。

中日双方在上海一地不断投入部队，国民党方面先后投入78个师、7个独立旅、3个暂编旅、中央军校教导总队、7个炮兵团、财政部税警总团、1个宪兵团、上海市保安总团、上海市警察总队、4个江苏省保安团、3个海军舰队，总兵力在75万人以上；日军则投入5个师团、1个旅团，达20万人。双方鏖战两个月后，11月5日拂晓，新增日军第10军第1梯队登陆兵团在海军军舰、飞机的火力掩护下，在杭州湾北侧的全公亭、金丝娘桥、金山嘴等处登陆。中国守军由于沿岸兵力薄弱，防线被击破，日军登陆成功。当时中国军队曾令驻浦东的第62师、独立第45旅与驻枫泾的第79师夹击登陆之敌，并令第11预备师由苏嘉铁路赶往增援，但由于部队联络困难、行动迟缓，计划未能如期实施。日军乘机突进，一举进入黄浦江一线，对上海守军形成两翼迂回包围之势。蒋介石因幻想《九国公约》签字国的干涉，拖延了撤退时机，但此时西方国家绥靖之风盛行，称中国军队主动在上海非军事区挑起战争，破坏和平，因而对中国的要求置之不理。

11月12日，上海市区沦陷。淞沪会战历时3个月，日军以伤亡4万多人的代价结束了战争。

淞沪会战是由日本海军直接发动的，山本作为海军省次长，也是这次战争的鼓动、支持者。他密切关注着中国战局的发展，并为日本顺利增兵做了大量工作，尤其是调动海军航空兵，在战争头8个月里，担负起了支援陆军、在前线进行俯冲轰炸、对中国内陆城市进行远距离战略轰炸等主要任务。因此，尽管他没有亲临前线，但远在东京的他同样对中国人民犯下了深重的罪孽。这是不可否认的事实。

淞沪会战开始后，日本海军航空部队继续轰炸中国大陆。12月12日，美国炮舰“帕奈”号和3艘油轮在南京江面上遭到日军从常州基地起飞的飞机扫射而被击沉。同一天，英国炮艇“瓢虫”号和“蜜蜂”号也在芜湖附近的长江江面上遭到日军袭击，造成了英方人员伤亡和财产损失。因涉及英、美、日关系，日本海军司令部解除了“加贺”号舰长的职务，以示不赞成轰炸“帕奈”号。事实上，这只是做一下表

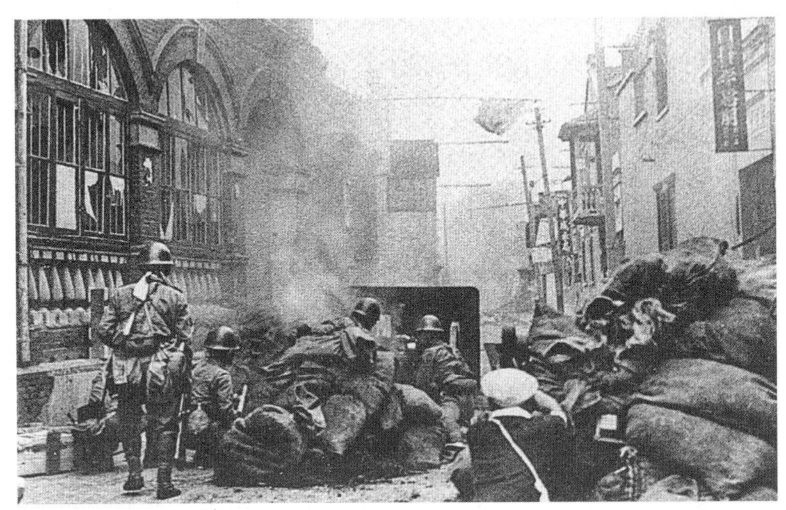

1937 年，淞沪战场，日本海军陆战队在巷战中炮击中国军队

面文章而已，因为日本不想马上与英、美翻脸。

12 月 13 日，日军攻占了国民政府首都南京，进行了惨绝人寰的“南京大屠杀”。这是侵华日军公然违反国际条约和人类基本道德准则，在侵华战争期间对中国军民犯下的滔天罪行，也是世界历史上规模最大、死伤人数最多、手段最残忍的一次毁灭性大屠杀，它充分见证了日本帝国主义的残酷性和野蛮性，见证了日本侵华战争给中国人民带来的巨大灾难。

此外，日本海军与陆军在 1938 年还实施了一连串的作战行动，攻占了汉口、广州、汕头、南宁、海南岛。但日本征服的只是土地，并没有征服这些土地上的中国人民，到其结束战争的预定日期，即 1939 年年初，日本期望的胜利仍遥遥无期。山本在战争之初所担心的事情终于变成了现实——中国人民和军队已经做好长期抗战的准备，日本的泥足已深深陷在中国全民抗战的土地上。

第六章　磨刀霍霍

力推海军飞机技术改造

一直以来，山本五十六始终念念不忘发展海军的航空力量，强化海军装备。

西方国家常戏称大和民族是“猴子民族”，因为日本人模仿能力极强。远的不用说，从 19 世纪下半叶日本从落后的封建社会向资本主义社会过渡开始，其基本国策就是允许土地买卖，引进西方技术，鼓励兴办工业产业，提倡文明开化，向欧美学习。因此，日本的制造业包括军事技术，在这半个多世纪里发展较快。

善于学习是日本人的一个长处。经历了几年艰苦的欧美考察之后，山本五十六最终把目光集中在了“一战”后日益发展但尚未引起人们足够重视的飞机身上。当他脑海里闪现出“航空制胜”的念头之后，不禁如获至宝，抑制不住自己的兴奋之情，多年来的忧虑似乎在一夜之间烟消云散。

第一次世界大战期间，日本海、陆军所装备的为数不多的飞机，大部分是仿效法国和英国的飞机制造的。“一战”结束后，日本又改为以德国为模仿对象。为了真正学有所成，日本人往往不计成本，比如，在重装甲舰船的制造、潜艇和飞机的研制等方面，都付出了高昂的代价。

山本也是一个善于学习的人。在担任海军航空本部部长之初，他就积极主张向德国学习，大力进行飞机技术改造，制造有耐用持久的全金属高性能飞机，并实现国产化。他提出的口号是“一切国产化”，“使用国产品，否则就没有日本航空的独立和发展”。为此，海军于 1932 年成立集飞机维修、制造于一体的综合实验机构，大力进行开发研究。

自从广田内阁制定的《国策基准》提出大力发展日本的海军和航空事业后，日本对飞机的研制真正下了血本。这也给了山本一个大显身手的机会。

当时的舰政本部部长是中村良三大将，他极力反对山本关于航空力量在未来海战中将起决定性作用的观点。根据第一次世界大战的经验，他认为航空母舰和飞机固然重要，但毕竟只是舰队的辅助性武器，建设日本联合舰队依然要以大型战列舰和大口径舰炮为中心。山本则认为，随着技术性能的不断提高，飞机在未来作战中的攻击力将大为增强，不论什么战舰，也不管它们建造得如何巨大，都无法抵抗日益发达的成群飞机的攻击，只要战舰浮在海上，就必然有被击沉的时候。他带有讽刺地说，巡洋舰只适合用来做旗舰，因为上面有宽大的休息室和会议室，而战列舰也将因自身无法克服的缺陷（重装甲舰舰体庞大、机动性能较差、隐身性能拙劣、抢占攻击阵位难度大）而渐渐被淘汰，只有航空母舰才能在未来的海战中担当重任。

不过，航母并非以自身的巨炮作为主要攻击武器，而是依赖舰载机。在飞机研制方面，山本特别重视远程爆击机、侦察机、远程重型轰炸机。20 世纪 30 年代，日本海军使用的飞机主要有八试特种侦察机、九六式（九试 G3M2A）中型陆基轰炸机、九六式（三菱 A5M 系列）战斗机。中岛和三菱分别生产了十试和 B5M 系列舰载鱼雷攻击机，入役后分别称为九七式 1 号和 2 号等。其中，九六式（三菱 A5M4A）战斗机是世界上第一种性能超越同时期陆基战机的舰载机。

这些飞机入役后，日本海军组建了木更津和鹿屋 2 个航空队。1937 年“七七”事变之后的 7 月 11 日，这两支航空队的陆上攻击机改编为第 1 联合航空队，战斗机则改编为第 2 联合航空队，简称“一联空”和“二联空”，分别进驻长崎县的大村基地、朝鲜的济州岛和中国的台北等地待命，后在全面侵华战争中投入屠杀中国人民的战场，如 8 月 15 日轰炸了南京，16 日轰炸苏州，17 日轰炸汉口、南昌，为陆军的进攻开路。从 9 月份开始，“二联空”也配备了陆上攻击机，除为“一联空”护航之外，也开始执行单独轰炸任务。影响最大的是由井上成美实施的“101 号作战”，海军飞机先后对重庆进行了 218 次轰炸，重庆市区几乎成为废墟。

但是，九六式陆基轰炸机对中国实施跨海轰炸并没有取得预期的成功，这让山本产生了很大的挫败感。他明白，正是由于他的主张和不懈努力，人们才逐渐认识到飞机在国防和对外扩张方面的重要作用。照此下去，飞机的需求量无疑还会增大，仅靠三菱、中岛两家公司，满足不了日益增长的需求，要使日本的航空工业进一步得到发展，必须建立一支庞大的航空工业技术队伍。

同时，山本也认识到，轰炸机无论航程有多远，时速有多快，实施远程攻击依然十分困难。舰载战斗机的任务是为舰载轰炸机也就是所谓的攻击机护航，但是还没有哪一种战斗机能掩护它飞行那么远去完成任务。因此，他不得不重新考虑生产“巨舰”的问题。过去他一直反对建造 7.2 万吨的巨型战舰“大和”号、“武藏”号，“七七”事变后，他改变了原来的观点，积极为建造巨舰奔走呼吁，并筹措经费。不过，他所说的“巨舰”并非大型战列舰、巡洋战列舰，而是指航空母舰。

1937 年，日本海军为了应付以后的战争，拼命追求兵器的先进程度，提出了一个研制难度极大的俯冲轰炸机（或称爆击机）设计构想，希望能研制出一种飞行速度超过 500 千米/小时的舰载俯冲轰炸机，这个飞行速度比当时的战斗机速度还快。日本海军希望这种俯冲轰炸机装备部队后，能拥有不亚于当时战斗机的飞行速度，可以轻易地避开对方的空中拦截，并攻击敌舰。由此，海军航空技术厂开始研制 D4Y 俯冲爆击机系列。爱知公司研制的九九式（爱知 D3A）系列爆击机，于 1939 年正式入役之前被称为十一试舰载爆击机。中岛还生产了彩云

（C6N 系列）侦察机，这是当时最先进的高速舰载侦察机，时速达 610 千米；同时，提出了十二试陆攻计划，也称九六式远程轰炸机，可以看作是 G3M2A 的改进型，所以厂家命名为 G4M。中岛的 G5N 系列轰炸机也在研制生产中。

最值得一提的是三菱重工改造设计的零式（A6M）系列战斗机（入役前称为“十二试”）。从当时的技术性能来看，零式以爬升率高、转弯半径小、速度快、航程远等特点压倒了同期的美军战斗机。因为有了超硬铝合金，对飞机主桁梁进行革新，抗拉强度好，耐疲劳强度更好，而且机体重量极轻，空重（21 型）仅 1 570 千克。零式的性能优势最大来源就是轻，特别轻，翼载极小，保证了极大的续航力，机体结构强度很大，可以轻松安装上 2～4 门 0.787 英寸口径的机炮，并且开火时不会对飞机结构构成损伤。它的速度、航程、拐弯半径、机动性和可操作性结合在一起，成为一件日本海军手里无敌的战机。而它首次参战也是在中国。13 架零式战斗机对 34 架伊－15、伊－16 战机，战绩惊人，零式战斗机除了 3 架中弹、1 架在最后降落时发生事故之外，没有一架被击落，由此可见其优越性能。

飞机加巨舰，这是强化日本海军装备的一个基本思路。当时，大炮巨舰主义仍居主流地位，认为排水量大、火炮威力猛的战列舰是海战中的决胜兵器。山本极力倡导海军航空兵建设，反对继续生产巨炮战列舰、重装甲巡洋舰。他并不是怕受条约制裁，而是考虑到日本的国情，无论是技术、原材料还是经费都相当不足，因而更不应该将有限的经费花在大炮巨舰上。

20 世纪 30 年代前期，日本海军就在海上遭遇了两场灾难，即“友鹤事件”和“第 4 舰队事件”。

“友鹤”号护卫舰（1934 年 2 月 24 日竣工）标准排水量只有 533 吨，却装了 3 门 5 英寸口径炮和两座双联装 21 英寸鱼雷发射管，因此稳定性极差。1934 年 3 月 12 日，它在第一次出海夜训中被风吹翻，113 名舰员中仅 13 人幸存。事后，日本海军成立了一个舰艇性能临时调查委员会，又对各主要水面舰艇进行了长达3年的改装，以提高舰艇的稳定性。

1935年9月26日，日本联合舰队在对抗演习时，在本州以东海域遭强台风袭击，航空母舰“龙骧”号飞行甲板被巨浪压坏，尾部的机库壁被海浪冲破，海水直接涌进了机库；“凤翔”号前甲板被巨浪击垮；重巡洋舰“最上”号舰艏钢板开裂；“妙高”号舰艏铆钉松动；多艘巡洋舰受伤，还有两艘驱逐舰从舰桥之间断裂，断成两截。“第4舰队事件”发生后，经过调查，发现事故均为技术、原材料问题，工艺水平完全无法弥补这些缺陷。为此，日本海军采取了临时加固船体的改装措施。

这两次事件，暴露了日本海军在造船方面单纯追求火力，忽视舰体稳定性及舰体强度的严重倾向。为了提高适航性，必须增高航母前甲板的高度，但这样做又抵消了减轻重量获得的大部分优势。最后，为了稳定性，还是被迫加了大约500吨压载，从而严重损害了它的航速。

由于诸如此类的原因，一些舰船生产厂家更乐于研制生产快速鱼雷艇、快速驱逐舰和潜艇。与此相配套，日本海军学到了一门绝活，即利用快速小型舰艇和潜艇进行夜间突袭。为此，日本还准备研制夜战专用的飞机（1938年以十三试双发陆上战斗机的名义，开发了J1N1－S月光夜间战斗机）。

早在甲午战争和日俄战争中，夜间突袭都有很成功的战例，所以，日本海、陆军都非常注重夜战。而海军在配备高速舰艇的情况下，这种战术有可能会产生更大的作用。从这个角度来说，加强驱逐舰以下这些辅助舰的建设，既是一种战术需要，也是国力的限制所致。

不过，欧美国家建造大型舰船的热情并没有降低。即使是签订了《华盛顿海军条约》的美、英、法、意四国，也都开始改建和设计制造航空母舰。英国除了“皇家方舟”号以外，又生产了“鹰”号、“勇敢”号和“竞技神”号；美国除“兰利”号外，先后生产了“列克星敦”号、“萨拉托加”号、“突击者”号、“约克城”号、“企业”号和“黄蜂”号。

日本更是不甘人后，动工建造“凤翔”号、“龙凤”号、“赤城”

号、“加贺”号、“苍龙”号和“飞龙”号，取得的成就与美国大抵相当。而且，日本接受海难事件的教训，对“飞龙”号的设计进行了很大改进，其上层建筑都在左舷。“苍龙”号则在右舷侧装了两个弯曲的烟囱和一个小型上层建筑。后来的事实证明，左舷岛式上层建筑造成的降落事故比右舷多一倍，根据 1937 年海军扩充计划建造另外两艘航空母舰（即“翔鹤”号和“瑞鹤”号）时迅即纠正了这个错误。“翔鹤”号和“瑞鹤”号是日本航空母舰中的一对骄子，并为其他一些航空母舰提供了设计基础。这两艘航母入役后，日本的航母已经超越了美国，而且还占有航速优势，正好实现了山本的航母加飞机的构想。

但是，飞机在航母上起飞是一个很大的难题，美国海军已经不在航母上滑行起飞了，而是直接使用弹射器，但美国不卖弹射器技术给日本，这让山本等人很着急。经过无数次研究实验，日本最后采用了火药弹射器，但依然存在很大危险。山本在自己的职权范围内，想方设法加强海军飞机的研制和改进。他经常访问当时日本的两家大飞机制造厂——三菱、中岛，了解生产情况，寻找各种办法解决技术难题，及时解决厂家提出的困难。

在第二次世界大战前夕，日本飞机的生产量一度跃居世界第二位，航母数量居世界第一位，这些与山本这个战争赌徒的努力有着密切的关系。

密谋建立“大东亚共荣圈”

日本海军在山本等人的努力下实力大增，此时日本已经发动了全面的侵华战争，但它显然还有更大的野心，那就是“大东亚共荣圈”。

第一次世界大战后，日本在远东及太平洋地区的扩张欲望急剧膨胀，日、美两国展开了激烈的角逐，矛盾日趋尖锐。山本敏锐地意识到，日美明争暗斗的结果终将导致一场激烈的战争。他主张尽量拖延时间，让日本有机会疗治两场战争带来的创伤，养精蓄锐，以待背水一战。

但近卫等人并没有给山本更多的时间，1938 年 11 月 3 日，近卫文磨政府发表了关于“建设东亚新秩序”的声明。这个声明实质上表明了日本除了独霸中国，将向更广大的南亚地区扩张。

20 世纪 30 年代初的大萧条和世界贸易的崩溃，给日本经济带来了巨大的灾难，使日本更加感到缺乏资源和受制于日益缩小的国际市场的危险。与此同时，日本陆军及一些重要社会阶层陷入了极端的民族主义情绪、对日本文化和帝国制度以及“王道”的盲目崇拜。而其他列强故意约束日本，令其囿于二等地位、无法在亚洲攫取权益的做法，更是使上述现象火上加油。1930 年 2 月，赞成延长与英美缔结的海军协定的日本首相浜口雄幸在选举中大获全胜，但几个月后，反动派的力量就显露无遗。一名对与英美合作不满的日本青年，在东京的一处火车站开枪刺杀新首相。浜口雄幸始终未愈，次年去世，随之而去的是合作精神，一种极端的民族主义代之而起。日本还在中国东北组织了一个新的傀儡政权，称之为“满洲国”，由被废黜的溥仪皇帝出任名义领袖。当国际联盟对日本在中国东北的行为表示谴责时，日本怒气冲冲地退出了国际联盟，开始自行其是——走上了最终导致毁灭的道路。

美国总统罗斯福曾于 1923 年撰写了一篇题为“我们能否信任日本”的文章。这篇文章的序言部分介绍说，罗斯福在“任职期间，大部分时间的主要工作是准备与日本作战”。罗斯福在文章中指出：“远在 1914 年的事件将人们的注意力引开以前，预言家们最肯定的就是美日战争。当时，其一触即发之势众人皆知。”然而，经过一番推理，罗斯福对自己提出的问题给予了十分肯定的回答。他认为，日本变了。那个国家遵守它的国际承诺，在第一次世界大战后的军事秩序中，它站在英美一边，而在太平洋地区，“那里似乎有足够的商业空间供日本和我们在无限的未来同舟共济”。

罗斯福这番分析在整个 20 世纪 20 年代都被证明是正确的，但是，这一合作没有度过 20 世纪 20 年代。日本军方特别是陆军最终控制了政府，并将东亚作为帝国扩张之路的一个目标。

对此，山本内心始终处于矛盾状态。他知道，向东南亚扩张将直接威胁到美、英等国在这一地区的利益，战争将不可避免。日本的实力很难支撑与美国这样幅员辽阔、经济雄厚、军事力量强大的国家进行全面战争。在欧美考察期间，山本一直密切关注世界军事技术的发展趋势，决心从中寻找一条能够迅速增强日本海军实力、缩小日美之间差距的捷径。但是，这种单纯的军事强国主义的扩张掠夺，是一条畸形的发展之路。1937 年“七七事变”后，日军深陷中国战争泥潭，中日之战持久化，更需要人力、财力作为后盾。那么，对于一个资源贫乏、工业落后的岛国来说，真正的出路在哪里？

日本将贪婪的目光投向了东南亚，对东南亚的战略位置及丰富的大米、橡胶、锡、石油等战略资源垂涎已久，早就渴望夺取南洋岛国作为支持其发动侵略战争、独霸亚太地区的基地。山本同样也将目光投向了这片资源比日本丰富的土地，只是还不敢也不赞成轻举妄动。

此时德国已经走上与日本相同的扩张道路，希特勒非常希望能与日本缔结一个针对英、法、美的同盟，并将意大利拉到同盟里来。随后，三国开始外交谈判。

在与德、意结盟问题上，山本所处的日本海军再次与陆军发生冲突。尽管海军也同意加强日、德、意合作，但认为若马上与英、法、美、苏公开对抗，将树敌过多。为了尽快赢得对中国的侵略战争，应该缓和与西方国家的关系，以免失去外交上的回旋余地和断绝对英美的贸易；与德国缔结的条约只应是反共产国际协定的继续，而不应有其他内容。对于陆军狂热分子极力主张与德国结盟，山本忧心忡忡地说：“照这样下去，日本势必被卷入更大的战争，而且是以美国为对手。”

由于在三国联盟问题上骑虎难下，近卫文麿提出了辞职。

1939 年 1 月 5 日，平沼骐一郎①组阁继任首相，同时，近卫文麿出任枢密院议长，兼任颇有权势的新内阁的无任所大臣。内阁换了，但日

---

① 平沼骐一郎（1867—1952）：近卫内阁于 1939 年 1 月宣布总辞职后，他在军部和右翼团体的支持下，被近卫推荐组阁，但到 3 月份便宣布辞职。他所创立的专制主义思想理论和专制主义司法制度，为日本军国主义势力的发展提供了理论依据与制度保障。

本对外扩张的基本国策并没有变。为了有个缓冲的余地，新内阁声称：帝国所期求者即建立确保东亚永久和平的新秩序。它主要是为了引诱国民党投降，似乎想澄清日本危及美英利益的舆论，但这只会越描越黑，美国人和英国人都不傻。

1940年，法西斯德国在欧洲占领了荷兰、法国等地，并威胁英国本土。日本政府认为形势对己有利，便加快推行南进战略和殖民侵略计划。8月，第二次组阁的近卫文麿正式宣布了《基本国策纲要》，进一步提出要建立“以皇国为核心，以日、华的强固结合为基础的大东亚新秩序，确立包括整个大东亚的经济协同圈”，并为“大东亚新秩序”的口号蒙上一层“皇道主义”色彩。

近卫文麿提出的所谓“大东亚共荣圈”，主要指日本、朝鲜、中国、法属中南半岛、荷属东印度、英属印度、英属马来亚（包括新加坡）、英属婆罗洲地区（包括沙捞越和文莱）及新几内亚、澳大利亚、新西兰等大洋洲地区与苏联西伯利亚东部。在“大东亚共荣圈”中，日本本国与伪“满洲国”、中国汪精卫伪政权为经济共同体，东南亚为资源供应地，南太平洋为国防圈。

1939年3月10日，山西临汾城外，侵华日军为粉饰太平、鼓吹“东亚共荣”，举办了“亲善运动会”，由日本士兵强背着中国小孩赛跑

同年，外务大臣松冈洋右[①]在上台后的演说中，首次对外正式提出要建立“大东亚共荣圈”：在政治上，以“共存共荣”为幌子，建立一个以日本为主宰的，“以日、华的牢固结合为基础的”，囊括印度以东、澳大利亚和新西兰以北的所有地区和国家的殖民大帝国；在经济上，由日本垄断“共荣圈”内的丰富资源和广阔市场；在军事上，通过占领南洋地区，利用其资源和战略基地，与英、美进行争夺亚太地区霸权的持久战，建立日本的势力范围。于是，“大东亚共荣圈”的宣传甚嚣尘上，日本国内为建立“大东亚共荣圈”而磨刀霍霍。

那么，欧美诸国是如何看待日本的国策和日军在海南岛的军事行动的呢？

法国政府认为，“作为一个更加庞大计划的一部分，日本是不会放弃海南岛的，因为日本企图支配北部湾”。英国外交大臣哈利法克斯伯爵把这个行动解释为：“这是日本企图把英属文莱和马来亚纳入日本经济自给圈的长期计划的一部分，下一步就应该是在远东和英法直接冲突了。”而美国驻日大使约瑟夫·格鲁在发给美国国务院的报告中说：“日本得到了能够建设强有力的海军空军基地的地方，从海南岛开始，日本向美国、法国、英国或者荷兰领土的进攻范围扩大了960千米，能够极其容易地截断香港和马来亚。占领海南岛是日本南进政策中最有逻辑的第一步。”

山本知道，所谓“大东亚共荣圈”实行的是侵略灭种政策，对被占领地区人民实行法西斯统治，疯狂掠夺各地区的资源。但出于军国主义心理，他依然支持政府的扩张政策，只是反对与强国硬碰硬，而主张将脏手伸向容易够得着的地方去。

其后两年间，日本政府把划定这个“怪圈”描绘成了一种“使命”，说成是日本“在东亚的特殊责任”。日本政坛阴谋迭出，形形色色的思想流派和秘密社团甚嚣尘上，它们把自由主义、资本主义和民主

① 松冈洋右（1880—1946）：日本外交官，外号“五万言先生”。他的口头禅是“满蒙是日本的生命线”，极力主张日本退出国际联盟，缔结日、德、意三国同盟，缔结日苏中立条约等。

政体斥为软弱和腐朽的祸源，认为荣耀莫过于在战场上为天皇而死。包括山本在内的一些日本军人，已经把注意力放在现代战争艺术这一更实际的问题上。他们宣扬整体战争和“国防国家”的概念，试图将国家的工业和军事资源融为一体，牢牢控制在手，以应付全面战争。

早在1938年4月，总督府内就设立了一个专门负责筹划南进政策的海军武官府，为最后实施南进做准备。1939年2月，日本海军完成了对海南岛的占领，3月又占领了中国南海战略地位十分重要的中国南沙群岛。海军的重要目标之一是确保日本国家的战略资源，因为日本几乎没有石油。虽然石油在它的全部能源消耗中仅占7%，但却不乏战略意义。只要日本海军可以——哪怕是短暂地在太平洋上占据优势，它就可以夺取马来亚的橡胶和婆罗洲、荷属东印度的石油，而无须从西方进口。那时，也只有到那时，它才可以向西方国家发出挑战，与它们公开较量。在美国最可能成为日本在太平洋地区的敌手的情况下，对日本来说，一旦战争爆发，军舰、飞机所必需的燃油只能来自东南亚。

这一问题已经在日本海陆军之间引起了严重的分歧，这种仇隙左右着日本政治的发展变化。日本陆军的注意力集中在中国东北、华北、内蒙古，以及苏联的威胁；而海军在“北上南进”的思想指导下，目标首先是有石油的岛国。总之，“大东亚共荣圈”实际上是一个掩盖日本以武力掠夺战争资源的幌子。

荣升联合舰队司令

日本在实施对外侵略扩张的同时，国内政治动荡，极右分子的恐怖活动十分猖獗。当时，山本被认为是海军中坚决反对“三国同盟”的罪魁祸首，右翼分子伺机暗杀他，他的生命安全受到了威胁，时常收到“圣战贯彻同盟”的恐吓信。

任职于海军军令部的泽本赖雄曾经问山本：“我听说你收到了不少恐吓信，是真的吗？”“是的。”山本答道，“更有甚者说第二天就把我弄死。不过，我认为杀了我也没有用，丝毫改变不了海军的观点和立场。本人深信我的后任次官会和我说同样的话。即使换上 5 个甚至 10 个新的次官，也不会改变海军的主张。”

实际上，“三国同盟条约”无疾而终，并不完全是因为山本等人极力反对，更是因为希特勒骗了日本人一次。这要从“诺门罕事件”说起。

为了实施北进计划，自 1935 年起，侵华日军便不断在内蒙古与外蒙古边界地带进行挑衅，以试探苏联和外蒙古的军事实力。

1939 年 5 月 13 日晚 21 时，日本关东军第 23 师团搜索队队长东八百藏中佐奉命率 104 名骑兵、90 名装甲兵，到达距诺门罕尚有 80 多千米的甘珠尔庙，派出侦察兵进行作战准备。查明敌情后，关东军司令部命令驻齐齐哈尔的飞行侦察第 10 战队、海拉尔飞行第 24 战队、关东军汽车队的运输汽车 100 辆，向哈拉哈河以东的外蒙古军 742 高地攻击。外蒙古军居于劣势，主动撤向河西。

5 月 17 日，东八百藏率部队返回海拉尔。苏联政府依据《苏蒙友好合作互助条约》而介入，立即将第 11 坦克旅开往哈拉哈河地区。

6 月 21 日，日军第 2 飞行集团团长嵯峨彻二中将将其司令部从新京（今长春）迁至海拉尔，调来 4 个飞行团，集中 17 个战斗轰炸机、侦察机中队。

6 月 22 日，苏军出动 150 架飞机空袭甘珠尔庙、阿木古郎将军庙一带的日军集结地和野战机场，日机也倾巢出动。双方从 22 日至 24 日，在诺门罕地区上空大战三天，近 60 架飞机被打落在草原上。6 月 27 日，双方第二次大规模空战爆发。6 月下旬，关东军司令官命令第 23 师团尽快发动地面攻势，兵力共计 2 万多人、84 辆坦克、180 架飞机和 400 辆汽车。苏军第 57 特别军军长朱可夫[①]组织 150 辆坦克、154 辆装甲车、90 门大炮和全部飞机及其他部队，分三路反攻。结果，日军大败，第 23 师团损失过半，只得退回原地休整，补充兵员。

---

① 朱可夫（1896—1974），苏联著名军事家、战略家，苏联元帅，在苏德战争中屡立战功，被公认为是第二次世界大战中最优秀的将领之一。

格奥尔吉·康斯坦丁诺维奇·朱可夫画像

7月6日，关东军作战参谋辻政信①少佐让陆军飞行员抹去飞机标志，飞入苏联领空侦察。天寒地冻，飞机出故障迫降在茫茫雪原上，飞行员吓得直哆嗦。辻政信说："别怕，我会俄语。有苏联兵来了，就骗他们说我们是来投诚的，正好还可以绑架个俘虏回去。"这是日军经过半个月补充和休整后的一次侦察行动。

7月23日，日军在没有获得准确情报的情况下，出动2.5万人发起了总攻击。然而，苏军早已将第57特别军扩充为1个集团军，仅步兵就达6万余人；还有炮兵、骑兵、空降兵、机械化装甲兵等，总兵力

① 辻政信（1902—1968）：日本陆军军官，集大胆、狂妄、残暴于一身，历任步兵第7联队中队长、参谋本部编制班部员等职，曾参与侵华战争，与石原莞尔、濑岛龙三并称为"昭和三参谋"。传闻他曾生食战俘人肉，故又被称为"豺狼参谋"。

10 万余人，部署在诺门罕一带。

8 月 20 日凌晨，苏军发起总攻。激战 6 天后，苏军将日军第 23 师团紧紧围住，重创第 23 师团搜索队，全歼第 7 师团第 26 联队第 1 大队、日军第 64 联队和炮兵第 13 联队大部。日军第 23 师团在十分艰难的情况下组织突围。同时，关东军司令部急调第 2、第 4、第 7 师团及高炮部队和国境守备队主力增援诺门罕。日军大本营又令第 5、第 14 师团及野炮部队的几个大队从中国河南开往诺门罕，准备与苏军决战。如此一来，双方兵力相当，一场恶战不可避免。

这时，日本还指望一心想与日本结盟的希特勒出手相助，没想到希特勒却在 8 月 23 日和斯大林签订了《苏德互不侵犯条约》，卸了包袱的苏联人不但不需要抽调东线兵力去打希特勒，反而把西线的兵力源源不断地东调，完全可以对付日军的进攻。日本当局气疯了，只得于 9 月 9 日向苏联提出停战要求。

这一下从陆军到政府的脸上都挂不住了，8 月 29 日，首相平沼骐一郎留下了一句“欧洲局势复杂怪奇”的名言便辞了职，一时间，这个“三国同盟”再也没人提了。

当时在海军省，很多人支持“南下”，山本便是坚定的支持者之一。每当有人要来海军省闹事，他就会事先躲起来。外出时，他总是随身携带一管特制的催泪剂防护器，以备有人袭击时用来自卫。他已经做好了随时遇难的准备，连遗书都写好了。

为了反对与英美开战，山本五十六、米内光政、井上成美这三个江田岛海军兵学校的校友一度组成了海军高层反战三人组。当时，海军省中曾有相当一部分人主张让山本接替任期已满的米内，山本本人也有此意，但米内不愿看到山本在海军大臣的位置上被人暗杀，因而推荐了山本在海军兵学校的同期同学、日本联合舰队司令吉田善吾①担任海军大

---

① 吉田善吾（1885—1966）：日本海军大将，侵华战争爆发后历任第 2 舰队司令、联合舰队司令；“二战”期间历任中国方面舰队司令、军事参议官、海军大学校长、横须贺镇守府司令。

臣，而让山本重新回到海上去。

1939 年 8 月 30 日，山本被任命为日本联合舰队司令。当天下午，山本身着白色海军常服，在日本东京的皇宫参加了天皇亲自任命他为日本联合舰队司令兼第 1 舰队司令的特任仪式，开始领导迅速崛起的日本联合舰队。野心勃勃的山本，对这一任职充满了自信。日本报纸也以“飞向波涛起伏喧闹的大海——时隔六载后的出征，威严的山本提督”为题，对山本的任职进行了大肆渲染报道：

就任海军联合舰队司令的山本中将，精神振奋，从他的面部表情可以看出，他对天皇陛下的信任充满了感激之情并决心效忠于天皇。他身穿一套十分合体的雪白军服，迈着矫健的步伐步入海军省会见了记者。山本提督素不饮酒，可是今天却破例地将一杯酒一饮而尽，接着就开始了他任提督后的首次答记者问。

在醒目的标题旁，还附有山本的照片。他微笑着，露出了他那洁白的牙齿。面对记者的提问，山本答道：“这次身负如此重任，实感惶恐，愿尽我微薄之力为国效劳。受命任联合舰队司令，此乃军人之最高荣誉。我已下定决心，誓死尽职。”

出任日本联合舰队司令后，山本不无自豪地对同乡好友反町荣一说：“你以前曾想到过在旧长冈藩这块土地上，在长冈中学，在长冈社能出一个日本帝国海军联合舰队的司令吗?”可见当时山本对自己出任日本联合舰队司令是何等的踌躇满志。

反町荣一听到山本升任日本联合舰队司令的消息后也十分高兴。他在竹泽村的山间写下了当时的激动心情：“我们长冈人 70 年来的愿望终于在山本身上实现了！我高兴的心情真是难以言说，乃至于满腔的热血都沸腾了起来。……世道变了，长冈变了，日本也变了！……月儿显得更加明亮。山本升任司令长官真是光宗耀祖，‘长冈’这个名字将因此而变得更加响亮。日本的前途也将因此而变得更加光明。”

9 月 1 日，山本到达日本联合舰队驻地。按惯例，日本联合舰队司令是由第 2 舰队司令接任，但这次却打破了先例。当大家听说由海军省次官山本来接任时，都感到十分惊讶："噢，原来是来了位大名鼎鼎的人物啊！"

这天，天空万里无云，天气燥热。停靠在栈桥边的长官专用机动快艇已经发动，在烈日下等候着，一名前来迎接山本的年轻中尉见到新司令长官的到来，紧张得满脸通红，急忙上前去搀扶山本。山本微笑着摆了摆手说："我还没老呢，我自己来吧！"说着他一个箭步跨上了快艇，单从这一个动作，年轻的中尉便立即感到了山本的与众不同。当山本在小艇的舱室坐定后，年轻的中尉下令开船，小艇如离弦之箭迅速地驶离岸边。山本端坐着，脸上始终保持着一丝让人不易察觉的微笑。烈日下，海面上闪着银光，静静停泊着的日本联合舰队的七八十艘军舰，看上去格外雄伟壮观。

快艇一靠近"长门"号战列舰，山本就敏捷地跃上了扶梯。早已等候在舷门的信号兵看到这位海军大人物一下快艇，就吹起了管乐，欢迎他的到来。据说这种欢迎方式是从英国传来的。在管乐声中，山本登上了日本联合舰队的旗舰"长门"号。当他跨进光线充足的"长门"号战舰司令官室时，对副官说："舰队司令官这个称呼不错嘛！相比之下，海军省次官算什么，不过是个高级勤杂工。"简单的欢迎仪式一结束，山本便和下属们热情地交谈起来。至于"次官"是不是高级勤杂工，另当别论，但由此可见山本对现任职务是非常满意的。

9 月 5 日，踌躇满志的山本第一次向日本联合舰队的全体官兵发表讲话：

鄙人虽不谋该职，但天皇陛下授命，只好就任，值此，深感责任重大。不言而喻，今天欧洲的形势，乃世界再度出现大动乱之先兆也。值此风云突变之时，我深感帝国海军任重道远。望全体官兵更加同心协力，自重自爱，不辞辛劳，昼夜兼练，以保持联合舰队之最高威力，担负起保卫国防之重任，不负于天皇陛下之所望。

山本本人并不是纯粹的舰队派，也不是政治家，在他看来，条约派、舰队派、航空主兵派、大舰巨炮派都是日本军人，争论的只是技术问题，没有必要上纲上线，弄得你死我活，所以，山本手下五花八门的人汇集一堂。他本人曾在广田弘毅、林铣十郎、近卫文麿、平沼骐一郎四届内阁中任海军省次官，没有点政治手腕是吃不开的。他就任日本联合舰队司令后，将舰队派的主力南云忠一①、大舰巨炮派的福留繁②、航空主兵派的大西泷治郎③都拉拢在一起，这是一个很艰难的大联合，因为他们经常各持己见，面和心不和，但山本知道自己应该怎么办，因而把他们全都留下了，他的天性似乎不会炒人鱿鱼。

同年底，山本晋升为海军大将，由此登上了日本海军的顶峰。在日本，海军的构成没有陆军那么复杂，海军省、军令部和联合舰队是三位一体，海军省负责海军军政，参与内阁有关决策；军令部是总参谋部，负责军令、作战计划与训练；联合舰队司令部则是执行机构，是负责实施指挥作战的最高机构。应当说，联合舰队司令一职是每个海军军官一生最为渴求的职务。

晋升为日本联合舰队司令后，山本在赴任途中接受记者采访，有记者问他："您对德国和苏联缔结互不侵犯条约有什么看法?"

"德苏缔结互不侵犯条约，这按我们日本人的道德观念来说，岂不是难以理解吗?"山本对德国的做法显然十分不满。

对于记者们提出的关于平沼内阁集体辞职、海军大臣和次官更迭的

---

① 南云忠一（1887—1944）：日本海军大将（死后追晋），太平洋战争开始时的日本机动部队司令，身为水雷战专家却奉命指挥航空部队，指挥日本航母舰队参加了偷袭珍珠港、空袭亭可马里、中途岛战役、第一和第二次所罗门海战。战斗中指挥略显迟缓，但总体表现还算中规中矩。1944 年在塞班岛战役败局已定后自杀。

② 福留繁（1891—1971）：日本海军中将，海军军令部作战部长，联合舰队参谋长。

③ 大西泷治郎（1891—1945）：日本海军中将，航空兵制胜的鼓吹者，"神风特攻队"的创始人。历任第 1 航空舰队长官、军令部次长等职。

原因等问题，山本回答得非常含蓄："关于政治方面的问题，我不便谈及。不过，从原则上讲，上当受骗也没什么了不起的。吃一堑，长一智嘛。"

当记者问到有人说"搞政治的人是不撒谎的"这一问题时，他说："说得直率些，我很讨厌玩弄这一套的人。说这种话的，是哪个混账东西？是陆军中的哪一个，把他叫到这儿来，让我认识认识他！"

还有一位新闻记者向他提出这样一个问题："您认为近卫公（近卫文麿）这个人怎么样？"

山本"嗯"了一声便没再说什么，当记者一再追问时，他说："你也是个聪明人，这还用问我吗？看看他在花柳界的那个放荡劲儿，不就基本清楚了吗？"他对近卫的评价避重就轻，撇开政治立场而言及其他，这需要聪明的头脑。所以，记者们做出了这样的评价："山本五十六是个处世谨慎，考虑问题周到，善于辞令，谈锋甚健的人。"

当然，山本身居高位，要想免除各种麻烦和争斗是不可能的，何况日本正处于是要和平还是要战争的十字路口。

泥足深陷的日本侵华战争和不断尖锐的日美矛盾，犹如两块重石始终压在山本的心头。如果说他和其他日本战争贩子有什么不同之处的话，那就是他对于战争全局有着清醒的认识并具有高人一筹的战略头脑。所以，他总是放下政治而单纯从军事战略上考虑问题。他就任联合舰队司令不久，就恢复了因交接而中断的日常训练，亲自指挥这支世界第三大舰队收锚起航，进行海上夜间作战演练。

"离港还有 15 分钟，各舰航海值班人员各就各位。"山本从容地发出命令。联合舰队各战队立刻呈现出一片紧张繁忙的气氛和景象。80 余艘大小战舰井然有序，烟囱里冒出的黑烟笼罩了整个和歌浦码头。

"第 2 战队第 1 号舰正起锚。"随着报告声，"长门"号的汽笛发出一声长鸣，下达了"立即出港"的命令。

负责舰队警戒任务的潜艇部队最先驶出港口。山本手里拿着双筒望远镜来到舰桥，一边听着航海科传令兵关于各战队各舰的行动情况报告，一边观察舰队出港情形。

传令兵继续报告：

“第 4 战队正在出港，‘高雄’‘爱宕’‘鸟海’‘摩耶’出港了。

“第 1、第 2 航空战队出港了，依次是‘赤城’‘加贺’‘苍龙’‘飞龙’……”

庞大的舰队夜间出入港口，是舰队训练中难度很大且有危险的科目，稍有失误，就会发生损伤“天皇军舰”的事故，情节严重者要受到切腹的惩罚。因此，在以往的训练中，一般是各舰都要打开信号识别灯，并以无线电保持各舰间的通信联络，以免发生军舰相撞、毁伤舰只的事故，这已成为日本联合舰队不成文的规定。但山本认为，这是不符合实战要求的。因为战时，舰队出港是不允许打开信号灯和使用无线电的，即使使用微弱的无线电波联络也是被禁止的。他要求各舰一律不准开信号灯，并关闭舰上的无线电联络装置。舰与舰间保持一定距离，依次跟着各自的旗舰摸黑前进。几万吨的庞然大物，启动后的惯性是相当大的，在黑暗中各舰要保持一定的距离和准确的方位，使舰上人员高度紧张。一旦发现舰与舰之间的距离过近，靠舰上机械的制动能力很难抑制住巨大的惯性。山本的目的就是要训练日本海军的夜战能力。

一个多月后，为了检验海军航空兵的攻击能力，山本安排了一次代号为“123 号作业”的演习。

1939 年 10 月，第 1 航空战队司令小泽治三郎①少将领着“赤城”号和“龙骧”号 2 艘航母、4 艘驱逐舰，去进攻山本亲自带领的战列舰“长门”号、“陆奥”号和航母“苍龙”号。演习的内容是：小泽治三郎出动携带备一枚鱼雷的 18 架舰载攻击机和 36 架陆基攻击机，加上 27 架俯冲轰炸机，攻击山本的联合舰队主力；山本一方使用 27 架战斗机进行防守。

但是，小泽治三郎私自改变指挥系统，从航母舰长和航空兵指挥官手里接管了这 81 架飞机的指挥权，由舰队司令直接指挥，向“长门”

---

① 小泽治三郎（1886—1966）：日本海军中将，海军第 1 机动舰队司令，也是最后一任联合舰队司令。参加过马里亚纳海战、莱特湾海战，以冷静沉着著称，是日本海军首屈一指的航空战专家，首创了以航母为中心的特混攻击舰队。

号战列舰发起了进攻。指挥鱼雷轰炸机的是“赤城”号航空母舰的飞行队长渊田美津雄①少佐，他在发现山本的舰队之后，便紧紧盯住山本的旗舰“长门”号。“长门”号打开探照灯，试图扰乱追踪飞机的视线，并用高射炮向空中的飞机猛烈射击，同时加快舰速拼命躲避鱼雷和炸弹。山本见此情景，心里非常高兴。这是一种打破常规的攻击，他用称赞的口气问身边的航空参谋：“这批飞机是谁指挥的？”

“飞行队长渊田美津雄。”

“渊田……”听到回答，沉思中的山本似乎牢牢地记住了这个名字。

此时，“长门”号舰长大西新藏和“陆奥”号舰长保科善四郎这两位大佐在舰桥上都快发疯了，他们从没见过这种攻击法，翼展达 25 米的大型攻击机贴着海面成群结队直扑过来，扔下鱼雷以后便急剧拉升，沿着桅杆直冲云霄，留下海面上拖着白色航迹的鱼雷一枚又一枚地扑向舰舷，躲得了一枚，还有第二枚；躲过了第二枚，还有第三枚、第四枚……不用说，这两艘战列舰肯定已经沉了。舰长们大骂小泽治三郎奸诈无耻。

山本一声不响，在舰桥上默默地看着这一切，最后对身边的参谋长福留繁说：“能不能用飞机去炸夏威夷？”

福留繁没有领会山本的意图，无从作答，以为这也许只是司令官的自言自语，其实从这个时候起，山本已经开始酝酿一场战争赌博了。

---

① 渊田美津雄（1902—1976）：曾任日本海军“赤城”号航空母舰飞行指挥官，在偷袭珍珠港的战斗中带领九七式舰载攻击机进行了第一波攻击，并发出著名的“虎！虎！虎！”（奇袭成功）的电报。

第七章　铤而走险

反对三国结盟

山本五十六出任日本联合舰队司令不久，到1940年春季，欧洲战局发生了新的变化。4月9日，德国进攻挪威，占领丹麦，击败英法联军。5月10日，德军大举入侵比利时、荷兰、卢森堡，绕过马其诺防线，由比利时直捣法国首都巴黎。6周内，荷、比、法相继败北，法国贝当政府于6月22日正式投降。英军大撤退，从敦刻尔克逃回，几乎全部被赶出欧洲大陆，本土也受到德国空军的大规模袭击。欧洲战场的一系列战果让日本军国主义者看到了新的希望。

5月中旬，日本派遣专为"南进"新编的第4舰队开赴靠近印尼的帛琉群岛，进行武装示威。同时向荷印当局勒索石油、锡、橡胶等13种物资。在中南半岛，日本与泰国于6月12日签订所谓"友好"条约，重申确认相互之间既存的"持久和平与永恒的友谊"，相互尊重彼此领土完整，把泰国作为向东南亚扩张的桥头堡。6月19日，日本胁迫法属中南半岛当局禁止经当地向中国运送军需物资。6月29日，西原一策少将率领日本军事代表团到达河内，监督封闭中越边界的交通运输线。与此同时，日本还要求英国撤走上海驻军，封锁滇缅公路和香港边界。这一切说明，日本已经开始为实施"南进"计划做准备了。

"北上南进"计划最早是由广田内阁提出来的一元化国防方针。"北进"是日本陆军的主要战略思路，矛头直指中国和苏联。但广田不能明确是以陆军为主，还是以海军为主，只能同时兼顾陆、海两军，国防对象的确立亦处于多头绪的尴尬状态。由此，陆、海军根据各自的国防目标提出了这个庞大的用兵计划。

1940 年 7 月，近卫文麿第二次组阁时将一个令中国人民恨之入骨的人拉进内阁出任陆军大臣，他就是绰号“剃头刀”、一手制造“卢沟桥事变”的关东军参谋长东条英机。近卫新内阁实现了以“新体制运动”为主要内容的法西斯化过程。通过这一运动，近卫试图“应付前所未有的内外动荡局势，建立强有力的举国政治体制”，以使这部侵略机器有效运转，而使“一切政党、派别、经济团体和文化团体统统归依公益优先的精神之下”，以便“官民协同”而建立“高度国防国家”。

在经济上，通过《确立经济新体制纲要》的实施，强化战时经济，以保证战争物资的生产和调配。7 月 26 日，近卫内阁制定了《基本国策纲要》。该纲要所立目标是“以皇国为核心，建设以日‘满’华坚强团结为基础的大东亚新秩序”，以及“刷新国内体制”，“确立强有力的新政治体制”。7 月 27 日，日军大本营与政府联席会议通过了《适应世界形势演变的时局处理纲要》，将侵略的野心进一步扩大，宣称要迅速促进解决“中国事变”，同时捕捉良机解决南方问题。这表明日本正式开始实施“南进”计划。

“南进”面对的是大洋和岛国，这一使命自然要由海军去完成。但海军还没有独立编制的陆战队，势必要与陆军合作。陆军在“北进”时是主角，但戏演砸了，现在该让海军唱主角了。然而陆军不愿让出主角的位置，东条英机显然要为陆军说话，在“南进”问题上扯皮不休。

9 月 5 日，日本高级官员拜见裕仁天皇。石油仍然是中心话题。他们面前的背景材料表示：“当前，石油是我们帝国国家力量和战斗力的一个薄弱环节。我们的作战能力将随时间的推移而削弱，我们的帝国届时将失去军事能力。”军事首领们反复提醒裕仁天皇，向美英开战已势在必行。

裕仁天皇问参谋总长杉山元[①]："如果美日开战，将持续多久？"

杉山元回答："南太平洋的问题将用3个月左右解决。"

裕仁天皇尖锐地反驳说："将军在中国事件开始的时候是陆军大臣，那时你曾说过1个月可以解决问题。尽管将军做过保证，但仗已经打了3年。"

杉山元极力辩解道："中国广阔的内地使得行动无法如期完成。"

裕仁天皇提高了嗓门："如果中国的内地广阔，那么太平洋就是无边了。将军何以肯定能用3个月完成？"

杉山元低下头，默然无语。

永野修身见势不妙，赶紧在一旁帮腔："杉山君的急切心情是可以理解的。日本就像是一个重病人，因此必须迅速决断。"

裕仁天皇请他的高级顾问们表明他们的意见，是外交当先，还是战争。但他没有得到明确的回答。

第二天，裕仁天皇再次提出同样的问题。殿内一片沉寂，"在场的每一个人都感到敬畏而不敢作声"。永野修身又站出来说，只有其他所有办法都失败之后才诉诸武力。但这显然不是裕仁天皇想要的答案，也不是永野的心里话。会议"在空前紧张的气氛中"散场。

如果说"欧洲局势复杂怪奇"的话，那么日本的内阁则更为奇怪。在近卫新内阁中，除陆军大臣东条英机、外务大臣松冈洋右外，海军军令总长伏见宫博恭王、海军省次长近藤信竹[②]中将、作战部部长宇垣缠[③]少将、先任部员川井岩中佐等人，都是清一色的亲德反英美派。山本"下海"了；海军大臣吉田善吾虽然反对三国条约，但他在内阁几乎没有什么势力，经不起军令部几个大佐整天纠缠，几乎想到了自杀。

---

① 杉山元（1880—1945）：日本陆军将领，陆军航空兵第一人，全面侵华战争和太平洋战争的积极策划者和参与者。

② 近藤信竹（1886—1953）：日本海军大将，山本五十六的副手，历任海军军令部次长、第2舰队司令，参加了中途岛、瓜岛等战役。

③ 宇垣缠（1890—1945）：日本海军中将，山本五十六的参谋长和第5航空军司令。对能力低的人物一向看不上眼，有"黄金假面"的绰号。

海军大臣很快就换成了及川古志郎大将，海军省次长也换成了丰田贞次郎中将，近藤信竹则被派到日本联合舰队任第 2 舰队司令。内阁走马灯似的换人，几乎没有了反对派，所以，他们不计前嫌，准备继续与德国亲近，尽快入伙。

这时的山本仍不赞成三国结盟，而主张与美国和谈，其理由有三：（1）日本生产力远不及美国（美比日大概强 8 倍），于久战不利；（2）军需资源大部分由英美提供，一旦开战，资源补给必会受阻；（3）日本民众必定面临巨大的战争灾难。日本跨海对美作战必然要以海军为主力，而美国舰队（包括太平洋舰队、大西洋舰队、亚洲分舰队）的整体实力超过日本联合舰队。对于军令部和日本海军大学等一贯主张的正统的对美作战思想，山本一向持怀疑和反对的态度。他认为，美国绝不是当年的俄国，而且形势早已发生变化，这一战略思想纯属用想当然来代替现实的玩耍游戏，是把敌人的行动规范在自己想象之中的脱离实际的臆断。战争一旦爆发，日本如果按照这一战略思想与美国作战，要想取得胜利简直是痴人说梦。

山本认为，由于国家战争机器的高速运转，全国的富余劳动力都充实到军队及相关行业中，日本国民经济在太平洋战争开始前显得空前“繁荣”，使得日本人错误地认为本国经济与军事实力都超过了日本最大的敌人美国。而此时的美国尽管已经历 10 年左右的经济大萧条，经济危机的深远影响使得整个美国经济依然疲软，但其综合国力仍远高于日本。此外，美国工厂的现代化和自动化水平要高于欧洲和日本，美国人的生产管理是当时世界上最先进的，两方面结合起来，美国工人的人均生产力是世界上最高的。日本基本已无潜力可挖，在太平洋战争开始前，日本国内的军事、经济已达到顶峰，也就是说，如果日本不能利用现有的力量迅速消灭对手，那么进入消耗战后，日本必败无疑。

山本在给海军大臣的一份意见书中写道：

日美发生战争，将给人类带来巨大的灾难，是整个世界的不幸。对帝国来说，则在“圣战”数年之后再添新的强敌，诚为国家之危机。在日美两国两败俱伤之后，苏联或德国乘机扩张欲争霸世界，其时何国得以制衡？如德国获得胜利，我帝国以友邦而示其好意，然则德国未必将疲困的日本放在眼里，因为真正的友邦只有拥有雄厚的实力才能维持。帝国之受尊重而不断有讨好者，无非是因为我海军有强劲的阵容。是故，为避免日美冲突，两国应寻求万般之策，对帝国来说绝不可缔结日德同盟。

由于美日的综合国力和军工实力完全不在一个档次，山本内心其实并没有战胜美国的信心。在这种情况下，即使好战如他，也不得不举起反战的大旗。但当时日本国内军国主义激昂，迫使海军部妥协。而海军大臣及川古志郎又不太关心国际纷争和国内政治斗争，只要是能推掉的事情，他便全交给次长丰田贞次郎去办。丰田贞次郎是个怪才，很有官瘾，所以乐意做及川不愿做的事情，他甚至代替及川召开海军高级将领（海军省军令部局长、课长以上，联合舰队分舰队司令以上和全体军事参议官）会议统一思想，并以如果有人反对结盟，内阁将集体辞职相威胁，逼着众人表态。在这样一帮人的干预下，再提三国条约时，差不多就全票通过了。

山本找到及川申诉：“我绝对服从海军大臣，所以对大臣的处置绝无异议。只是有一件令人担心的事情想请教你，请大臣看看这些资料！”说完，他把一叠文件“啪”地扔到及川的桌子上，一脸阴沉。及川还从来没见过山本的情绪如此激动。“8 个月前，我任次官的时候，按照政府的物资动员计划，其中 80% 是仰赖英美势力范围以内的物资供应。然而，在缔结了三国同盟后的今天，势必失去这一来源。为了弥补不足，要如何改变物资动员计划呢？对于这一点，我希望得到明确的答复，以便能安心执行联合舰队司令长官的职务。”

面对山本的火气，及川既不能斥责他，又无法安慰他，只是无奈地说：“山本君，在三国结盟一事上，你我都左右不了，政府和天皇已经做出了决定，我们只能执行命令。”

既然已经通过了结盟表决，那么山本的意见就可以忽略了。

在近卫文麿、东条英机、松冈洋右等人的极力鼓动下，日军加快了侵华步伐。但若想尽全力解决中国战线，势必要先消除北方苏联的威胁。因此，他们希望借助希特勒的力量，继续完成“北上”计划。尽管这项计划早已被苏军粉碎，但日本陆军的“荣耀”不能就此丢失，迟早要找到一个挣回面子的机会。

8 月 1 日，野心勃勃的外务大臣松冈洋右与法国驻日大使亨利会谈，强硬地要求容许日军进入法属中南半岛及使用当地机场。已向德国投降的法国维希政权，被迫于 8 月 30 日与松冈就日军进驻中南半岛北部问题换文。9 月 23 日，日军的铁蹄踏上了中南半岛北部。

在此以前，日本政府还任命商工大臣小林一三为对荷印（印度尼西亚）谈判特派大使，并于 8 月 27 日制定《小林特派使节携行对荷印谈判方案》。9 月 13 日，小林一三与荷印会谈，企图使“荷印迅速断绝与欧洲的联系，成为东亚共荣圈的一员”，并与日本缔结协定，从而在经济、政治和军事各方面控制荷印。但由于受到荷印抵制，小林碰壁而归。9 月 23 日，日军武力侵入中南半岛北部，由此迈出了“南进”的第一步。

9 月 27 日，近卫文麿与希特勒握手言和，和德意正式签订了《三国轴心协定》。为了平衡与欧美强国的关系，近卫忙得不亦乐乎。他大力调整日苏外交，改善两国关系；利用德国横行西欧的良机，以英国为主要对象，诉诸武力，夺取其殖民地；举行日美谈判，尽量让美国理解日本的“公正主张”；同时还要考虑与美国开战的可能性，并做好准备；等等。从中显见，近卫内阁有发动一场更大规模的侵略战争之野心。近卫和东条等人的所作所为，是在极力为日本走向太平洋战场扫清“障碍”。

但是，日本南进太平洋必然要损害英、法、荷、美几国的利益，只要有一国不让步，太平洋上就会燃起硝烟。这是山本思考过无数次的难题，一方面，他对东南亚的战略资源垂涎已久，完全赞成近卫的“南进”计划；另一方面，他又主张不要过早惊动美国，至少要在外交上给美国一些安抚，因为参加“三国同盟”事关有可能和美国开战的问题，干系重大。所以，从根本上来说，作为一名军人，山本绝不是和平主义者，他的反战思想是基于日美国力差距太大，如果日美开战，日本终将战败的观点，而不是什么和平万岁、永享太平。

果然，美国对日本进驻法属中南半岛北部及签订三国同盟条约，立即做出了反应，宣布禁止向日本出口废钢和钢铁，还打算在海上对日本石油进口进行封锁，而这正是日本的短板所在。若让美国人卡住脖子，这是任何一个日本人都难以容忍的，山本对此更是难以容忍，他不得不考虑挣脱这双大手的办法。

酝酿偷袭计划

由于日军“南进”和三国军事同盟的签订，日美摩擦日益加剧，但日军真正的“南进”计划尚在准备阶段，因此近卫内阁采取了由驻美大使野村吉三郎①为代表与美国进行谈判的“缓兵之计”。

在日美谈判无果时，陆军大臣东条英机主张停止谈判，马上宣战。但近卫不愿独自承担发动战争的责任（他对美国还是有所忌惮的），主张“战争如无百分之百的把握，就必须避免”，坚持与美国继续谈判。

实际上，美国也不想和日本发生正面军事冲突，罗斯福在1940年竞选第三次总统连任时的演说中有一句很有名的话：“我再一次，再二、再三发誓，绝不会把你们的孩子送去海外战场。”因此，美国对日本仅仅是采取经济制裁的方法，但美国的克制态度并助长了日本帝国主义的疯狂扩张。

1940年10月到11月，日本最高军事指挥官和政界领袖经常集中在皇宫的一间小型会议室里，辩论战争的最后决定。他们的辩论一次次地

① 野村吉三郎（1877—1964）：日本海军大将，外交官，日军侵略上海时任第3舰队司令。

回到石油这一话题上。陆军和海军常因如何解决和分配石油问题而争吵不休。

11 月 5 日，裕仁天皇召集军政最高领导人开了一次御前会议，他本人按照过去的传统，自始至终保持着沉默。会上，东条英机总结了多数人的看法。他说："美国人从一开始就认为日本将屈服于经济压力，但是这次将证明他们错了。"他接着说："如果我们打持久战，将遇到困难。我们对持久战有不安的感觉。尽管不安，但我们怎么能够任凭美国为所欲为呢？想到美国在西南太平洋加强了防御、美国舰队的扩张、至今未能结束的'中国事件'等等，我看问题是无穷无尽……如果我们束手待毙，两三年后我们将可能成为三流国家。"

海军大将永野修身似乎沉浸在美英经济制裁的灾难之中，他站起来对裕仁天皇说："日本的石油储备只够用 2 年，战事一起就只够一年半了。在这种形势下，我们还是先动手为好。我们定能打胜。"他握着拳头发誓道。

裕仁天皇直截了当地问："你能取得伟大的胜利吗？能取得像对马海战那样的胜利吗？"

"抱歉，不可能！"

"那么，"裕仁天皇满怀忧虑地说，"这将是背水一战。"

12 月 1 日，东京宫内东一会议室里，召开了由近卫内阁全体成员、军令部总长伏见宫博恭王、陆军参谋总长杉山元参加的最后一次御前会议。会议正式通过了对英、美、荷的宣战决议。

当天，海军大臣电令山本进京。山本离开停泊在濑户内海柱岛锚地的旗舰"长门"号，乘经由岩国的列车前往东京。当着近卫首相的面，伏见宫问山本："皇国一旦对美开战，阁下认为有多大把握？"山本直截了当地回答说："阁下要是到过美国，看看底特律的汽车、堪萨斯的石油就知道，皇国对美国开战没有把握。"他想了一下，又补充道："如果一定要和美国交战，我只能坚持一年到一年半。"

12 月 2 日，山本在海军省开完会后，来到了经理局长武井大助的办公室。武井大助既是山本的好友，也是向他传授写诗知识的老师。他与山本一样反对和美国开战。在此之前，他曾不止一次听山本说，“与美国进行战争难道不是注定要失败的吗?”这次山本突然来访，武井马上问道：“山本君，你究竟是怎么打算的?”“请长官把门关上!”山本笑着说。他常戏称这位局长为长官。等武井把门关好后，他才接着说：“我正是因为这一点（与美交战无必胜把握），才反对和美国交战的。按理我应该辞去现在的职务，但总也没能辞掉。不过，既然到了这个时候，我也只能全力以赴了。”

其实，山本那双秃鹫般锐利的眼睛早就盯上了美国太平洋舰队的大本营——夏威夷。当时日本联合舰队的所有训练都是针对美国的。“我要一手把我们的潜艇撒向南洋，给我们的对手造成这样一种感觉：数不清的‘黄蜂’铺天盖地而来，无论是牛是马，同样都忍受不住，最后只得投降认输。对美国也一样，它是一个极易改变舆论的国家。突然给它一群数不清的‘黄蜂’一拥而来，让它即使想打也无法打。只有用这样的办法，除此之外，还能有什么办法呢?!”山本对武井大助说。他想，现在该是将自己的航空战术思想付诸实践的时候了。

在濑户内海的柱岛锚地，山本的旗舰“长门”号随波摇荡。回到“长门”号后，他把自己关在座舱里开始静心思考。1941 年 1 月的一天，他终于走出座舱，在舰艏甲板上来回踱步，从他那严肃专注的面部表情来看，似乎要对思考好的某件重大事情做出决定。过了一会儿，他走到舰身的护栏边，向一个正在搬运绳索的水兵要了一支烟。平常极少抽烟的他点燃香烟，透过丰后海峡佐伯湾平静的海面，凭栏远眺，远方的太平洋烟波浩渺，迷蒙一片，顿时触发了他的灵感。他深深地吸了一口烟，紧锁的双眉拧成一个倒“八”字，眉宇间透出一股冷冷的杀气。这天，山本偷袭珍珠港的计划终于构思完毕。

第二天，一封致海军大臣及川古志郎的《关于战备的意见书》写成了，这就是著名的“山本上书”。他在意见书中写道：

现能判明国际关系发展趋势者甚少。以海军联合舰队之愚见，与英美一战已不可避免。因此，应从速审慎备战、训练及作战计划等一应事宜，万望勿失良机。……为之，于此简要呈上卑职久存于心的关于初战应如何展开之意见，烦请在上考虑。以上内容于去年 11 月下旬，已经以口头形式进上，这里不过是再次概要重复而已。

山本第一次用书面形式提出，“要有在开战之初就决一胜负之思想准备”，甚至来一场破釜沉舟的赌博。他写道：“如美国海军主力舰队的大部分停泊在珍珠港内，则用飞机编队将其彻底击毁并封闭该港!”这个设想，基本上奠定了后来制订的代号为“Z 计划”的基调，也由此揭开了酝酿已久的太平洋战争的序幕。

珍珠港位于太平洋中北部夏威夷群岛中的瓦胡岛。夏威夷群岛共有大小岛屿 132 个，较大的岛屿由东往西有：夏威夷岛、毛伊岛、莫洛凯岛、瓦胡岛、考爱岛及其他 3 个属岛，被称为夏威夷八大岛。该群岛东距美国旧金山约 3 800 千米，北距白令海边沿的阿留申群岛近 4 000 千米，南离美属萨摩亚群岛 5 000 余千米，西距关岛约 6 000 千米。不难看出，夏威夷群岛恰巧位于半径约 4 000 千米海上圆周的中心位置，而在此范围内并无其他重要岛屿可做依托。夏威夷群岛凭借在东太平洋上独一无二的地理优势，素有“太平洋心脏”之称。

夏威夷群岛的原居民为波利尼西亚族，后来由英国著名探险家詹姆斯·科克把这一岛屿正式介绍给全世界。科克曾把这些岛屿命名为三明治岛，但这个岛的统治者卡梅哈梅哈国王不喜欢这个名字，于 1818 年改为“夏威夷王岛”。1898 年，美国人从西班牙手中夺取这个岛，使之成为美利坚合众国的领土。此后开始在珍珠港修建舰艇修理厂、干船坞、燃料供应站、码头，后来又修建了海军潜艇基地和基础军事设施。

夏威夷群岛除了拥有美丽的海滩、秀丽的风景外，还拥有距美国本土最近的良港——珍珠港。珍珠港形似贝壳，口小腹大，港域面积约 32 平方千米，平均水深达 12 米。珍珠港地处瓦胡岛南岸的科劳山脉和怀阿奈山脉之间平原的最低处，与天然深水港火奴鲁鲁港相邻，是美国海军基地和造船基地，也是北太平洋岛屿中最大最好的安全停泊港口之一。

1933 年以后，日本退出国际联盟，并宣布废除《华盛顿海军条约》。为了对付迅速崛起的日本海军力量，遏制其在太平洋上的行动，美国也积极着手扩充军备，并从 1939 年开始把常驻本土西海岸的舰队调往夏威夷，进驻珍珠港，指望这支舰队能威慑日本，使其不敢进攻西方在东南亚的殖民地。

山本之所以要把首次进攻的矛头指向珍珠港，原因有以下三点：其一，珍珠港是美国海军太平洋舰队的基地，如能在那里聚歼其主力，不仅可以切断美海军从海上对其他方向的支援，而且将给美军的士气以沉重打击。其二，日本正在进攻东南亚各岛国，英、美必然要增兵保护其属地，这样一来，日军就会受到当地美、英、荷等国驻军与增援的美军夹击。若消灭了太平洋舰队主力，驻菲美军就陷入了孤立，南进的障碍也就容易排除了。其三，日本海军后备力量不足，如联合舰队主力用于菲律宾、威克岛、新几内亚等方向，日本近海防御必然空虚，美国太平洋舰队可能乘虚而入，攻击日本本土。只要一举歼灭美国太平洋舰队主力，至少可以为日本西太平洋的进攻争取到一年左右的时间。因此，山本决心先下手为强，以偷袭的方式给美国太平洋舰队以毁灭性打击。

这一冒险计划在设计上是大胆的，也是必然的选择。从常识上讲，与美国开战，就必须首先打垮其太平洋上的海军力量。

偷袭珍珠港的成功有赖于两个假设前提：一是偷袭时美国太平洋舰队的主战舰正停泊在珍珠港内；二是一支大型的航空母舰编队能渡过半个太平洋而不被发现。这两个前提都是山本无法掌控的，那么，他为什么敢进行这场近乎痴人说梦的赌博呢？

对山本袭击珍珠港思想产生最为直观、最为现实的影响的，是发生在 1940 年的一次事件。这年 11 月 11 日，英国地中海舰队以“光辉”号航空母舰和 4 艘巡洋舰、4 艘驱逐舰组成突击编队，出动 21 架次舰载机，突袭意大利塔兰托军港内锚泊军舰，仅以消耗鱼雷 11 枚、炸弹 46

枚，损失飞机 2 架的代价，就取得了击沉战列舰 1 艘，重创战列舰 2 艘，击伤巡洋舰、辅助舰各 2 艘的战果，开创了以舰载机突袭敌方海军基地并获得胜利的先例。山本闻讯，立即指示日本驻意大利海军武官全力搜集有关情报，特别是英军使用的浅水鱼雷资料。因为塔兰托和珍珠港一样，水深仅 10 余米左右，无法使用常规鱼雷。

以上这个战例，对山本偷袭珍珠港作战方案的形成起到了很大的启示作用。从军事角度来看，山本是一个才智过人、敢于创新、有头脑的指挥官，在日本法西斯的著名将领中，他在战略谋划及对事物的预见方面可谓无人能出其右。

当然，山本对美国较为了解也是原因之一。20 世纪 20 年代，山本曾到哈佛大学深造，后赴华盛顿出任日本海军代表和武官。他对美国的历史军事著述比较感兴趣，对它的山川地理也比较熟悉。他读过四五部林肯的传记，还订阅过《生活》杂志。他遍游美国、认识美国，并为理解美国人而自豪。1921 年，英国记者赫克托·拜沃特写的《太平洋海上霸权》一书在美国出版。1925 年，这本书的主要内容被扩写成小说《伟大的太平洋战争》，内容是：一支日本舰队偷袭了美国停泊在珍珠港的亚洲舰队的舰艇，同时还偷袭了关岛、菲律宾。据说，日本海军军令部曾翻译此书，在高级军官中发行。1926 年，山本读到了该书中记述的以舰载机袭击珍珠港内锚泊军舰的情节，虽然只是想象中的情节，但却给了他深刻启示，以至于他在担任日本联合舰队司令后，规定该书的日译本为海军军官的必读书。

山本在日本海军大学学习期间，该大学就设有袭击珍珠港的兵棋演习课目。当时，美国的“加利福尼亚”号和“亚利桑那”号战列舰刚刚服役。日本海军大学的教员们认为，未来一旦发生日美海军大战，日本海军若能对美国太平洋海军基地珍珠港进行出其不意的攻击，将会使日本处于有利地位。驻泊在珍珠港的美国海军舰艇，将是日本打击的好目标。日本海军大学的教员还曾在课堂上向学员们讲解袭击珍珠港的一些战法。当时演习用的舰炮射击单元尚未计算，教员让学员们去算，但谁也不举手。这时，山本站起来说："如果没人干的话，让我来干好了。"他用了整整一个暑假的时间，完成了这一计算任务。美国太平洋海军基地——珍珠港，也从此在他的头脑中留下了深深的烙印。

这次山本之所以灵感突现，想出这个异想天开的偷袭珍珠港计划，可能还与美国海军的一次军演有关。

1932 年 2 月 7 日，哈里·亚纳尔海军上将举行了一次以日本为假想敌的别开生面的演习。这位热心航空事业的将军，此时已看到了航空母舰在未来海战中的地位和作用。他率领一支以"萨拉托加"号和"列克星敦"号 2 艘航空母舰和 4 艘驱逐舰为基干组成的拥有 200 艘军舰的庞大特混编队，远程奔袭珍珠港，以检验美国海军基地珍珠港的防御能力。

亚纳尔坐在旗舰"萨拉托加"号的指挥室里，率领编队高速向西行驶。在距瓦胡岛还有 24 小时航程时，天空中恰好乌云低垂，亚纳尔的编队借着天气的"掩护"，神不知鬼不觉地直逼珍珠港……轰炸机群的飞行员很快发现，世界上最大的海军基地毫无防备地暴露在机翼下方。"空袭"的瞬间，舰载机没有遭到任何防守飞机的拦截，"攻击者"完全掌握了制空权，完全有能力将港内每一艘停泊的舰艇炸沉。

"我相信，从航空母舰上起飞的舰载机，能够轻而易举地炸沉停泊在港口内的每一艘舰艇。"亚纳尔通过这次"袭击"得出了这样一个肯定的结论，但他此后并未从这次演习中吸取足够的经验教训，相反却给时刻关注美国海军发展状况的山本提供了参考，山本后来仔细研究过演习的相关资料。历史就是这样具有戏剧性，这次偷来的"演习"经验为 9 年后日本偷袭珍珠港埋下了伏笔。

山本上书被接受之后，便开始制订具体实施计划。1941 年 2 月 1 日，山本给第 11 航空舰队参谋长大西泷治郎少将写了一封非正式的信件，扼要地阐明了自己的计划，并要求大西秘密研究一下实施这个计划的可能性。大西作为下属，虽然并不那么赞成这个过于奇特的作战计划，但也只能照办，他找到自己的朋友兼下级、第 1 航空舰队航空参谋源田实海军少佐，请他研究一下山本的计划。源田实是海军中最有前途的军官之一，他的影响远远超过了他的军阶——在侵略中国时，他发明了用长距离战斗机群作战的战术，因此出了名。10 天后，源田实呈交了他的结论：进攻珍珠港是困难的、危险的，但“有取得成功的相当希望”。这让山本信心大增。

随后，根据山本“力求歼灭敌舰队主力，使其丧失作战能力，摧垮其士气”的基本思想，源田实夜以继日地工作，仅两周时间，一份详细的计划便诞生了。这份计划的主要内容是：出动全部航空母舰，昼伏夜行，秘密驶近瓦胡岛；利用拂晓出动舰载机，对敌舰实施突然攻击；舰载机攻击编队要包括俯冲轰炸机、水平轰炸机、鱼雷攻击机和战斗机；鱼雷攻击机将担当大任，要尽快解决鱼雷不能在浅水使用的问题；航空母舰编队要尽量靠近瓦胡岛，完成攻击任务的舰载机必须返舰，不能在海上降落；攻击目标的先后顺序是：敌航空母舰、战列舰、巡洋舰和驱逐舰，重点是航空母舰。

尽管源田实对山本的方案做了好几处“修正”，但山本还是很乐意地接受了。

按该计划方案，在兵力编成上，既要求具备强大的突击威力，又要避免编队过于庞大而被发现。最终确定由各种舰船组成一个特混机动编队：航空母舰 6 艘、战列舰 2 艘、重型巡洋舰 2 艘、轻型巡洋舰 1 艘、驱逐舰 11 艘、潜艇 3 艘、油船 8 艘，共计 33 艘舰船。舰载机共 423 架，担负突击任务的 354 架，其中九九式俯冲轰炸机 131 架，九九式水平轰炸机[①] 104 架、九七式鱼雷机 40 架、零式战斗机 79 架。另外还有 69 架飞机负责保护编队安全。编队司令为南云忠一中将。

在航线选择方面，从日本本土到珍珠港，通常有 3 条航线：一是经阿留申群岛的北航线；二是经中途岛的中航线；三是经马绍尔群岛的南航线。这 3 条航线各有利弊，北航线远离美军岸基航空兵的飞机巡逻范

① 水平轰炸机：在水平飞行状态下进行轰炸的轰炸机，适用于昼夜各种气象条件和各种高度，是主要的轰炸机型。在历史研究中（尤其在研究第二次世界大战中）用于区别俯冲轰炸机的一个轰炸机的分类。

围，瓦胡岛上的美国巡逻机对该岛的北面都不进行巡逻，几乎就像敞开大门一样。而且，这一航线鲜有商船经过，对于编队的隐蔽行进非常有利。缺点是气候恶劣，风大浪高，海上加油比较困难。中、南航线的气候宜于航行，但来往商船频繁，而且距美方岛屿较近，易被发现。经过再三比较，特别是出于保密方面的考虑，源田实建议选择北航线。

南进第一枪：珍珠港

1941 年年初，东条英机以陆军大臣的名义发表了法西斯军人《战阵训》，极力鼓动军国主义武士道精神，要求日本官兵“攻必取，战必胜”，“勇往直前，百事不惧，沉着大胆，处理难局，坚韧不拔，以克困苦，突破一切障碍，一心为获得胜利而迈进”。他愚弄官兵说，“皇军军纪之精髓，存于诚惶诚恐大元帅陛下（天皇）之绝对服从之崇高精神”，“处于生死困苦之间，命令一下，欣然投身于死地”。

3 月 12 日，外相松冈洋右率领陆军大臣东条英机的代表永井大佐等人，从东京起程前往柏林。松冈像走亲戚一样来到希特勒的柏林府，希特勒一边打量着这位走进办公室的东方小矮人，一边在不停地谩骂英国的丘吉尔。然后，希特勒和他的外交部部长里宾特洛甫一起竭力劝说日本攻打新加坡。按照松冈的说法，里宾特洛甫像真正的骗子一样劝说日本人占领新加坡和菲律宾，说这对日本是有利的，“非常可能把美国排除在战争之外”；因为届时罗斯福不敢冒险把舰队开进日本水域。之后，希特勒神秘地对松冈保证：“你们一旦参战，我们一定援助日本。”并吹嘘说：“即使撇开德国军队远比美国人优越这一事实，美国也根本不是德国的对手。”

可是，对于新加坡、菲律宾问题，首相近卫文麿和陆军大臣东条英机还没有公开表态，所以松冈不得不谨慎一点。但德国大使悄悄告诉松冈，希特勒准备进攻苏联。这让松冈等人对“北进”恢复了信心，决定回国后立即劝说近卫下决心，来个“北进南下”，双管齐下。

东条觉得松冈是知己，可以作为自己的代言人，但松冈太看重“北进”，只有让他掉头向南，这样他们两人的步调才能完全一致。

1941 年 4 月，在日美交战迫在眉睫的时刻，永野修身出任军令部总长，成为海军部队的最高统帅。6 月 5 日，海军国防政策委员会提交了一份报告——《当前形势下帝国海军应采取之态度》，主张向泰国和法属中南半岛南部（今越南）进军，确保荷属中南半岛的石油资源，并公开主张不惜对美一战。永野马上签署了这份文件上交内阁。

7 月 2 日，在内务大臣木户幸一①的精心安排下，皇宫内举行了御前会议，通过了《适应形势变化的帝国国策纲要》（以下简称《纲要》），《纲要》决定展开“对英美作战的准备”，“强化南方进出的态势”，“帝国为确保此目的的实现，不惜与英美一战”。永野作为军界要员出席了这次会议，并在《纲要》上签了字。“南进”计划最终被御批了，松冈的重要外事活动和永野的主要工作都将围绕这一核心展开。

日本联合舰队司令山本掌管着海军的绝大部分家当，要进攻岛国，自然要依靠这支已晋升为世界三强的舰队。而且，日军“南进”可以迅速得到实利，也是日本兴亡的关键，其他方向的作战是次要的，包括往东南去打夏威夷，都是看不到实利和前景的冒险行为。这暂且不说，而山本根本没打算将联合舰队的主力用到西太平洋去，这让很多陆军将领很不满意，甚至海军内部也有很多人搞不懂山本到底想干什么。

那么，山本到底是怎么想的呢?

日本是岛屿国家，直接面对太平洋。取得太平洋的霸权，是日本军阀梦寐以求的事情。日本海军也做了 30 多年的强军梦，勒紧裤带，耍尽手腕，到 1941 年才基本实现这一美梦——以美国为标杆，向美国靠拢，日本海军主战军备终于达到了美国海军的 7 成以上。准确地说，是主战舰总吨位达到了美国的 70.6%，超计划完成任务。该年年初的数

① 木户幸一（1889—1977）：日本昭和时期的政治家、重臣，昭和天皇的谋士和替身。他在两件大事上成了日本军国主义的有力支持者：是建议成立近卫内阁，确立举国致体制；二是推荐东条英机担任首相。

字是这样的：

战列舰：日本 10 艘，美国 17 艘；

航空母舰：日本 10 艘，美国 8 艘；

重型和轻型巡洋舰：日本 38 艘，美国 37 艘；

驱逐舰：日本 112 艘，美国 172 艘；

潜艇：日本 65 艘，美国 111 艘；

航空力量：日本军用飞机 3 800 架，其中能够作战的所谓“展开兵力”为 1 669 架；美国是 5 500 架，其中能够对日本使用的所谓“对日正面”为 2 400 架。

但美国是个两洋国家，也就是说，它除了要守太平洋，还要守大西洋，如果美国海军只分出 1/3 的兵力到大西洋去，那么它在太平洋的兵力正好与日本相当，而日本在航母上占有绝对优势。这么一来，美国似乎没有那么可怕了。山本做梦都想压美国海军一头，现在机会终于来了，拔掉这颗眼中钉自然是他的首要目标。

被称有“三寸不烂之舌”的海军发言人平出英夫海军大佐，于 5 月 7 日晚上在东京无线电广播电台中极度兴奋地声称：“海军航空部队现在约有 4 000 架飞机，经常进行特殊的战斗训练。……我们坚信，海军目前已做好充分的准备，随时可以在转瞬间粉碎任何敢于向日本挑战的敌人。天皇陛下的海军航空部队……现在可以制定使任何国家立即灭亡的策略。”这话虽然有吹嘘的成分，但至少说明日本不到半年时间，飞机的确造了不少。

山本虽然很高兴这个“七成兵力”的目标终于达成，但并没有陶醉其中。因为不管怎样说，还没有哪个海军军官认为日本的工业生产能力超过了美国，或者认为美国从此时开始就不造军舰、飞机了。几乎所有人都知道，随着日本退出伦敦军备条约，开始新的军备行动以后，美国随即也开始扩充海军军备，除了正在建造的北卡罗来纳级和南卡罗来纳级战列舰以外，艾奥瓦级战列舰也在计划之中。不过，山本认为，大型战列舰在未来的战争中必将降居次要位置，只能用来做会议室的巡洋舰更是天生的配角。他担心的不是眼下的军备对比差距，而是畏惧美国的战争潜力。他不可能跟美国打常规化战争，僵持对日本极为不利，因此只能出奇制胜。

自 1939 年“下海”后，山本就没有过过一天安逸的日子。虽然战争还没开始，但山本实际上始终处于战备状态。山本早在长冈中学同学会与长冈社在东京九段下的军人会馆为他就任日本联合舰队司令而举办的庆祝会上就曾说过：“我现在的任务关系国家的兴亡，所以只许成功不许失败，也因此，自接任联合舰队司令以来从未安睡。”他希望自己的舰队能够迅速完成特混编队，所有航空母舰毫无例外地参加了紧张的训练，包括航空队飞机在甲板上的紧急降落训练和夜间起降训练。他提出的训练要求是：所有飞行员不论驾驶技术好坏，一律参加。这样做难度很大而且有一定的风险。因此，训练开始时，很多人表示不可理解，抱怨说：“不管怎么说，那也是十分冒险和愚蠢的。”在实施夜间轰炸训练时，由于没有雷达和导航系统，负责防空的部队只能用探照灯捕捉跟踪实施轰炸的飞机，用高射炮进行射击。这一方法不可避免地带来了一个问题：探照灯的照射极易使飞行员发生目眩而导致飞机坠毁。

山本在几个月前给筵川良一的信中还这样写道：

联合舰队一直驻泊在丰后水道之一隅，除了接收来自陆上的邮件外，几乎处于与世隔绝的状态。联合舰队只是终日进行演习训练。本年度的训练很快就要结束了，到那时，联合舰队的实力可望得到全面的增强。我现在竭心尽力就是想使其作战能力达到鼎盛状态，这是我义不容辞的重任。鄙人深感使命重大，又恐力不能及。今后，我一定竭筋骨之力，尽心神之劳，以达此目的。此乃不同于从事世间一般琐事，焉能仅凭点滴新闻而为乎。鄙人深深地知道，今后务须排除众多烦冗事务，专心致力于海军事业。

除抓紧舰队的日常训练外，山本更加关注国外第二次世界大战局势的发展，尤其是美国海军的发展。鉴于美国海军正在急速扩大，尤以成为美军太平洋舰队基地的夏威夷珍珠港，直接从侧腹威胁日本，加上飞机制造技术飞速发展，各种战机续航力不断增强，日本过去的防御线已经难以保卫日本列岛的安全，他把原来从小笠原群岛连接马里亚纳群岛的日本第一道防线，向前推进到从东卡罗林群岛到马绍尔群岛的防线，并将这一防线定为迎击决战的战线。

一年多来，山本的海上训练进行得很辛苦，好胜心极强的他内心也很苦闷。每期训练结束后，数千乃至数万的舰上官兵急需恢复体力和调节精神生活，所以，山本总是让舰队尽量停泊在靠近大城市且规模较大的港口，以便让官兵们得到更好的娱乐。假如舰队驶入横须贺港停泊、休整，舰上的官兵们就会回到东京或镰仓、逗子、叶山一带各自的家里去；如果驶入其他港口，他们就会事先通知家里，让妻子到港口来。旗舰“长门”号入港后，山本自己却不回家，而是到“梅野岛”去找河合千代子。有时候，千代子也到山本的舰上去，顺便给他带去早已准备好了的内衣、袜子等。每次前去，她都会给山本的副官及其妻子带些礼物，然后忙着为山本整理衣柜里的衣物和收拾床铺。据说有一次，山本曾对副官藤田少佐的妻子说：“夫人，我送给你点大马哈鱼吃吧，这是北海道的特产，很好吃。”说着，他从衣柜的衣服堆里拿出一袋大马哈鱼干来。千代子见了很生气，埋怨道：“哎呀！那样的地方怎能放大马哈鱼呢?”只有当千代子在身边的时候，山本才能暂时忘却那些令他进退两难的作战计划。

但是，严峻的现实又不能不让这个赌徒铤而走险。

1941 年 4 月，空袭珍珠港的作战方案正式改为“Z 计划”，并在日本联合舰队内部的高级将领中进行讨论。在第 1、第 11 航空舰队的主官会议上，第 11 航空舰队参谋长大西泷治郎首先阐述了自己的意见，他说：“在日美之间，想用武力迫使对方屈服是不可能的。即使不能迫使美国签订‘城下之盟’，不能在哈得孙河上举行阅舰仪式，无奈只有开战的话，我们宁可做出某些必要的妥协和让步，也要设法尽早结束战争。我们去攻占菲律宾或其他别的什么地方都可以，就是不能去攻打夏威夷，而且应尽量避免给美国这一类的刺激。”

大西泷治郎是日本海军中有名的“航空专家”，是个具有创新精神和大胆实践的头面人物，被誉为日本航空界“不可多得的人才”。他一贯鼓吹扩大和改善日本海军的空中力量，在这一点上他与山本可谓“志同道合”，因而深得山本赏识。但他现在也极力反对“Z 计划”的实施。

第 1 航空舰队司令官，也是未来偷袭珍珠港作战的主要战场指挥官——南云忠一海军中将，对“Z 计划”也心存疑惧。他认为，“与其打一场没有把握的战争，不如集中全部海军兵力在南线作战”，并认为偷袭珍珠港的作战方案是“很纯粹的赌博”。

10 月 3 日，第 1 航空舰队参谋长草鹿龙之介①和大西泷治郎一起拜见山本，建议撤销偷袭夏威夷的作战计划。但山本不为所动，他听了两位参谋的陈述后说：“二位所言不无道理，但你们可曾想过，当我们致力于南方作战时，如果美国从东面用它的舰队空袭我们本土怎么办？我们只顾着索取南洋地区的重要资源，却让我们的东京、大阪变成一片焦土吗？只要我还担任联合舰队司令这个职务，这一仗就非打不可，希望你们研究万全之策!”听了山本的话，大西的观点有所改变，草鹿则坚持原来的意见。山本把他们送到舷门，他拍着草鹿的肩膀，用低沉的声音说：“草鹿君，你这番话若放在几个月前，我完全可以理解。但是，我已下定了进攻夏威夷的决心，也希望你能予以理解。现在我们需要的不是任何言论，而是积极支持的行动。”

就这样，旨在挑起太平洋战火的庞大“战争机器”，从 1941 年初夏就开始秘密、紧张而又急速地运转起来了……

预定参加空袭珍珠港作战的第 1 航空舰队的各飞行队，都已集中到九州岛南端的鹿儿岛，在与珍珠港相似的地形条件下，进行针对性极强的作战训练。每个机组由 3 人组成：驾驶员、观察员（兼投弹手）和

① 草鹿龙之介（1892—1971）：日本海军中将，联合舰队参谋长。

报务员（兼射手）。这些飞机飞越鹿儿岛市背后一座 4 000 多米高的高山，然后直冲下来紧贴着山形屋百货大楼和车站的屋顶飞过，躲过电杆和烟囱，飞至码头上空时，突然把高度降至 20 多米（这是发射鱼雷时的控制高度），并保持水平飞行数秒钟。此时，观察员拉动套环，对着防波堤（舰队标靶）施放鱼雷。随后，飞机向右急转弯，以避免与樱岛火山相撞。之后，再继续贴着水面飞行，最后在水上降落（后来最后的动作改为拉起来在舰上降落）。与此同时，一部分爆击机则练习高空投弹。预先在地面上画出与美军“西弗吉尼亚”号战列舰同样大小的白色标志，让飞机对着这一目标进行投弹练习，最后达到了在 3 000 米高度投弹误差不超过 30 米的水准。如果按 9 架飞机为一个攻击编队，那么就保证了 80% 的命中率。

以上这些完全是模拟珍珠港地形进行的针对性的特技攻击训练。山本以这种超常规训练来提高飞行员的战术水平，也给他自己增添了一点信心。

与此同时，日本海军的科研部门正夜以继日地加速研制可供在珍珠港的浅水中使用的秘密武器——浅海鱼雷。不久，日本海军便拥有了航迹隐蔽、比当时世界各国鱼雷性能都好的九四式鱼雷。

9 月 2 日，日本联合舰队分舰队的所有指挥官和主要参谋人员，以及联合舰队司令部的主要人员、军令部人员和海军省的官员，在东京目黑区的海军大学集中进行最后一次沙盘作业和研讨会。在场的几位陆军观察员此时才知道要对珍珠港采取行动，都感到十分震惊和不解。会议主要解决两个问题：一是为成功偷袭珍珠港制定最后的详尽方案；二是从海军的角度出发，制订出占领马来亚、缅甸、荷属东印度群岛、菲律宾群岛、所罗门群岛及最终包括夏威夷群岛在内的中部太平洋各岛屿的详细时间表。

会上从军令部和海军省选出了裁判，其余的人分成 3 队：山本本人率领 N 队（日本队），第 2 舰队的司令官近藤信竹中将指挥 E 队（英国队），第 3 舰队司令官高桥伊望中将指挥 A 队（美国队）。

9月5日，作战训练开始。在巨大的沙盘上，山本的进击部队向夏威夷出动，但在母舰抵达出击位置之前，高桥从珍珠港起飞的“美国”侦察机便发现了山本。偷袭落了空，山本的飞机有1/3被击落，2艘航母被击沉。这样的“战果”使山本的信心备受打击，但他还是不想放弃他的预定计划。

9月中旬，山本亲自圈定了袭击珍珠港航空编队的总指挥官。平常，飞行训练或作战一般是由各航母舰长或航空中队长负责，但这次偷袭却需要一名飞行指挥官统一协调行动。山本选中的是“赤城”号的飞行队长渊田美津雄中佐。渊田的特长不在于他的飞行技术，而是他的领导能力，这位39岁曾参加过掠夺法属中南半岛之战的老兵，在空中已经度过了3 000个小时。

海军军令部总长永野就任后的第一件大事，就是制定出《南方作战海军构想案》，实际上是将山本的“Z计划”官方化。直到10月7日，海军军令部才正式决定与美国海军展开一场决战，并策划以日本联合舰队航空母舰为主力偷袭珍珠港，另一支舰队进攻菲律宾和配合马来半岛作战。

战犯们在磨刀霍霍，准备扫除一切侵略障碍，为发动全面战争而不惜将日本引向灾难的深渊。但首相近卫文麿不想承担这么大的责任，于1941年10月16日向裕仁天皇提出辞职。近卫辞职后，裕仁天皇召见东条英机，晋升他为大将，诰命他以现役军官身份担任首相，出面组阁。宪兵出身的东条英机手段毒辣，在内阁实行独裁专政，自己兼任陆军省大臣、内务省大臣。外务大臣换成了亲德派东乡茂德①，永野修身继续当他的海军军令部总长。东条内阁全面推行战争政策，对谈判已经没有半点诚意，所以，此时的谈判已经成为掩护其战争意图和争取时间的烟幕弹。战争已无法避免，只是时间问题了。

---

① 东乡茂德（1882—1950）：日本外交官，官至外务大臣。任东条英机内阁外相时没能阻止日美和平谈判破裂。铃木贯太郎组阁时再次担任外相。

10 月 23 日到 11 月 1 日，东条内阁和日军大本营连续召开紧急联席会议，重新审查“国策”。11 月 2 日凌晨做出了《帝国国策施行要领》的决定。这个决定（最高机密）经上奏裕仁天皇，于 11 月 5 日在御前会议中正式通过。其中规定：

（1）帝国为打开目前危局……建设大东亚新秩序，现决心对美、英、荷开战；

（2）发动武装进攻的时间定为 12 月初，陆、海军应完成作战准备；

（3）如在 12 月 1 日上午 0 时以前对美谈判取得成功，即中止发动武装进攻。

同时，争取外交配合，还通过了一个《对美谈判要点》作为附件。该要点分甲、乙两个方案，若甲方案未被美方接受，再提出乙方案。

这个《帝国国策施行要领》是对 9 月 6 日的《帝国国策施行要点》的进一步细化，是日本发动太平洋战争的总动员令。

第八章　赌局开场

波诡云谲的谍报战

山本五十六之所以敢于在太平洋上下第一大赌注，除了碰运气之外，还依赖日本海军分布极广、无孔不入的情报系统。

当得知美军将要进行“袭击”珍珠港的演习后，日本海军便派出了“襟裳”号特务舰（油轮），以“去美国西海岸购买石油”为名，行实地侦察之实。这艘特务舰上有几个不寻常的人物：深町让少佐，是由军令部派出的电子通信谍报专家，在舰上担任的公开职务是通信长；小川贯玺少佐，是军令部的“美国通”。此外，舰上还安置了不少精通通信谍报工作的技术士官，充当深町让的助手，并在舰上安装了一套当时最先进的无线电监听装置。

在山本打珍珠港的主意之前，日本内务省已有特工在夏威夷岛上活动，陆军的特高课也派去了谍报人员。当山本拿出“Z 计划”之后，军令部第 3 部第 5 课（情报课）又向夏威夷派出了一个四人间谍小组收集情报，不过并没有太大的收获。这时，情报课长山吕大佐物色到了一个人，即情报课的吉川猛夫少尉，他成为执行这项特殊任务的最佳人选，以日本驻美使馆书记员的身份被派往夏威夷。

1941 年 3 月 27 日上午，日本客轮“新田丸”号的巨大船体靠上了夏威夷檀香山的码头，播音机里不断地播放着抑扬悲惋的夏威夷民谣 *Aloha Oe*（《再会》）。熙熙攘攘的光着脚、手持花环迎接来客的当地女人以及在人群中来回奔跑叫卖的少年们，都给清晨的码头带来了生机。在接客的人群中，有两个身着和服的日本领事馆人员，其中一个高举着一块小木牌，上面用日文书写着“接东京来的森村正书记员”。他们接的便是吉川猛夫，森村正是他的化名。

他们接上头后，乘车前往位于檀香山市一条僻静街道上的日本总领事馆。在那里接受任务后，这位 29 岁的年轻间谍便在夏威夷潜伏下来，开始搜集军事情报，重点是停泊在港口的美军舰船和几个岛上的军用飞机场。

森村正长得英俊帅气，体型瘦长，在美国人中也算得上是中等个子。他曾就读于日本江田岛海军兵学校，毕业后任海军密码官，后在海军省情报部任预备军官，开始在英国科，后来调到美国科，在堆积如山的资料中筛选情报，对美国军事方面的常识比较熟悉。

为了工作方便，他留起了头发，让自己看上去像个大学生。他的准备工作分外细致，就连行装也不允许有半点马虎，西服、衬衫等缀有姓名缩写字母“T. M.”的物件慎之又慎，以防化名被识破。他常乘坐游艇，以旅游者的身份穿梭于夏威夷群岛的各个小岛。他发现，只有檀香山所在的瓦胡岛驻有海军舰队，而瓦胡岛的舰队又集中在珍珠港，于是，森村正的注意力瞄向了珍珠港。

珍珠港是军事基地，为了尽快掌握情报，森村正时而穿着农民的衣服，藏在甘蔗地里，偷窥附近的军事基地；时而又装扮成渔民，在海军基地附近徘徊。由于军事区一般人没有办法进入，他便装扮成一名菲律宾籍劳工，混在珍珠港的建筑队伍中。他身穿橄榄绿无领衫，手提饭盒，和其他人没什么区别。工间休息时，他不时东张西望，并看似无意地敲敲储油槽。即便如此，除了意外发现油槽里装满船用柴油外，他没有什么收获，也看不清港口的那些军舰。

森村正沮丧地回到住处，心想，这样下去，不仅会辜负海军省的厚望，还可能会把自己的性命赔进去。在这种情况下，他不得不请求喜多总领事的帮助。

喜多总领事对夏威夷了如指掌。他知道森村正想接近港口，但不知道他到底想干什么。“这样吧，我介绍你去一个地方，珍珠港后面的阿莱瓦山坡上有一家日本人开的饭店，名叫春潮楼。那里地势很好，可以俯瞰珍珠港全景，什么东西都可以看得一清二楚。”春潮楼实际上是一家妓院，有钱人可以随意进出。森村正闻言喜出望外，立即随喜多去了春潮楼。

春潮楼的老板娘藤原波子接待了总领事和森村正。总领事介绍森村正时说他是一个有钱人家的公子。藤原波子非常高兴，笑着喊道：“太好啦，姑娘们快来见贵客吧！”藤原波子告诉森村正，她手下有 5 个从日本带来的歌舞方面训练有素的妓女，可供他消遣。当下就有 3 个妓女过来了。一个叫千加，一身纯日本式的打扮，显得很庄重。她长着一双炯炯有神的眼睛，口齿伶俐，看来在 3 个人当中算个“头儿”。一个叫美知，是个圆脸，长得十分美丽，身段丰满，肌肤白皙而又富有魅力，穿着一件薄薄的西装，说起话来娇滴滴的，加上那头柔软蓬散的秀发，足以使男人为之神魂颠倒。最小的一个叫美加，是个现代女性，长着一双水灵灵的大眼睛，红润润的嘴唇，煞是惹人喜爱，唯独举止有些拘束。从此，森村正常常化装成“花花公子”，身穿绿色西装和鲜艳的夏威夷衬衫，头戴插着羽毛的当地帽子，带着漂亮的妓女，或是乘小飞机，或是坐小汽车到处兜风。

森村正的月薪是 150 美元，加上半年的活动经费 600 美元，足以让他过上公子哥的潇洒生活。但是，花这些钱是要办事的，玩只是为了掩人耳目，不引起美国特工的注意。森村正在春潮楼包了一间靠海的房间，可以看见大批的战列舰、航空母舰、巡洋舰进进出出。每天，他除了与妓女们厮混外，经常独自倚在窗口观察、记录美军舰船的类型和数量，当然记录时用的是他自己才能看懂的符号。不过，瓦胡岛上除了珍珠港，还有许多军事基地，有的还在扩建，有的已经建成。它们的情况以及岛上的兵力部署和调动还是无法搞清楚。

有时，森村正回到宿舍二楼自己的房间，顾不上休息一下，马上又拿起当天的地方报纸浏览，想从新闻“夹缝”中找到点什么线索。例如，关于军事基地施工现场的招工、船舶的航行情况、与军方有关系的知名人士的来访，以及有关日语学校是否应该继续存在、日本侨民同乡会将于何时在何地召开等消息，不分巨细，他都要把它剪下来进行研究。

有一天，森村正在结婚栏里发现了一条很有趣的消息：当地某某氏的小姐将于某月某日与战列舰“西弗吉尼亚”号所属军官某某于某地举行结婚典礼。这则消息共有5页，十分详细。他仔细阅读并做了记录。根据这一消息，森村正当天就跑到珍珠港去观察，果然有一艘军舰停泊在那里，他断定那就是报纸上所说的“西弗吉尼亚”号战列舰。

通过这种点滴的反复观察，日积月累，森村正终于能正确辨认出开始还搞不清的舰艇的名称。时间长了，他渐渐掌握了美国太平洋舰队的活动规律。这些情报都是他亲自观察所得，所以完全可靠。每隔一段时间，他就把情报汇总报给喜多，由喜多用密码发回东京，再经海军军令部将情报传送给日本联合舰队司令部。山本对森村正送回的情报十分满意，每次都认真做出评估和分析。

森村正在工作之余，与千加、美知等保持着密切联系。他有一个为自己辩护的理论：“任何一个倾心于追逐维纳斯的人，在别人眼中都少一份间谍的嫌疑。”事实印证了他的设想，放荡的行径确实是个很好的掩护，使他可以轻松获得想要的情报。他从不用望远镜等工具，在一个地方的观察时间通常不超过30分钟。他记忆力超群，为了防备联邦特工人员的注意和跟踪，他身上从不带地图，全凭脑子记忆各种信息和地形地物，晚上回到下榻处才标在地图上。凡有重要情报，他都与领事、副领事商量，“交谈”采用笔谈的方式，不讲话，以免隔墙有耳。他大约每周通过领事馆向东京汇报一次情况。

7月28日，进攻东南亚的日军再次行动，进入了中南半岛南部。美国立刻做出反应，宣布对日经济禁运，日本急需的石油、棉花、废钢铁等战略物资的供应被掐断了。美日两国的关系风云突变，战争一触即发。

9 月 24 日，海军军令部第 3 部的小川贯玺通过总领事喜多给森村正发来一封电报，要求他把珍珠港水域分为 5 个部分，分别报告太平洋舰队主战舰在水域内的停泊位置，并要求他每三天提供一次情报。

进入 10 月份后，海军军令部要求森村正每天提供一次情报。

10 月 15 日，“龙田丸”（另一说为“大洋丸”）号客轮由横滨港起航，于 10 月 23 日抵达檀香山。晨雾中，夏威夷的日本侨民纷纷登上“龙田丸”号准备撤出。一群美国水兵登上船，在船桥上、机舱边安了岗哨，凡是上船的人一律不准许再下船。总领事喜多派人与侨民混在一起上船，与自称“龙田丸”号事务长的日本人接上了头。在船上的卫生间里，事务长取出一个纸捻，悄声说道：“我是军令部的中岛少佐，请把这个交给吉川君，我就不离船了，否则会引出不必要的麻烦。记住，明天下午开船前给我答复。”

喜多回到领事馆后，把森村正叫到自己的办公室，从桌子下边偷偷把那个纸捻交给他，说：“我们两个人是在船室见的面，那位事务长打扮的人就是中岛少佐。他问了你的身体情况，还对我说‘是给您添麻烦，实在对不起’，他说日美之间的形势越来越恶化，这次的主要任务就是与你取得联系。他要我把这个纸捻交给你，并让你在明天这艘客轮出港前做出答复。”

森村正把纸捻仔细地展开，只见上面密密麻麻地用铅笔写满了小字。这张字条提出了 97 个问题，要求他根据以往了解的情况，回答下面的问题：

（1）停泊舰船的总数。

（2）不同类型的舰船的数量和舰名。

（3）战列舰和航空母舰的停泊位置。

（4）战列舰的停泊和系留情况。

（5）战列舰和航空母舰的动态（进出港等）。

（6）战列舰从停泊地开到港外所需时间。

（7）你推断停泊舰艇最多的是星期几？

（8）战列舰停泊时是否装有防雷网？

（9）战列舰入坞的天数和地点。

（10）你屡电称战列舰并列系留，这是特殊情况，还是经常如此？

（11）是否有大型飞机在拂晓和黄昏时巡逻？如有，出动几架？

（12）夏威夷群岛的航空基地和常驻兵力。

（13）航空母舰出入港时，舰载机是否在港外起飞？

（14）福特岛的飞机架数。

（15）珍珠港附近有无阻塞气球？

……

海军军令部这一指令让森村正非常兴奋，他觉得这才像个作战部的样子。他为帝国和天皇陛下效命的关键时刻终于到来了。

当天晚上，森村正根据过去7个月费尽心机收集到的情报资料，像个解答问题的应考生，通宵达旦逐一回答问题。比如，“你推断停泊舰艇最多的是星期几？”森村正对这个问题虽然还有点茫然，但根据平日所记录的统计数字，他最后填写了答案：“是星期日。”其中也有暂时回答不了，有待日后继续调查的问题，比如“港口有无防潜网”，尽管他曾多次潜入调查，却始终未能摸到底细。但他通过这些提问已经察觉到，海军军令部从纯军事的观点已向他暗示了对珍珠港的“观点”或“方向”，同时也使他领悟到今后自己在活动方面的“紧迫性”，因而暗下决心：一定要振奋精神，使出浑身解数，投入侦察工作中。很显然，海军军令部或者说山本最关心的问题是，万一大批日本飞机临空时珍珠港内空空如也，岂不要误大事！星期天，这是上帝的一个很精妙的安排，上帝创造世界6天后，尚需小憩一天，何况最懂得享受的美国大兵！

第二天早上，森村正把这份答卷交给了喜多。喜多把它裹在腰里，用手“嘭”地拍了下肚皮，对森村正说：“一定亲自交到他手里！”

“他”是指海军军令部派来的那个少佐。

11 月 5 日，“龙田丸”号返航，于 17 日回到横滨。由此可见，日本海军加紧了对太平洋中部和美国西海岸动态的监视。

由于每天都要提供新的情报，森村正把工作重心放在落实那 97 个问题中尚不十分清楚的问题上。第二天下午，他穿上炫目的夏威夷服装，驾车直奔珍珠港方向。到离目的地不远处，他把车开进一片茂密的丛林，戴上巴拿马凉帽，取出一根钓鱼竿，向港湾入口处走去。他心里盘算着，万一被哨兵抓住，就说是误入军事禁区的垂钓者。

他现在要查清的问题就是珍珠港附近是否有防潜网。他躲在临海边的一块礁石后面，探出一根超长的钓竿。但钓竿再长也是有限的，抛出鱼钩也不过二十几米。而且，他的身后不远处就有两个美国士兵站岗，他们荷枪实弹来回踱步，只要发现有异常情况，随时可能开枪。

时间一分一秒地流逝，如果再磨蹭下去就有可能被发现。森村正决定冒一次大险，悄悄下水，尽可能潜到离岸边更远的地方，至少超出 60 米。他浮上水面换一口气，正当他准备再潜入水下时，山头的哨兵发现了他，立即鸣枪示警。

森村正迅速潜回岩石下，也不拿钓竿了，径直往树林里跑，所幸那两个哨兵并没有追赶他，但有无防潜网的问题也没有搞清楚。

需要落实的问题还有很多，但森村正没有更多的时间去求解了，于是将他认为重要的问题挑出来，一个个去核实。

在此期间，美国情报部门也截获过一部分喜多发往东京的电报。当时，日本同时使用几种外交密电码，其中，最机密的密码系统被称作紫码，用于东京与驻外使馆的电报；而密级较低、被称为 J 码的密码则用于外务省与许多驻外领事馆的电讯，包括檀香山的总领事馆。夏威夷地区的美国驻军没有紫码破译机，截获的情报多为低密级的，他们分析认为，这只是为日美海军军备竞争提供参考数据。甚至喜多本人也不知道一场震惊世界的战争正悄悄来临。

偷袭珍珠港

山本五十六虽然好赌，但是他并没有因此而失去理智。他的每一项准备工作都做得非常细致、严密。为了做到知己知彼，他在收集美军情报上下了很大功夫。据后来的统计数字显示，1941 年 5 月后，日军派到珍珠港的日本间谍多达 200 人，从各方面搜集珍珠港的天气、水文、地形数据及美军基地、飞机、舰艇的部署情况等。

为保证袭击成功，防止泄密，除了参与策划的人员外，包括航母舰长在内，谁都不知道有何作战任务，并实行了严格的信件检查制度；又让海军兵学校的学员穿上正式军服到东京参观，造成日本海军没有做任何战争准备的假象，以欺骗国外视线。为了进一步迷惑美国，日本外务省还派遣前驻德大使来栖三郎作为“和平特使”赴美，协助野村吉三郎大使与美国进行和平会谈。当然，由于日美之间一切金融、商业活动已完全停止，日美谈判陷入僵局，两国关系已到了断交的边缘。

1941 年 11 月 1 日，山本在旗舰“长门”号上再次接见了负责飞行特训的渊田美津雄大佐。渊田有几个月没见山本了，突然觉得自己的上司明显老了许多，但他那双眼睛依然明亮有神而又深不可测。山本让渊田对几个月来的飞行训练进行自我评估，渊田蛮有把握地说，各机种的特训都达到了预定的指标要求。很少夸赞部下的山本对他大加赞赏，接着又对他说：“所谓谋事在人，成事在天啊！希望你能理解我的苦心。”

渊田知道，真正的战争很快就要开始了。他向山本请示道：“长官，我请求所有航空战队在佐伯湾再演练一次，把佐伯湾当作珍珠港！”山本已经没有多余的时间，但他还是答应了。

这是日本航空战队实战前的最后一次演习，从 11 月 3 日午夜后开始行动，由水平轰炸机队、俯冲轰炸机队、鱼雷轰炸机队和制空战斗机队 4 个机队组成的第一纵队，在 11 月 4 日凌晨，日出前半个小时，如同实战一样，相继从母舰群起飞，径直飞向佐伯湾。

11 月 5 日，山本根据军令部发来的“海军一号令”的精神，向联合舰队高级将领下达了进入作战准备的命令。

11 月 6 日，山本率领司令部未参与演习的参谋班子，从大分（市）乘飞机来到东京。他们此行的目的是演一场戏，让人们（包括伦敦和华盛顿的人）知道山本及其参谋都在东京而不是在佐伯湾准备出征。

11 月 16 日，代号为“机动编队”的特混编队在内海口集中。这是一支庞大的舰队，由南云忠一海军中将指挥，包括“赤城”号、“加贺”号、“苍龙”号、“飞龙”号、“翔鹤”号与“瑞鹤”号 6 艘航空母舰，2 艘配备有 14 英寸口径大炮的快速战列舰，2 艘重型巡洋舰，1 艘轻型巡洋舰，9 艘驱逐舰，3 艘油船和 1 艘给养船。

根据山本的命令，南云机动部队为了隐匿作战意图，故意错开各舰艇编队的出发日期，于 11 月 17 日陆续开始向舰队集结地点——千岛群岛南端择捉岛的单冠湾进发。另外还有 4 个编队也分头赶往单冠湾，分别是：

海上支援编队，由三川军一中将指挥，包括“比睿”号、“雾岛”号 2 艘战列舰和“利根”号、“筑摩”号 2 艘重型巡洋舰。

海上警戒编队，由大森仙太郎少将指挥，包括“阿武隈”号轻巡洋舰和“谷风”号、“滨风”号、“浦风”号、“矶风”号、“霰”号、“霞”号、“阳炎”号、“不知火”号、“秋云”号 9 艘驱逐舰。

海上补给编队，由大藤正知大佐、新美和贵大佐指挥，包括“极东丸”、“国洋丸”、“健洋丸”、“极洋丸”、“神国丸”、“东邦丸”、“东荣丸”、“日本丸” 8 艘运油船。

先遣巡逻编队，包括 27 艘潜艇。

出发前，山本从停在佐伯湾的日本联合舰队旗舰“长门”号来到“赤城”号送行，接见了第 1 航空舰队的首脑、舰长和飞行队长，并做了训示。他勉励大家说：“我们这次行动，目的在于当万一不得不对美国开战的时候，就劈头攻击停在珍珠港方面的美国太平洋舰队的主力。所以，这次作战的成败，将决定我们今后整个作战的命运。我们固然排除了一切困难，制订了着眼于出敌不意的作战计划，但是，美国太平洋舰队司令金梅尔海军上将，就其经历来看，是一位有远见卓识的海军将领，他极为仔细、慎重。因此，不难想象，为了对付可能发生的一切事态，他们采取了周密的警戒措施。诸位要充分预计到实施强攻的可能性，绝不能粗心大意。”

11 月 24 日，参战舰船集结完毕。根据山本的指令，各编队做好了远航的最后准备。第二天晚上，山本身着崭新的黑色西装，外套一件呢子军大衣，赶往广岛宫岛口车站。河合千代子按照事先与山本的约定，乘东京开往下关的特快列车去宫岛见山本。22 时，列车到达后，两人一起乘渡轮到达严岛，住进了傍着一座红色小桥的小房子。这里可以听到潺潺的流水声。他们在小房子里度过了平静的一夜。

就在这看似清闲的一天，山本向南云发出了绝密作战命令：“机动编队务必于 11 月 26 日出发，竭力保持行动隐蔽，12 月 3 日傍晚进入待机海域（即北纬 42°、西经 170°海域）并加油完毕。”

11 月 26 日晨，当接到“离港还有 15 分钟，各舰航海值班人员各就各位”的号令后，旗舰“赤城”号从舰艏到舰桥，立刻呈现出一片紧张繁忙的气氛。没有那种在人群的欢呼声中出征的堂皇场面，也没有舰员跟亲属告别的场面。

传令兵报告：“第 2 战队第 1 号舰正在起锚。”接着，汽笛发出“立即出港”的一声长鸣。

潜艇部队最先驶出港口。因为潜艇负责全舰队的警戒任务，所以，每逢出港它都在最前面，而舰队入港时，它在最后面。

这时，机动编队司令长官南云冒着小雨夹雪，站到“赤城”号舰桥上，手里拿着双筒望远镜，一边听着航海科传令兵报告各战队各舰的行动情况，一边直接观察舰队出港。

南云第一次目睹他所统率的大舰队浩浩荡荡地驶出港口，不由得百感交集，慨叹不已。千岛的冬天来得很早，刺骨的北风不时裹挟着雨雪从天而降，从单冠湾远远地向单冠峰望去，天地一片茫然，真有一种“千山鸟飞绝，万径人踪灭”的意境。

与此同时，华盛顿的日美谈判还在装模作样地进行着。一名日本外交官于 1941 年 11 月第 3 个星期抵达华盛顿，向美国国务卿科德尔·赫尔[①]面呈了一份写着各种要求的清单。这在赫尔读来像是一份最后通牒。那个星期还有另外一样东西抵达华盛顿，那就是美国“魔术”小组截获的 11 月 22 日发给野村吉三郎的密电，电文说：“出于你万万猜想不到的原因，我们要求美国方面必须在迟至 11 月 29 日之前答应东京方面的最新建议。29 日以后，事情将顺理成章。”

日军还派出大量舰艇和飞机在日本内港进行演练活动，并模拟航空母舰编队，频繁进行无线电联络，以假乱真，偷梁换柱，同时还用训练大队假冒参战舰队，将所有参战舰船上的原班全套电台、通信军官留给后备教练大队，命令他们继续在九州等本土海岸基地上频繁地相互拍发旧呼号、旧电码，日夜炮制大批假电报，以此造成一种假象。

11 月 25 日，罗斯福提醒他的高级军事顾问，战争已经迫在眉睫，甚至一个星期之内就会爆发。但罗斯福并不知道战争将以什么面目降临，这只是他作为政治家对于局势的敏感反应。

这段时间，南云机动编队一直保持着无线电静默，只收不发，沿预定的北航线向东迂回前进，以避开美国的巡逻飞机和商船。航行出人预料的顺利，天气连日来浓云密布，如同一个天然的帷幕将庞大舰队的行动遮蔽起来。海面上也没有出现冬季常常掀起的巨浪。

12 月 1 日，山本奉命赶往东京，出席年底最后一次御前会议。这一天，日本内阁正式通过对英、美、荷宣战决议。山本像没事人似的，先到海军省武井大助的办公室待了一会儿，然后悄悄前往三十间堀的梅

---

① 科德尔·赫尔（1871—1955）：美国前国务卿，全力支持罗斯福推行“新政”，以使世界经济危机在美国造成的损失减到最低限度。罗斯福则借助他执行外交政策，以平息一部分垄断资本家对“新政”改革的批评和不满。1945 年获诺贝尔和平奖。

野岛见千代子去了。这一次，他最好的朋友堀悌吉正在那里等他。

12 月 2 日 17 时 30 分，正当南云机动编队刚刚越过东西经日期变更线，进入中途岛以北的西经海域时，山本用新密码给南云发来密令："攀登新高峰 1208"，意即按原计划 12 月 8 日（夏威夷时间 12 月 7 日）发起攻击。同时，山本又给各编队司令官发了另一份电报："谨奉圣上之命，联合舰队全体将士，要上下精诚团结，戮力同心，为贯彻圣上出师之旨，不畏粉身碎骨，肝脑涂地，以遂圣上之愿。"

南云随即下令各舰熄灯行驶，并向全体官兵传达了"Z 计划"，要求大家做好随时战斗的准备。同一天，日本大型豪华邮船"龙田丸"徐徐驶离码头。当日，《朝日新闻》以"第二次赴美撤侨，'龙田丸'起航驶向波澜壮阔的太平洋"为题进行了渲染式的报道。事实上，"龙田丸"船长木村早已接到密令：一旦战争打响，立即掉转船头返航。

12 月 3 日，南云机动部队转向东南。

当天，山本回到了他在东京青山南町的家，与礼子和 4 个孩子团聚。第二天下午，他又匆匆忙忙地赶到东京车站，准备乘 15 时的特快列车返回柱岛舰队。堀悌吉特意赶来为这个像风一样的男人送行。熙熙攘攘的车站透着几许冷清。这一次，对即将开始的战争毫无必胜把握的山本特别伤感，仿佛是与朋友永诀。

南云舰队抵近夏威夷预定海域的时候，数千里之外的东京，日军大本营又在大摆迷魂阵：3 000 多名头戴"大日本帝国海军"标志军帽、身穿鲜艳的蓝制服、裹着白绑腿的日本水兵，涌上东京街头参观游览。媒体很快把它制作成新闻传播出去。山本的旗舰"长门"号依然停在濑户内海的柱岛锚地，随波荡漾。从早到晚，山本和参谋官渡边安次一盘又一盘地下着棋。他在抽空上床休息几个小时之前，还作了一首 31 个音节的和歌。

数千里之外的太平洋上，12 月 6 日和 7 日，日本联合舰队暂编第二补给队的"东邦丸""东荣丸"及"日本丸"和暂编第一补给队的"极东丸""健洋丸""国洋丸"及"神国丸"补给油船，给南云的机动编队加满了最后一次油，离开编队。作战部队随即转向正南，航速增加到 24 节，高速逼近珍珠港。先遣队的 27 艘潜艇于当天夜间到达指定位置，第 1 分队的 4 艘潜艇在瓦胡岛以北海域，第 2 分队的 7 艘潜艇封锁珍珠港东西海峡，第 3 分队的 9 艘潜艇监视珍珠港的入口。

12 月 8 日（夏威夷时间 12 月 7 日）黎明，南云机动部队到达珍珠港以北约 230 海里处。航空母舰开始转变航向，朝北逆风行驶。旗舰“赤城”号上升起了“Z”字旗。

珍珠港时间 12 月 6 日是星期六。当天下午，美军 90 艘出海训练的舰船像往常一样回到港内。周末对珍珠港来说是一个狂欢的日子，驻岛的单身军官们忙着整理衣冠，去俱乐部跳个通宵。岛上呈现出假日的气氛，无灯火管制。这时，南云舰队又收到了日本联合舰队司令部转发的来自森村正的重要情报：12 月 5 日，“内华达”号、“俄克拉荷马”号入港，“列克星敦”号航母和 5 艘重型巡洋舰出港。现珍珠港内在泊舰只有战列舰 8 艘、重型巡洋舰 2 艘。A 地区有战列舰“宾夕法尼亚”号、“亚利桑那”号、“加利福尼亚”号和“田纳西”号……珍珠港时间 12 月 6 日，珍珠港内在泊舰只有战列舰 9 艘、轻型巡洋舰 3 艘、水上飞机供应舰 3 艘、驱逐舰 17 艘。入坞舰艇：轻型巡洋舰 4 艘、驱逐舰 2 艘。航空母舰和重型巡洋舰全部在海上。未发现舰队有异常现象。瓦胡岛上平静，未实行灯火管制。

珍珠港内一艘航母都没有，南云感到极度失望，但作战命令已经下达，不可能再有任何改变。

12 月 7 日凌晨 3 时，日军的 6 艘航空母舰上，飞机已经加了油，装上了炸弹。飞行员们都系好“千人针”吉祥带，并按惯例给家属留下信件，里面附有头发与指甲等物。之后，他们吃了一顿米饭加鲷鱼的节日早餐。祝酒之后，全体官兵听取了最后的简况介绍，气氛十分紧张。

5 时 30 分，在主力舰队前面，“利根”号和“筑摩”号巡洋舰根据舰队司令南云下达的在黎明前对珍珠港和莱海纳锚地进行一次侦察的命令，出动了水上飞机。浪花溅满了倾斜的飞行甲板，甲板人员拼命稳住准备起飞的一排排攻击机。驾驶员、枪炮手和投弹手登上了飞机。

6 时许，南云机动编队接到了进攻命令。山本从“长门”号旗舰上发来了简短训令：“皇国兴废，在此一举，望我军将士，不怕流血牺牲，各尽其职，以告大成。”随后，各航空母舰飞行甲板上的绿灯亮了，在颠簸的甲板上，马达轰鸣，飞机一架接一架飞离航母，不到 15 分钟，担任第一波攻击任务的 183 架飞机就全部飞离甲板，包括战斗机 43 架、水平轰炸机 49 架、鱼雷机 40 架、俯冲轰炸机 51 架，在领航机信号灯的导引下，迅速编好队形，然后绕舰飞行一周，完成编组，在渊田美津雄的率领下扑向珍珠港。

东方渐渐泛白，渊田打开挡风玻璃，向后看了看编队群。离他最近的一架飞机上，小队长岩井海军大尉正向他招手微笑。一架架飞机在朝阳的照耀下，分外耀眼。

此时，美国太平洋舰队毫无戒备的各种舰艇，在薄雾中呈“一”字排列于珍珠港内。在福特岛外面，战列舰和巡洋舰威武地排成两列。岛上的 3 处停机坪上，都有几十上百架密集排列的飞机，安静地躺在那里。

7 时 49 分，冬日的暖阳刚从云层中微微露出脸来，太平洋上波光粼粼，风平浪静。渊田的指挥机收听到夏威夷本地电台的天气预报，说是个暖和、晴朗的星期日。他第一次亲眼瞥见了瓦胡岛的形状，虽然他通过地图和照片已经对这个形状非常熟悉了。渊田向所有飞行员发出了“托托，托托，托!”（突击）信号，各飞行突击队立即展开攻击队形。因各攻击队的攻击方式不同，所以，在开始攻击之前，各队应根据自己的攻击方法，事先占领有利阵位。俯冲轰炸机队率先顺山谷进入。

7 时 55 分，成批炸弹暴雨般倾泻到美国太平洋舰队基地四周的希凯姆机场、惠列尔机场和佩洛斯机场，不久，希凯姆机场上黑烟腾空而起；紧接着，佩洛斯机场也升起了烟柱。机场上成比翼排列的数百架美机被炸成了一堆堆废铁，机库也被摧毁了。仅仅几分钟，日军航空战队便彻底敲掉了珍珠港的防空设施，渊田向“赤城”号航空母舰上的南云拍发了袭击成功的信号：“虎！虎！虎!”电波迅速传到航母旗舰，又传向东京、菲律宾、马来亚，传向香港、关岛、威克岛……

当美国太平洋舰队司令赫斯本德·金梅尔海军上将被震耳欲聋的爆炸声惊醒的时候，他抬眼看了一下闹钟，当地时间12月7日清晨7时55分。他昨夜参加一个晚宴，也多喝了几杯，觉得有些头晕目眩，回到麦克拉帕山半山腰的寓所就睡下了。爆炸声使他惊觉：港内出大事了！

7时57分，日本鱼雷机从几个方向突进，在仅仅掠过水面12米的高度上，向福特岛东西两侧的美国军舰发射了鱼雷。

由于是星期天，大部分官兵离开了战斗岗位，直到8点整，美国太平洋舰队司令部才把一份十万火急的电文发往海军部：“Air raid on Pearl Harbor. This is no drill.”（珍珠港遭受空袭，这不是演习。）

1941年12月7日，日本偷袭珍珠港，美国福特岛海军航空基地的战斗机和飞机棚烈火熊熊，浓烟滚滚

8时05分，日军水平轰炸机从正西方向进入，再次轰炸了福特岛东侧停泊的战列舰，同时轰炸了高炮火力集中的依瓦机场。大火和爆炸引起的烟雾，遮蔽了整个珍珠港。舰艇上的美军混乱不堪，惊慌失措，毫无招架之力。不少军舰来不及做战斗准备就沉入海底。

排在舰列最后的战列舰“内华达”号刚升起舰旗，就被日机上的机炮撕得粉碎，大惊失色的升旗手紧接着又升起几面星条旗，但无一不被打烂。当第一枚鱼雷命中战列舰“亚利桑那”号时，美国士兵还是一副难以置信的表情。战列舰“马里兰”号正在升旗，一名水兵漫不经心地看了一群冲向附近机场的飞机一眼，还以为是自己人的飞机，没等他回过神来，炸弹已落在头上。“亚利桑那”号和1 200多名水兵也被弹药库引发的一系列毁灭性爆炸所淹没。紧接着遭到攻击的是“西弗吉尼亚”号和“俄克拉荷马”号战列舰，它们在受到鱼雷机队的集中攻击后，像死鱼一样，舰体倾斜着，半截沉到水里，附近海面上漂着一层乌黑的柴油。

8时15分，美军未遭日机轰炸的哈罗瓦机场起飞了4架战斗机，此后又陆续起飞25架，与日机展开空战，但由于寡不敌众，仓促应战，协同不好，或被日军战斗机击落，或被美军自己的高射炮击毁。同一时间，正在返航的美航空母舰“企业”号（VC－6）上的18架俯冲轰炸机，以及从美国本土飞来的12架B－17“空中堡垒”轰炸机①，刚飞到珍珠港上空，就遭到了日本零式战斗机的攻击。一名美军飞行员喊道：“不要开炮！不要开炮！这是美国飞机！”话音刚落，他的无线电波就消失了。

8时40分，日军第一波攻击结束，参战飞机全部返航。担任第二波攻击的170多架飞机，于7时15分起飞，8时46分展开攻击队形，从瓦胡岛东部进入，8时55分开始攻击。俯冲轰炸机主要攻击浓烟滚

① B－17“空中堡垒”轰炸机：美国波音公司在20世纪30年代为美国陆军航空队所研发的重型轰炸机，是“二战”初期美军的主要战略轰炸机。其速度和高空性能不仅深深打动了美国陆军航空部队，更是吸引了美国军界足够的注意力。

滚的美国舰船，水平轰炸机则继续攻击各机场，战斗机担任空中掩护。与此同时，潜入珍珠港内的日本袖珍潜艇也开始施放水雷，发射鱼雷，攻击美舰，封锁港口。

不过，他们没有第一攻击波的战队幸运，因为美驻岛守军已经从四处奔赴战斗岗位，开始了没有系统部署的回击。日机冒着越来越猛的高射炮火，躲开硝烟，继续攻击。

岛崎海军少佐直接率领水平轰炸机队共 54 架飞机，绕到瓦胡岛东侧，攻击了卡内欧黑机场、希凯姆机场和福特岛机场。江草海军少佐指挥俯冲轰炸机队共 81 架飞机，飞过东面的山脉，来到珍珠港，攻击舰船。进藤海军大尉指挥制空战斗机队共 36 架零式飞机，继第一攻击波之后，继续保持对瓦胡岛的制空权。

由于整个珍珠港上空被云层遮盖，而下面浓烟滚滚，严重妨碍了俯冲轰炸机队寻找目标。飞高了，不易找到目标；飞低了，又不能进行俯冲。飞行员只好选择目标较大的舰船、设施轰炸。这样攻击了各种大体积的目标，主要是战列舰，其次是巡洋舰，还有不少是驱逐舰。3 个机场上，看到的只有火焰，看不清目标，也难以准确判断战果。不过，机场以及停机坪一带看不到一架完好的飞机开动。近 3 个小时，日军没有碰到一架美机。

将近 10 时，金梅尔收到一封电报说“某种迹象”表明日本舰队在西北方向，小威廉·弗雷德里克·哈尔西在不知情的情况下奉命率“企业”号航母和 3 艘巡洋舰前去截击。在空袭之后的混乱中，一连串似是而非的发现目标的报告和错误的无线电定位，使这支特混编队先向南追逐，然后在黄昏时向马绍尔群岛进发。这一错误意外地挽救了哈尔西和他的航空母舰，因为他若与占巨大优势的日本舰队遭遇，很有可能会被歼灭。

华盛顿时间 12 月 7 日 13 时 50 分，即日军第二攻击波飞机飞临瓦胡岛上空时，美国国务卿科德尔·赫尔才接到野村大使和来栖特使递交的最后通牒。日本政府对递交通牒的时间曾做过精心的设计，电文中指示野村：这份备忘录不用打字员打字，而且要在当地时间 7 日 13 时（东京时间 8 日 3 时）准时送交美方。这个时间距离日本预定对珍珠港发起攻击的时间仅有半小时，目的是避免“偷袭”和“不宣而战”的臭名。但是，由于需要办理一些事务手续，野村和来栖在 7 日 13 时 50 分才将备忘录递交给赫尔。赫尔在接见日本代表前已经知道珍珠港遭到了偷袭，但是罗斯福总统要求他收下日方的答复，冷淡地把日方代表送走。赫尔装作认真地阅读了日方的答复，然后用难以掩饰的愤怒说：“在我整整 50 年的公职生活中，从未见过这样一份充满卑鄙的谎言和歪曲的文件。”野村和来栖无言以对，狼狈地退出门去。门关上后，赫尔破口大骂道：“无赖，该死！”

10 时整，日本飞机全部撤离珍珠港，返回母舰。得意扬扬的渊田要求南云再发起一次攻击，摧毁珍珠港的修船厂和油库，并建议派出搜索机，搜寻美军航空母舰。南云没有同意，认为这一战使舰船油料耗费过半，如果在这里耽搁，舰船就开不回去了。他下令北撤，于是，日本舰队像一群黄鼠狼，狠狠咬了美军一口后，就静悄悄地溜走了。这时美国人几乎还处在目瞪口呆之中。

此次偷袭，美军被击沉、击伤各类舰船 40 余艘，其中战列舰 4 艘、重型巡洋舰 2 艘、轻型巡洋舰 2 艘、驱逐舰 2 艘和油船 1 艘；被击毁飞机 265 架；数千官兵伤亡。日军只损失了 5 艘特种潜艇、29 架飞机和 55 名飞行员。

东京时间上午 11 时，日军大本营在海军俱乐部黑潮会发布第 2 号新闻：“帝国海军于本月 8 日凌晨，对夏威夷方面的美国舰队和空军断然进行了猛烈的大规模空袭。”

华盛顿时间 7 日中午，从东海岸到西海岸所有的无线电台，中断了橄榄球赛、音乐会或杂耍演出的实况转播，向美国人报道了珍珠港遭到日本袭击的令人震惊的消息。最初，人们不敢相信，后来，随着不断插播的简短新闻报道，人们才不得不悲伤地相信太平洋舰队被日本轰炸机摧毁的消息。

1941 年，日军袭击珍珠港几天后，山本五十六和他的同僚们坐在“赤城”号的飞行甲板上合影

珍珠港事件之后，一股同仇敌忾的激昂情绪席卷美国。当天晚上 20 时 30 分（华盛顿时间），罗斯福在秘书的搀扶下，臂戴黑纱走出白宫，向在白宫外面草坪上聚集的无数民众说：“美国公民们，我向你们宣誓——我与我的同事，将尽全力把强加在国家头上的耻辱还给对方。上帝保佑美利坚！”

12 月 8 日中午，罗斯福走进国会大厦，又向国会发表宣战演说。他说：“我有生以来，第一次代表全体美国人民的思想在此讲话。由于美国在昨天 12 月 7 日这个遗臭万年的日子，遭到了日本军队突然和蓄谋的进攻，为了保卫国家的安全，我要求国会自日军进攻时起，宣布国家与日本处于战争状态……”

他的演说赢得了热烈的掌声。最后，参议院以 82 票对 0 票，众议院以 388 票对 1 票通过了宣战决议。

由此，第二次世界大战之太平洋战争爆发。

偷袭珍珠港给日本带来的利弊得失值得玩味：从战术上讲，山本通过这次偷袭一举消灭了美国太平洋舰队的主力，战果不可谓不辉煌；但从战略上说，正如希特勒听说此事后的评价：这场偷袭为轴心国“招来了一个不可能战胜的敌人”，是一次不折不扣的战略自杀。因此可以说，山本是战术上的巨人，战略上的矮子。

威克岛争夺战

珍珠港能打胜，是因为偷袭。赌博出老千容易获得一时的胜利，但要全身而退却不是那么容易。山本五十六下了一个天大的赌注，赢得了一次战役的胜利，但是，这只是更大赌局的开始。当初，他把攻击的时间定在 12 月 8 日，就是依据每星期六美国太平洋舰队的舰只总要开进珍珠港过礼拜天这一惯例决定的。当时军令部甚至联合舰队内部都批评他，把如此重大的决定建立于一个侥幸的前提，说他的偷袭计划不过是一种“投机”“赌博”。的确，山本偷袭珍珠港的计划自始至终都带有浓厚的赌博色彩，只不过他这次的手气的确是太好了。

偷袭成功后，在离珍珠港数千里之外的柱岛，山本的心情却十分复杂，偷袭珍珠港犹如在老虎屁股后面点了一把火，接下来会怎样，他本人也无法预料。但既然赌局开始了，无论输赢，都要继续赌下去。无疑，山本是太平洋战争的纵火者，这场战火会因为美国的英勇反击而越烧越旺。

12 月 8 日下午，山本率领一直停泊在濑户内海的主力舰队 30 余艘军舰，切断了与东京的直通电话，驶离柱岛。入夜时分，舰队沿丰后水道东侧扫过雷的航道向南驶去，去迎接珍珠港作战归来的舰队。途中传来了进攻威克岛失利的消息，这让山本很郁闷，他把自己关在“长门”号旗舰的座舱里，提笔抒发了自己的心情：

今我已下定决心，一旦奉大诏而堂堂出击，则置生死于度外，闯过难关。然而此战为未曾有之大战，种种曲折亦必有之。倘存惜名誉而保自身之私心，则绝不能完成此大任。

因之以诗曰：

浩荡皇恩记心间，弃誉舍命何所惜。

山本所说的“此战”，到底是指偷袭珍珠港还是登陆威克岛，外人不得而知。如果是指偷袭珍珠港，这一战已顺利完结；如果是指登陆威克岛，却又谈不上“大战”。总之，袭击珍珠港成功以后，他并不是那么高兴。

袭击珍珠港只是日军“南进”计划的一部分。根据《帝国对美、英、荷的作战计划》，山本的联合舰队的作战计划大致如下——

第一阶段作战：

（1）由第1航空舰队司令率领由6艘航空母舰组成的机动部队，在开战前10天左右，开始向夏威夷方向移动，在瓦胡岛北方海面上待命。一旦开战，立即使用飞机消灭停泊在夏威夷的美国太平洋舰队的所有航空母舰、战列舰及其作战飞机，任务完成以后立即撤退进行补给修理，然后负责南洋群岛的防守及支援陆军的攻击任务。

（2）第11航空舰队负责协同陆军航空兵对菲律宾、马来群岛进行空袭。这个航空舰队实际上是海军空战队，没有配置军舰。

（3）第2舰队负责夺取菲律宾海域及中国南海的制海权，确保陆军兵力的运输。

（4）第3舰队负责掩护进攻菲律宾的陆军部队，小泽治三郎指挥的原驻中南半岛的南遣（支）舰队负责掩护进攻马来亚的陆军部队。对文莱、荷属东印度（今印度尼西亚）的苏拉威西的进攻掩护，由这两支舰队完成。

（5）进攻香港由第3舰队第2南遣（支）舰队负责。

（6）第 4 舰队负责掩护进攻关岛和拉包尔，组建陆战队，开战时必须首先占领威克岛。

（7）由潜艇组成的第 6 舰队，负责在开战之前监视夏威夷，向日本联合舰队通报美国太平洋舰队的动向，在美国太平洋舰队逃出珍珠港时负责奇袭。

（8）第 5 舰队在小笠原群岛附近警戒，负责本土近海守卫。

（9）如果美国太平洋舰队发起进攻，则除第 3 舰队和南遣（支）舰队之外，日本联合舰队全体转入邀击姿态。如果美军进攻在日军进攻马来亚之前发生，则日本联合舰队全体转入邀击姿态。

第二阶段作战：

第 1、第 2 舰队回内地进行补给修理，第 3 舰队负责菲律宾、荷属东印度方面的防卫，南遣（支）舰队负责新加坡、苏门答腊岛防卫，其余舰队任务不变。第 3 舰队、南遣（支）舰队和联合舰队的水雷部队负责保卫海上交通。潜艇部队负责破坏敌人的海上交通。

在第一阶段作战中，袭击珍珠港虽然没有干掉美军的航母，但计划的实施堪称完美，战果也比较令人满意，山本因此被人们传为“赌神”。但是，第一阶段作战计划还没有最后完成，对美作战接下来就是第 4 舰队的任务了——占领威克岛，掩护日本陆军占领关岛和拉包尔。

此时，山本统领的日本联合舰队部署情况如下：

主力编队（第 1 舰队第 1 战列舰战队）由山本亲自率领，驻广岛湾；机动编队（第 1 航空舰队）由南云忠一海军中将指挥，撤离夏威夷海区；先遣编队（第 6 舰队）由清水光美海军中将指挥，驻夸贾林岛；南方编队（第 2 舰队）由近藤信竹海军中将指挥，驻马来亚；菲律宾编队（第 3 舰队）由高桥伊望海军中将指挥，驻吕宋岛；马来亚编队（南遣支舰队）由小泽治三郎海军中将指挥，驻暹罗湾（泰国湾）；南洋编队（第 4 舰队）由井上成美海军中将指挥，驻特鲁克；北方编队（第 5 舰队）由细萱戊子郎海军中将指挥，驻大凑；潜艇部队（第 4、第 5、第 6 潜艇战队）由醍醐忠重海军少将指挥，驻中国南海；

第 11 航空舰队（岸基航空部队）由冢原二四三海军中将指挥，驻高雄。

由此可以看出，日军对东南亚的进攻速度很快，而且比较顺利。山本要面对的主要对手是美国，只要控制住美国海军，整个“南进”计划的完成指日可待。

因此，山本让南云机动编队撤出战斗，由第 4 舰队去攻打威克岛。当南云率领的得胜之师凯旋时，威克岛争夺战打响了。

威克岛位于北纬 19°17′，东经 166°36′，是一个 Y 字形的珊瑚环礁，长 7.2 千米（从西北到东南），宽 3.6 千米，与夏威夷处于同一纬度。不同于马绍尔群岛和加罗林群岛，威克岛是孤立的，而且，它不过是个面积只有 6.5 平方千米的弹丸小岛，属于太平洋中部的马里亚纳群岛。由于它地处关岛和夏威夷之间，是横渡太平洋航线的中间站，因而又有太平洋的“踏脚石”之称。

威克岛于 1568 年首先被欧洲人发现。1796 年，英国威廉· 威克船长航行至此，遂将该岛命名为威克岛。1898 年，美国在取得美西战争的胜利后，趁机吞并了威克岛。1939 年，美国开始在威克岛上修建海、空军设施，建成了一条长近 3 000 米的跑道，可供大型飞机起降，从而使威克岛成为美国重要的海、空军基地之一。

威克岛由 3 个小珊瑚礁岛组成：中间是威克岛，右为皮尔岛，左为威尔克斯岛。皮尔岛和威尔克斯岛处于 Y 字形顶端延伸处，分别位于环礁的北部和南部。环礁西北开放，只有珊瑚暗礁，共同围成一个潟湖。环礁是宽 30～1 100 码的堤礁，周围都是深水。北部较宽，南部较窄的部分平均不到 100 码。礁湖有 3 个出口：环礁开放的西北部、皮尔岛和威克岛之间的皮尔海峡、威尔克斯岛和威克岛之间的威尔克斯海峡。由于暗礁的存在，威尔克斯海峡是船只进入礁湖的唯一通道。礁湖水深数十米，可以进出停泊上万吨级的舰船。由于三面环礁的屏护，挡住了来自太平洋上的狂风巨浪，礁湖成为风平浪静的理想抛锚地，并天然形成一座易守难攻的海上要塞。

威克岛的重要性在于它是夏威夷群岛的一扇大门。如果日军占领了该岛，那么，驻守珍珠港的太平洋舰队就被封住了北去之路，其活动范围仅限于夏威夷海湾有限的海域，这样一来，美军的军舰就成了养在盆里的鱼儿，这是美国无法容忍的。

1941 年 12 月 8 日，日军向威克岛发起攻击。海军指挥官井上成美是个主张发展岸基飞机，把太平洋的小岛建成日不落要塞的骨干分子。他不主张大建航母，第 4 舰队也没有配置航母，他的旗舰只是一艘满载排水量为 6 300 吨的练习巡洋舰“鹿岛”号。为了照顾这位军中“秀才”，山本派他和先遣编队攻打威克岛这个离夏威夷很远的孤立无援的小岛。

但山本不知道，近几年来，美军在威克岛上的防御已初具规模：在该岛的高地上，水上飞机严阵以待；在岛的中央，分别建有 2 000 米和 1 600 米跑道的飞机场以及海军营房；在礁湖内，美军将水下的珊瑚礁击碎，凿成了潜艇基地。不久前，美国又向岛上增派了 447 名海军陆战队队员，指挥官是詹姆斯·德弗罗少校，还有 75 名通信兵以及后勤人员。陆战队拥有 3 个炮群，每个炮群有 2 门口径 5 英寸的大炮，另外还有 12 门口径 3 英寸的高射炮和许多机枪。岛上的防空力量包括一个中队的 12 架海军陆战队战斗机，指挥官为保罗·普特南少校。陆战队飞行员驾驶的 F4F 野猫式战斗机（以下简称“F4F 战斗机①”），是在 12 月 4 日，即珍珠港事件爆发前 4 天，由哈尔西海军中将率“企业”号航空母舰送来的，属高性能新型战机。此外，岛上还有 1 400 名工人在从事军事工程建设，守岛总指挥官是温菲尔德·斯科特·坎宁安上校。他们使井上的登岛部队吃了不少苦头。

12 月 8 日，日军先遣编队从夸贾林环礁上起飞九六式陆上攻击机、一式陆上攻击机共 36 架，冒着雨雹分成几个梯次向威克岛扑去。美军的

---

① F4F 战斗机：美国海军与海军陆战队在“二战”爆发之际最主要的舰载战斗机，也是遏制“零战神话”与稳定美国在太平洋地区制空权的关键角色。它的昵称“野猫”成为格鲁曼公司以“猫”作为战斗机昵称的初始产品。

F4F 战斗机已担起巡逻重任，不管日机从哪个方向飞来，它都会侦察到并发出警报。不幸的是，当日机飞临威克岛时，突然下起了暴雨，日机以厚厚的暴风雨层为掩护，躲过了 F4F 战斗机的视线，迅速逼近目标。

日机第 1 梯队 12 架从 2 000 米的高空投弹，轰炸美军正在加油的 8 架 F4F 战斗机，结果 F4F 战斗机 4 架被炸毁，3 架中弹燃烧，1 架受损。德弗罗少校的战斗机只剩下 4 架未受损。紧接着，日机第 2 梯队、第 3 梯队对各军事设施、宿舍营房进行轰炸和扫射，致使美军 25 人死亡，粮库被毁，淡水短缺，岛上浓烟滚滚，混乱不堪。守岛士兵忙了一个通宵，转移炮兵阵地，准备击退企图登陆的日军。

12 月 9 日和 10 日，日机继续进行轰炸。同时，井上成美派梶冈定道海军少将指挥第 4 舰队的 450 名海军陆战队队员登陆。10 日早晨，第 4 舰队由 3 艘轻型巡洋舰、6 艘驱逐舰护航，驶向这座环形珊瑚岛的水下火山口边缘的 3 个低洼沙岛。梶冈在旗舰“夕张”号巡洋舰上，召开了最后一分钟的情况介绍会。梶冈知道守卫这座岛屿的美军装备有 6 门 5 英寸口径岸防炮和 12 门 3 英寸口径高射炮，“预料将吃苦头”，只是没想到苦头会那么大。

日军以为，以这样强大的兵力，必可一举攻陷威克岛。然而，这天凌晨狂风大作，巨浪排空，偷渡到威克岛海面的日舰艇无法卸载，陆战队无法换乘。经百般磨难后，天已放亮，日军不得不背水一战，决定于白天强行登陆。

凌晨 3 时，美军在威克岛最南端孔雀岬上的哨兵报告：发现远方漆黑的地平线上闪烁着灯光。德弗罗少校立即把 400 多名陆战队士兵召到指挥部，下达命令：等到日军登上岸，剩下的 4 架战斗机起飞的时候，才能开火。

5 时 30 分，日舰离海岸约 3 海里时，首先向岸上的美军炮台开火，头一阵炮弹在沙滩上炸开了花，岛上的黑脚信天翁受了惊，发出尖厉的叫声，但美军陆战队仍一炮不发。75 分钟以后，梶冈的旗舰“夕张”号率领日本军舰，驶入离孔雀岬炮兵连只有 1. 5 海里的海面，岛上的美军陆战队才猛烈开火。日机的空袭虽然使这些大炮的火力控制器以及阵地遭到了很大破坏，但美军士兵仍尽最大的力量集中发挥了炮火的威力。经过一夜惊涛骇浪的颠簸，日军早已精疲力竭，现在遭到突如其来的炮击，舰队慌作一团，不久就有 2 艘军舰被击中。

美军炮兵连连长克拉伦斯·巴尼格中尉满意地记录了重创日本旗舰“夕张”号的情景：“两发炮弹刚好打在它的左舷吃水线以上的地方，浓烟和蒸气立即从左舷喷了出来，舰船的速度越来越慢。该舰在离岸 7 000 码的时候，又中 2 发炮弹，差不多打在同一个地方，左舷完全笼罩在喷出的蒸气之中。”

梶冈的旗舰“夕张”号连中几炮后落荒而逃。当它正摇摇晃晃地从狭道逃窜的时候，皮尔岛顶端的一个炮兵连发射的第三排炮弹，恰好击中护送 2 艘运兵船到海滩的“疾风”号驱逐舰，“疾风”号立即爆炸。烟雾消散之后，只见这艘驱逐舰断为两截，迅速沉入海里。美军陆战队的炮手们对自己击沉第 1 艘日本战舰的胜利感到非常惊讶，竟然停止了射击。正在他们得意忘形的时候，副排长亨利·比德尔吼叫起来：“别太高兴了，你们这帮家伙，快回去放炮，你们知道现在是干什么，开狂欢会吗?”

在胜利的鼓舞下，美军陆战队队员又击中了第二艘驱逐舰，还使 2 艘运兵船中的一艘着了火。配置在皮尔岛“指头”上的炮兵连 B，也击退了 3 艘日本驱逐舰发动的第三次进攻，击中了其中 2 艘，这 2 艘驱逐舰冒着浓烟仓皇逃走。

美军炮兵阵地上的炮手们禁不住欢呼雀跃。不久，普特南少校率领威克岛上剩下的 4 架 F4F 战斗机起飞，每架携带多枚炸弹，追击逃走的日舰。它们在日舰上空来回穿梭，投掷了多枚 100 磅重的炸弹，好几枚命中目标，炸毁了日军轻型巡洋舰“天龙”号的水雷炮台和轻型巡洋舰“龙田”号的无线电室，使一艘运输舰中弹起火。上午 7 时 31 分，又一枚炸弹击中“如月”号驱逐舰的后甲板，引起舰上的深水炸弹一起爆炸，该舰随即沉没。

梶冈见势不妙，忙下令剩下的军舰返回夸贾林岛。他向井上成美报告说，由于美军“发起了猛烈反攻，我们被迫暂时撤退”。

梶冈的撤退使未来的夺岛战斗陷入更艰巨的苦战中。美军守岛官兵成功击退日军的消息传到华盛顿后，无论是总统的高参还是海军作战部，都对威克岛表示了特别关注。珍珠港海军陆战队第 4 防守营接到金梅尔海军上将的命令，准备紧急援救这座孤零零的环形珊瑚岛。同时，“坦吉尔”号水上飞机供应船也立即装载弹药、备用飞机引擎和供应品前去支援。

守住中途岛、威克岛和萨摩亚群岛，已经成了美国太平洋舰队战略的关键，为此，海军部长哈罗德·斯塔克海军上将给金梅尔发了一封悲观的电报，提醒金梅尔警惕敌人“为了使夏威夷难以防守而发动更多的进攻”，并且暗示中途岛和威克岛能否守住“还成问题”。

山本得知首攻威克岛出师不利，惨遭溃败之后，不由得勃然大怒，立即电令从珍珠港凯旋、正在回国途中的南云派舰队增援。

在双方都准备增兵的情况下，威克岛争夺战的惨烈程度是可以预见的。但是日军有一个有利条件，那就是无论是南云的机动编队（第 1 舰队），还是井上成美的南洋编队（第 4 舰队），抑或清水光美的先遣编队（第 6 舰队），都比美军舰队到威克岛的距离近得多，日军完全可以抢占先机。

事实也是如此，南云接到命令后，马上派出拥有航空母舰“苍龙”号和“飞龙”号的第 2 航空母舰战队以及拥有巡洋舰“利根”号、“筑摩”号的第 8 巡洋舰战队和部分警戒兵力，奔赴威克岛海域助战。

对美军来说，太平洋舰队在珍珠港已受到重创，剩下的舰艇最紧要的任务是阻止意料之中的日军对夏威夷的再次进攻，阻止日军占领萨摩亚、帕尔米拉和约翰斯顿等南太平洋战略岛屿。这些岛屿扼守通往澳大利亚的必经海上通道和通往麦克阿瑟的驻菲律宾部队的海上生命线。因此，华盛顿方面决定将太平洋舰队改编成以“萨拉托加”号、“列克星敦”号、“企业”号 3 艘航母为核心的 3 支特遣编队（暂编号为第 14、第 11 和第 8 特混编队）。金梅尔只得将 3 支特遣编队分开使用，而且都肩负重任。其中，威尔逊·布朗海军中将率领包括“列克星敦”号航母在内的第 11 特混编队，去袭击马绍尔群岛上贾卢特岛的日军基地；哈尔西海军中将率领包括“企业”号航母在内的第 8 特混编队，守卫

道格拉斯·麦克阿瑟画像

夏威夷的入海口；威廉·派伊海军中将率领包括“萨拉托加”号航母在内的第 14 特混编队，去援救威克岛。

但是，珍珠港事件之后的几个星期里，不管是太平洋舰队还是华盛顿的美国海军部，都一片混乱。援救威克岛的特混编队需要等候“萨拉托加”号航母从西海岸开来，直到 12 月 16 日中午仍未能出航；暴风和缺乏训练使“列克星敦”号特混编队不能在海上加油，迫使布朗把舰队撤回港口，然后再出发去袭击马绍尔群岛最大的岛屿贾卢特岛上的日

军基地。

也就是说，由于金梅尔周密制订的反击援救威克岛的计划遭到了巨大挫折，美军既不能马上使威克岛的守军得到实质性的增援，也无法阻止日军对夺岛兵力的增援。在这种情况下，威克岛的命运就掌握在1 500多名美军士兵手中了。

12 月 21 日，南云机动编队派出的以“苍龙”号、“飞龙”号为主力的支援部队，到达威克岛西北约 200 海里的海域，一方面可以派出大批飞机轰炸威克岛，另一方面又可以截击有可能从珍珠港派出的美军增援部队，对威克岛形成巨大的压力。同时，井上成美还调派五藤存知少将指挥的重型巡洋舰“青叶”号、“衣笠”号、“古鹰”号、“加古”号和数艘驱逐舰，由特鲁克群岛出发前往威克岛参战。指挥官仍是梶冈少将，“夕张”号、“龙田”号、“天龙”号经修整后也将加入战斗。同时，日军以 3 艘新式驱逐舰代替了沉没的 2 艘驱逐舰，增加了 1 艘运输舰、1 艘布雷艇和 1 艘满载海军特别陆战队的水上飞机母舰，另外还增派了 2 000 名海军特种登陆部队以对付岛上的美军陆战队。这样一来，无论是舰炮火力还是陆战队兵力，日军都占压倒优势。加上有来自航母空战队和岸基空战队的轰炸，威克岛的美军凶多吉少。

同日，美军派伊将军指挥的“萨拉托加”号航母进至离威克岛 600 海里时，因给担任护航的驱逐舰补给燃料，又耽误了 2 天时间。这时，派伊接到来自岛上的电报，说发现了日军的舰载机。派伊很快意识到，日军的航母已先期抵达威克岛，是否要“冒着损失一支航空母舰特混编队的风险，去试图进攻威克岛附近的敌军呢”？派伊权衡利弊，认为太平洋舰队航空母舰的安全比援救海军陆战队更重要，于是向金梅尔请示，得到的答复是不得驶入威克岛周围 200 海里以内的地方，以便准备与日军的航空母舰交战。因此，第 14 特混编队只有“坦吉尔”号供应舰继续开往威克岛。

12 月 22 日午夜，日军发起总攻。威克岛海面上的气候一如以往，仍然十分恶劣，猛烈的飓风以每秒 13 米的速度掠过黑暗的海面，星光虽多，月影却无。这一次，梶冈吸取上一次攻击失败的教训，变聪明了一点，他把舰队停留在美军岸炮的射程之外，用突击舟和巡逻艇渡运来自舞鹤的第 2 特别海军登陆队的 1 000 名士兵。

新的一轮进攻开始了。守岛美军指挥官坎宁安后来写道："在极为混乱的气氛中只有一点是清楚的，入侵者在数量上处于压倒的优势。"天又下起了瓢泼大雨，海上掀起了巨浪，掩护着日军登上了礁石。

突然，一发发粉红色的曳光弹划破了黑暗的夜空。威克岛的海军陆战队炮兵连向登陆点开炮了。"景色太美了，简直不是战场。"在"夕张"号巡洋舰上观看战况的一名日本战地记者这样写道。日本战舰也开始发射炮火，使这场烟火表演更加令人眼花缭乱。在威尔克斯岛的"大拇指"上，韦斯利·普拉特上尉率领一支 70 多人的海军陆战分遣队，成功地将一艘日舰击中起火，并用步枪和手榴弹频频发起进攻，阻止了日军的登陆。经过 4 个小时的肉搏战，他们基本上消灭了企图登陆的 100 名日本海军陆战队队员。

黎明时分，星条旗还在威尔克斯岛上飘扬，一个小时之后，主岛威克岛上德弗罗少校及其率领的 200 名守岛士兵，面临着 1 000 多名日军士兵的进攻。这批日军沿着珊瑚海滩挖壕沟据守，滩头堡上竖起了太阳旗，以免遭到自己战舰的炮击。岛上保罗·普特曼少校的飞行员仍然在岛的最南端迎击企图登陆的日军。面对这样一场兵力极不对等的战斗，美军驻岛官兵表现出了大无畏的英雄气概。

清晨 5 时，美军的旗杆被炮火打断，旗帜很快又在一座被打坏了的水塔上飘扬起来。天亮以后，从日本航空母舰"苍龙"号和"飞龙"号上起飞的舰载机，像一群大黄蜂似的呼啸着飞临威克岛上空；日军岸基千岁航空队的 28 架陆上攻击机，也从马绍尔群岛的基地起飞，对威克岛实施了轮番轰炸。

德弗罗少校发现自己的阵地守不住了，于是发出电报："敌人已登陆，胜败难测。"随后，他收到珍珠港的回电，暗示离得最近的美军舰队（派伊的第 14 特混编队）至少还要航行一天才能到达，他认为这是授权他如果在进一步抵抗也徒然时就投降。坎宁安上校知道，他面临着不可避免的败局。守岛官兵或许能够从白天熬到夜晚，但一旦黑夜降临，他们的防线肯定会被日军攻破。岛上有 1 000 多名手无寸铁的平民百姓，战斗若持续下去，无异于一场屠杀。在与德弗罗协商后，坎宁安授权这位海军陆战队少校投降。

12 月 23 日早上 7 时 30 分，美军在水塔上升起了用白床单做的旗子。一名中士手擎一个拖把柄，上面拴了一块白布，德弗罗少校在这名中士的陪同下走上前去投降，这时岛上还在播放着美军军乐。有些外围岛屿上的美军，保持着海军陆战队的优良传统，拒绝向日军投降，直到他们的指挥官亲自来到岛上宣告。因此，一直到下午，身着洁白海军服的梶冈，才得以登上岛屿举行正式的受降仪式。他在仪式上以裕仁天皇的名义，将威克岛改名为“鸟岛”。美军官兵共有 1 500 人当了俘虏，包括海军陆战队队员、飞行员、文职人员和工人。他们进行了英勇的抵抗，在付出 122 人死亡的代价下，击毙 800 多名日军士兵。罗斯福总统在传令嘉奖时赞扬他们进行了“英勇的、有历史意义的防守战”。

美国各地报纸的头条新闻都盛赞美军的这种模范战斗精神，但是，各种赞扬都掩盖不了一个事实——如果派伊将军及其手下的指挥官能够坚决果断地前去援救威克岛，这次失败也许有可能避免。

第九章　棋 逢 敌 手

马来海战——航空兵的威力

山本五十六的日本联合舰队在东南太平洋与美国海军两次交手，均获全胜。美国人气愤到了极点。这种情绪不只是来自罗斯福总统、来自美国海军、来自美国民众，还来自各同盟国。反应最强烈的自然是英国。日本海军是英国海军的学生，但是半个多世纪以来，日本海军使用的战术几乎都与极为绅士的英国海军大相径庭。偷袭是日本海军的传统战术，它不仅让中国人在甲午战争中吃了亏，也让俄国人在对马海战中尝到了苦头。遗憾的是，直到山本偷袭珍珠港后，人们才开始反省。

在珍珠港被偷袭的同时，在南亚的新加坡海域也发生了一场海战，日本陆军在联合舰队第 2、第 6 舰队的支援下，竟然干掉了英国的远东舰队。

1941 年下半年，德军转向东线进攻苏联，英国本土所受的压力逐渐减少，同时，日军南下太平洋的意图日趋明显。英国首相丘吉尔决定在远东承担更多的义务，并向罗斯福保证将派出一支令人生畏的、快速的、高级的战列舰舰队前往新加坡，以阻止日本海军的“南进”计划。英国派出的这支舰队叫远东舰队（代号为“Z”），拥有战列舰 1 艘、战列巡洋舰 1 艘、巡洋舰 3 艘、驱逐舰 9 艘、海岸航空兵飞机约 250 架。

攻占英属马来亚同样属于日军“南进”第一阶段计划，由于日本陆军在对东南亚作战中一直担任主角，所以联合舰队派出南方编队（第

2 舰队）配合山下奉文[①]陆军上将的第 25 军团行动。

12 月 8 日傍晚，山下奉文的部队在宋卡和北大年登陆成功，并迅速抢占附近的机场。天亮之后，从西贡起飞的日本航空兵对马来半岛尚未被日军占领的机场和新加坡航空基地进行了多次空袭。英国皇家空军的飞机损失殆尽。

为了对登陆日军作战，8 日中午，英国 Z 舰队司令汤姆・菲利普斯海军中将向各舰指挥官简述了作战计划：黄昏时起航，摧毁宋卡的入侵滩头堡。17 时 30 分，“威尔士亲王”号战列舰缓缓收起了锚链，与“反击”号战列巡洋舰一起，在 4 艘驱逐舰的护卫下，静静地驶出柔佛海峡。

12 月 9 日，天空下起了大雨，Z 舰队冒雨行进。如果 Z 舰队能始终如一地执行既定计划，那么，对宋卡登陆的日军多少会构成威胁。但是，15 时，Z 舰队被日军“伊－65”号潜艇（属第 6 舰队）发现了。日军第 2 舰队的近藤信竹海军中将接到山本的命令，立即出动由 7 艘巡洋舰、2 艘战列舰组成的舰队南下阻击。与此同时，菲利普斯也接到了阿瑟・帕利泽海军少将从新加坡发来的电报：“据报告，敌军（日本陆军）正在北纬 3°57′关丹地区登陆。”菲利普斯认为这一战机不可错过，通过航速计算，他认为 Z 舰队可于黎明时分驶抵关丹附近，只要到了关丹就可望得到战斗机的掩护，因为那里正好处于新加坡的英国“水牛”式战斗机的作战半径以内。于是，Z 舰队改变航向驶向关丹，对中途遇见的一支日军补给舰队置之不理。

菲利普斯自信地认为，日军仍然蒙在鼓里，不知他的意图和行踪，因而他继续保持无线电静默，没有把自己打算袭击关丹的决定告诉新加坡英军司令部。他想，既然是新加坡方面来电，那里的参谋部肯定会根据敌情推断出他的行动，所以无须他专门请求，帕利泽也会向驶抵关丹

---

① 山下奉文（1885—1946）：日本陆军大将，曾任驻外武官、步兵团长等职。1944 年任第 14 方面军司令，率部在菲律宾吕宋岛负隅顽抗，直到日本败降。多次对平民进行屠杀，战后被处以绞刑。

海岸的Z舰队提供战斗机掩护。可惜想当然代替不了现实。实际上，他接到的是一份错误的情报，因而他所期待的英国战斗机也都停在机场，对他进击关丹之事一无所知。如此一来，Z舰队虽然甩掉了像狼一样紧随其后的日军潜艇，但等Z舰队于12月10日黎明赶到关丹时，才发现关于日军在关丹登陆的消息纯属臆断。

此时，菲利普斯经过远途奔波，对自己的舰队一炮未放就返回军港很不甘心，遂采取了一种极端错误的做法，即除“坦尼多斯”号因燃料不足先行返回新加坡外，其余舰只重新掉头去搜索先前发现的那支日军补给舰队，企图在击沉它们之后再返回新加坡港。然而他一无所获，在海上白白浪费了两个多小时的宝贵时间，从而将自己彻底置于险恶的境地。

12月10日凌晨，Z舰队又接到未经证实的情报：日军在关丹登陆。于是，Z舰队又转向关丹。6时25分，太阳刚刚跃出地平线，日军西贡基地的9架侦察机立即起飞。随后，59架九六式陆上攻击机和26架一式陆上攻击机（入役不久的远距离陆攻机，已挂装鱼雷）起飞搜索Z舰队。

11时10分，“威尔士亲王”号的雷达发现了日本机群。几分钟后，舰上的瞭望哨也看到了日本机群。菲利普斯立即下令迎敌。半小时后，日机发现了Z舰队，所有战机疯狂地扑了过来。日军壹岐春大尉率领的9架轰炸机排成一排，率先向英军“反击”号战列巡洋舰发起攻击。随后，一式陆上攻击机也投下了一条条鱼雷，对英军的“反击”号、“威尔士亲王”号实施攻击。“威尔士亲王”号、“反击”号和其他战舰的防空高炮一齐开火，日军的几架一式陆上攻击机被炮弹击中后坠海。但余下的日机不闪不避，继续向“反击”号猛扑过来。白井义视大尉发出投弹命令后，8枚551磅的炸弹像直落在“反击”号船舷两侧，激起高大的水柱打湿了甲板，其中一枚直接命中该舰中腰部弹射器装置，炸弹穿透了弹射器柱架，在下面机库甲板上爆炸，引起了一场大火。

正当白井中队调整位置，准备再次轰炸的时候，日军第二批轰炸机的17架一式陆上攻击机也已到达，但队形极其混乱。它们由西贡陆军基地出发抵达亚南巴斯岛时，燃料已所剩无几，因而根本顾不上编队就直接进行攻击。它们临时分成两队，8架以“反击”号为攻击目标，9架以“威尔士亲王”号为攻击目标，然后各自再分成两队，分别从战舰的两侧对目标进行夹击。

12时18分，被4条鱼雷、数枚重磅炸弹击中的“反击”号，舰艏上翘，舰尾迅速下沉。5分钟后，舰长威廉·乔治·坦南特意识到军舰已无法幸存，在军舰倾斜40度的情况下，他一手抓住栏杆，一手将麦克风举到嘴边，强忍着悲痛用颤抖的声音说：“舰员们，你们都表现得十分出色，我由衷地感谢你们。现在就请你们各人照看自己吧！上帝保佑你们!”他下令弃舰。15分钟后，“反击”号沉没。

菲利普斯和“威尔士亲王”号的舰长约翰·里奇上校，一直在舰桥上指挥作战。在日军30多架轰炸机的攻击下，“威尔士亲王”号共中了6条鱼雷和数不清的重磅炸弹。菲利普斯终于有所醒悟，发出了最后的命令：“全体舰员给救生衣吹气。”13时20分，在连续发出数声惊天动地的巨响后，号称“不沉战舰”的“威尔斯亲王”号和舰上全体官兵一起沉入了大海。

当天，丘吉尔在伦敦寓所接到了第一海军大臣语无伦次、声音怆然的电话：“首相，我不得不向您报告，‘威尔士亲王’号和‘反击’号都被日本人炸沉了。汤姆·菲利普斯已经殉难。”

“你确信这是真的吗?”

“毫无疑问，阁下!”

丘吉尔痛苦地放下了话筒。他后来写道：“在整个战争过程中，我从没有受到过比这次更为直接的打击……我在床上翻来覆去，这一消息使我不寒而栗，毛骨悚然。”

日军大获全胜的消息传到柱岛后，“长门”号舰上一片欢腾。马来海战创造了一个海空作战的奇迹，日本陆、海军的85架飞机在两个小时左右就把2艘大型军舰干净利落地彻底消灭了，这足以表明航空兵在海战中的威力，大型战列舰主宰海洋的时代一去不复返了。山本在“长门”号上的宴请用了10打啤酒，显然他是十分得意的。

12月12日，裕仁天皇对山本五十六赐语：“联合舰队航空部队歼灭敌方英国远东舰队主力于中国南海，宣扬威武于海外，朕特嘉奖。”

美军的反击与英国Z舰队的惨败

Z舰队覆灭之后的第一个星期日，丘吉尔在参谋长委员会成员的陪同下，乘坐皇家海军最新战列舰“约克公爵”号前往美国访问，留下新任参谋长艾伦·布鲁克爵士坐镇大本营。大西洋上惊涛骇浪，战舰的舱盖都封上了，丘吉尔坐在舱里，向随行人员介绍了即将举行的英美双边讨论议题。他手头摆着“关于我所设想的未来战争进程的三份文件”，即《大西洋战线》《太平洋札记》和《一九四三年战役》，是对英国参战目标做出透彻的战略分析的3篇杰作。丘吉尔此行的目的是劝说美国继续执行已经宣布过的打垮希特勒的“欧洲第一”战略，即使对日宣战，也不要把人力、物力转移到太平洋战场。

丘吉尔的舱房设在舰长室里，隔壁是一间特设的旅行地图室，以便他随时掌握全球战争的进展。在北非，英军第8集团军发动进攻，迫使隆美尔暂时撤出托卜鲁克，如同苏联红军在莫斯科城门前英勇抵抗的消息一样，从北非传来的消息给同盟国带来了安慰。英国外交大臣安东尼·艾登正乘军舰前往摩尔曼斯克，将与斯大林会晤，丘吉尔给他发了一封电报，提出鼓励性的建议：“苏联如果对日本宣战，对我们将是极其有利的。”正在西南太平洋作战的麦克阿瑟将军认为，说服苏联减轻远东的压力，是“一个绝妙的好主意”。罗斯福总统也支持这个主张，他致电斯大林，建议“共同讨论研究可能出现的各种局面”，但是斯大林没有理睬。

毫无疑问，日本的“南进”计划使得世界战局复杂化了。丘吉尔、斯大林、罗斯福这三大巨头无法达成统一认识。丘吉尔在西南太

埃尔温·约翰尼斯·尤根·隆美尔画像

平洋的反击失败了，似乎准备放弃东南亚的属地，他对太平洋战场不抱太大希望。罗斯福则认为，其他任何人都可以轻视太平洋战场，只有他不能。

珍珠港事件之后，美国国会组织了一个专门调查委员会，对直接责任人进行了调查。海军部部长弗兰克·诺克斯[①]是调查组成员，尽管调查组所有人都看到了珍珠港海面上的惨状，但他不希望那些搞政治的人过多地“了解事情真相”，因而极力让调查草草收场。1941 年 12 月 14 日，诺克斯返回华盛顿之后，已经拿定主意，建议罗斯福撤掉赫斯本

① 弗兰克·诺克斯（1874—1944）：美国报纸编辑和出版商，1936 年共和党副总统候选人，“二战”期间担任海军部部长，大力发展美国海军装备使之成为具备两洋作战能力的强大战略力量。

德·金梅尔的太平洋舰队司令的职务。危难之际，他和准备接任海军作战部部长的欧内斯特·约瑟夫·金[①]将军都向罗斯福推荐了一个继任人选，那就是海军航海局局长切斯特·威廉·尼米兹。

不久，尼米兹在全国人民的瞩目下走马上任，成为狡猾的山本五十六的新对手。对于美国太平洋舰队的尴尬境地，尼米兹十分清楚，它们就像失群的狼，有穴不能回，只有在加油的时候才能归港；在外游荡又怕遭到日军潜艇和快速驱逐舰的猎杀。威克岛的失陷，更是让美国海军遭受了沉重的心理打击。他能够挽救太平洋舰队吗？上到总统，下至普通百姓，都希望他能尽快对日本人发起反击。但尼米兹新官上任并没有烧“三把火”，他是一个严谨老到的指挥官，知道自己在反击前应该做哪些工作，并对太平洋舰队的作战计划进行了反复修改。

由于驻守在珍珠港的太平洋舰队及新加坡的亚洲分舰队不仅没有追击敌人，而且还在遭受敌人的攻击，尼米兹又迟迟没有大动作，终于引起了舆论界的质疑——海军在哪里？对此，尼米兹顶住了来自各方的压力，坚定地按照自己的思路走。直到 1942 年 1 月 2 日，海军作战部才向尼米兹提出以航空母舰袭击吉尔伯特群岛和马绍尔群岛的方案。实际上，这就是尼米兹与金将军商定的攻击日军岛上基地的方案。但是方案刚出台，便引起了激烈的争论。多数军官反对派遣航空母舰袭击日军陆上基地，因为日本对临近珍珠港的吉尔伯特群岛、马绍尔群岛和威克岛可能遭到航空母舰的袭击早有防范。对此，一向温和的尼米兹坚定地说：“在我已经准备好开始行动的时候，不需要任何人来告诉我该怎么做。”

不过，尼米兹制订计划总是一丝不苟，他每天上午接见来访者，及时了解前线情况，同时也挖掘一些可用之才。他打了一个比方说：“就像在一个闷热的屋子里有人打开窗户，让新鲜空气吹了进来一样。”在

---

① 欧内斯特·约瑟夫·金（1878—1956）：美国海军五星上将，“二战”中坚持“太平洋第一”，在海军中被尊称为“全能的上帝”。在他的影响下，美国在“二战”中改变了对战列舰的看法，不再把它看成是海战中起决定作用的舰种，而主张加速建造航空母舰。

制订反击计划的过程中，尼米兹最先想到了哈尔西海军中将，很想听听他的意见。哈尔西是一个典型的海军军官，眉毛蓬松、皮肤黝黑、身体健壮、动作急躁而鲁莽，被称为“公牛”，后来成为尼米兹最得力的三位将领之一。另外两位是“疯子”霍兰德·史密斯①和“怪物”里奇蒙德·凯利·特纳②。

1942 年年初的一个晴天，“企业”号编队从海上巡航回到珍珠港，哈尔西上了岸，风尘仆仆地闯进太平洋舰队司令部的会议室。他在会上慷慨陈词，大声痛骂失败主义情绪，给尼米兹袭击日军基地的方案以强有力的支持。

尼米兹严肃地告诉哈尔西，他准备调“企业”号编队会同“约克城”号编队，掩护陆战队对吉尔伯特群岛和马绍尔群岛发动进攻，并在萨摩亚群岛登陆。

“这么做怎么样？”尼米兹最后问道。

哈尔西点头赞同，并自愿担当重任。

1 月 10 日，哈尔西接到了准备行动的命令。1 月 11 日星期天一早，尼米兹把哈尔西一直送到码头上，并深情地说：“希望能凯旋相见，比尔（哈尔西的昵称）！”哈尔西乘坐“企业”号航空母舰，由 3 艘重型巡洋舰、6 艘驱逐舰护航，并带着 1 艘油船离开了珍珠港。另一艘航母“约克城”号也已起航，加入哈尔西的编队中，秘密向指定的目标前进。

1 月 15 日，尼米兹接到上峰命令，让他派一支陆战队去袭击日军刚占领不久的威克岛。尼米兹知道这是一个冒险的决定，但他还是准备把“列克星敦”号航母编队派去。因为哈尔西的进攻会把日军在威克

---

① 霍兰德·史密斯（1882—1967）：美国海军陆战队上将，外号“疯子”，他在两次世界大战中对陆军、海军和陆战队的两栖作战的指导与训练，是美国成功在大西洋、太平洋进行多次登陆作战的主要因素，也使他成为“美国现代两栖作战之父”。

② 里奇蒙德·凯利·特纳（1885—1961）：美国海军上将，曾任航空局计划处处长、航空母舰行政军官、参谋部战略处处长、“阿斯托利亚”号舰长、美国太平洋地区两栖部队司令。参加过塞班岛战役、硫黄岛战役、冲绳岛战役、盟军东京湾受降仪式等。

岛上的兵力吸引一部分过去。几天后，“列克星敦”号回电说已做好战斗准备。可是，派去给航空母舰加油的“尼奇斯”号中途被日本联合舰队的潜艇击沉，“列克星敦”号只得返回珍珠港。

尼米兹始终与哈尔西保持着联系，并不止一次告诉他，情况比预想的要好，让他不要有任何顾忌，尽管放手一搏。如果攻击马绍尔群岛奏效，则可直指珊瑚海各岛。当然，这只是尼米兹最乐观的估计。哈尔西认为，在他发起攻击之前作此希望，未免为时过早。

与此同时，山本五十六仍在执行“第一阶段作战计划”——协同陆军占领西太平洋的同盟国地盘。日军先后在香港、马来亚、关岛和泰国登陆，正向菲律宾的马尼拉、新加坡入侵。

1 月 31 日，哈尔西亲率“企业”号航母编队向马绍尔群岛周边岛屿率先发起攻击。舰队的轰炸机和鱼雷机轮番对目标实施轰炸，第一次轰炸持续了 40 多分钟，之后又进行了第二、第三次轰炸。哈尔西不敢恋战，于中午 12 时下令停止空袭，各舰向“企业”号航母靠拢，在太阳下山之前完成编队。

根据飞行员报告的情况，哈尔西估计，此战日军 2 艘潜艇、1 艘轻型巡洋舰、1 艘小型航空母舰和 4 艘辅助船被炸沉，不少舰只被炸伤，岸上的破坏程度也很大。美军损失 13 架飞机，“切斯特”号重型巡洋舰被一枚炸弹击中，“企业”号受轻微破坏。

与此同时，弗兰克 · 弗莱彻指挥的“约克城”号航母编队对马绍尔群岛以外的一些岛屿以及吉尔伯特群岛进行了袭击，但收效甚微，美军在暴风雨中损失 6 架鱼雷机，仅击沉日军 1 艘小型飞机补给舰。

2 月 4 日，美国电台广播了海军成功袭击马绍尔群岛和吉尔伯特群岛的消息。当时，山本正命令南云舰队高速向东追击美军的 2 个航母编队，听到广播后，他才知道一切都来不及了。2 月 5 日，“企业”号编队悬挂表示胜利的满旗回到珍珠港。

从整个战局来看，美国太平洋舰队这次空袭的战果是十分有限的，但美国人民迫切想要知道的不是具体数字，而是美国海军已经采取反击行动，这才是令人欢欣鼓舞的。2 个航母编队抵港时，汽笛齐鸣，人声鼎沸，士兵、水手和船坞工人排在岸上跳跃欢呼。

尼米兹没等放下舷梯就坐上工作吊板，登上“企业”号航母。他紧握着哈尔西的手高呼：“干得好，比尔!”强烈反对航空母舰出击的太平洋舰队驱逐舰编队司令罗伯特·西奥博尔德少将也跟在尼米兹后面上了舰，他用手指向哈尔西的脸摇晃着说：“该死的比尔，这里没什么事，你回来干啥!”

这就是士气，也是对美国公众和舆论界的一种抚慰：“美国海军到底干起来了!”

尼米兹不疼不痒地捅了嚣张的山本五十六一下，只是想证明美国海军并没有被吓怕，太平洋舰队还在，它将要进行不屈的战斗。山本掂量了一下形势，觉得日本陆军和联合舰队的几个分舰队在东南亚、印度洋打得非常不错，在西南方，继大西泷治郎消灭麦克阿瑟的空军、近藤信竹和小泽治三郎的舰队炸沉英国“不沉巨舰”之后，日军已经夺取了制空、制海权，大规模的行动正在展开之中，在陆上的攻势势如破竹，在海上几个月的扫荡也几乎遇不到敌舰了。

因此，山本野心勃勃地筹划加快东南太平洋战场的进攻步伐。他想好了两条路：一是对美国海军实施全面封锁，切断太平洋舰队向南、向西和向北的交通线；二是寻机与太平洋舰队决战，消灭其主力战舰，尤其是航空母舰。他正在制订一个“邀击”计划，即制造一个机会，邀美国太平洋舰队决战，以加快太平洋战争的进程。

山本知道，美国暂时不会跟他在太平洋上进行舰对舰的大决战，在这种情况下，对太平洋舰队的封锁就成了首要任务。

英国方面，丘吉尔见罗斯福对太平洋战场的态度很坚决，于是改变了放弃东南亚的想法，想做最后一搏。他下令重新组建一支远东舰队，代号仍然为“Z”。这支新舰队由“无敌”号、“竞技神”号、“可怖”号 3 艘航空母舰，“厌战”号、“君王”号、“复仇”号、“决心”号、“拉米利斯”号 5 艘战列舰，8 艘巡洋舰及驱逐舰组成，舰队司令是詹姆斯·萨默维尔海军中将。

1942 年 3 月，萨默维尔率领着这支新的舰队浩浩荡荡地进驻太平洋战区的科伦坡基地，寻机对日作战，发誓一雪前耻。

3 月 20 日，南云忠一的机动编队受命从新加坡港解缆，前往攻击锡兰（现斯里兰卡）。其主要任务是袭击英军岸基飞机及基地设施，如有机会则进攻锡兰并击溃英国 Z 舰队。

4 月 4 日傍晚，萨默维尔得知有一支日本舰队向科伦坡驶来，为了保存实力，他立即命令舰队连夜撤离科伦坡，驶往锡兰南面约 600 海里处礁石丛生、便于隐蔽的马尔代夫群岛。此时萨默维尔率领的战舰数目不少，但是老弱病残实在太多。为此，他把舰队分成两队，主力高速战舰为 A 舰队，低速舰队为 B 舰队。

4 月 5 日，这一天是复活节。天刚亮，渊田美津雄率领 125 架舰载机（36 架零式战斗机、36 架九九式爆击机、53 架九七式水平轰炸机①），从锡兰岛以南约 200 海里处的“赤城”号、“加贺”号、“苍龙”号和“飞龙”号航母上起飞，向锡兰海岸飞去。即将到达目标上空的时候，渊田发现 12 架无护航的英军“剑鱼”式攻击机在低空飞行，立即指挥战斗机展开攻击，这些英机很快就被一一击落。渊田率领的另一部分零式战斗机掩护九七式水平轰炸机攻击机场，俯冲轰炸机（九九式爆击机）则攻击港中的船舶。此时，英军全部的战机（35 架“飓风”式战斗机、6 架“海燕”式战斗机）出动拦截日机，但这些战斗机的速度和灵活度都不如零式战斗机，激战后共 21 架英军战机被击落，日军只损失 7 架。

9 时 30 分，日军攻击结束，而 Z 舰队幸运地只受了一点损伤，这都归功于及时疏散作业。此外机场的损失也同样微小。南云并未忽视 Z 舰队反击的可能性，他像平时演练的那样派出巡洋舰、战列舰上的水上

---

①　九七式水平轰炸机：日本舰载鱼雷轰炸机，由中岛公司研制，是日本航空母舰主要舰载机种之一，1938 年曾用于轰炸中国，1941 年 12 月用于袭击珍珠港，以后广泛运用于太平洋海战。

侦察机，而将航母舰载机保留为打击与防御之用。

11 时前后，日军侦察机报告发现 2 艘英军驱逐舰正以 25 节的速度向西南航行。这两艘驱逐舰其实是巡洋舰“康瓦尔”号与“多塞特”号，正准备去和萨默维尔的 A 舰队会合，而 A 舰队正在前方 240 海里处。这两艘巡洋舰的舰长不确定自己是否被日军发现，因此没有及时通知萨默维尔，等到有更多日机出现时，他们才在下午 13 时打破无线电静默，上报萨默维尔。但此时已经太迟了，40 分钟内他们就将受到猛烈的攻击。“多塞特”号虽然装有 Type286 雷达的原型机，但并未侦测到 80 多架前来攻击的日军俯冲轰炸机，日机的出现完全是个奇袭。“多塞特”号主无线电发报机瞬间即被摧毁，它尝试以备用无线电通知萨默维尔，但是这则信息未被萨默维尔接收到。日军俯冲轰炸机以 3 个编队依次攻击，几乎次次都命中目标，下午 14 时之前，“康瓦尔”号和“多塞特”号便已沉没，而日军毫无损失。

当初接到日军空袭科伦坡的报告时，萨默维尔就已经决定，先避其锋芒，再趁日机全部出动、航母空虚的时候发动偷袭，给日本舰队以致命打击。其实，他所处的环境相当危险，A 舰队离南云舰队不到 280 海里，但他并不知道日军的确切位置。他继续保持向东航行（离南云越来越近）以便与 2 艘巡洋舰会合，而 B 舰队则在他后方 100 海里处。不过，萨默维尔相当幸运，因为南云对目前的战果感到满意而未再派出更多侦察机搜索，而是继续向东南航行。

15 时 52 分，英军的一架侦察机发现了军舰的残骸，终于知道了 2 艘巡洋舰的遭遇。此时，萨默维尔急于搜索南云舰队的位置而跟进，并没有采取救援行动。直到傍晚，萨默维尔才收到日军真正的航向是西北方的报告，于是下令 A 舰队和 B 舰队同时转向西北方，以便在傍晚对南云发动攻击，但追上去之后发现目标又不见了。

萨默维尔既恼怒又无奈，在此情绪下，他做出了错误判断，认为南云依然会进攻阿杜环礁，因而下令：“停止追击，立即前往阿杜环礁。”他估算最佳的航向是向东前进，如此便可在南云攻击完阿杜环礁撤离时实施夜间打击。他对自己舰队的战斗力是有信心的，事实上，若真遇见了南云舰队，Z舰队的命运会更惨。

英国海军部的杰弗里·莱顿上将一直密切关注着Z舰队的行动，他对萨默维尔所冒的风险感到担心，但他也明白萨默维尔就算自己的舰队远不如人，也要尝试在海上与日本舰队一较高低的决心。他无法向萨默维尔下令，但是他借着向海军部发报，表达了他对强大的日军舰队可能摧毁整支Z舰队的担忧。他知道萨默维尔也会收到这份通报，希望以此帮助萨默维尔在关键时刻做出正确的决断。

萨默维尔在4月6日14时收到莱顿的通报后，当天傍晚便下令向西北方撤退。舰队从阿杜环礁北边180海里处通过马尔代夫群岛，于4月8日11时抵达港口开始加油。此时英国海军部决定通知萨默维尔可以将老旧的皇家君主级战斗舰派遣到别处，同时也警告萨默维尔不可在此时使用科伦坡的基地。

4月9日，萨默维尔向海军部报告他将与A舰队同行，以杜绝日军支配印度洋海域，舰队将使用孟买而不使用锡兰的基地。英军做出这些决定时，南云正朝下一个目标移动。当天下午，英军的一架飞艇在锡兰东方约580海里处侦察到日军的3艘战斗舰与1艘航母正朝西北方航行，很明显日军的目标不是亭可马里就是马德拉斯。

4月10日7时过后，英军位于亭可马里的雷达侦测到东方110海里处有大量日机的踪迹。因此，英军将可动用的战机（17架“飓风”式战斗机、6架“海燕”式战斗机）全都起飞升空，迎击由渊田率领的41架零式战斗机、91架九七式水平轰炸机。

日军攻击机群对港区与机场形成了严重打击，13架正在修理或组装的英军飞机被摧毁，但港口因没有什么舰船以及日军第二批俯冲轰炸机队前去攻击其他目标，所以没有什么伤亡。在攻击中，日军损失3架飞机，英军有8架“飓风”式战斗机、3架“海燕”式战斗机被击落。这时，英军展开了对南云舰队唯一的一次反击。先前攻击科伦坡时，英军“布伦海姆”式轰炸机被引导到了错误的方向，现在飞行员们终于找到了南云的舰队。9 架“布伦海姆”式轰炸机在没有战斗机拦截的情况下，对日军航母进行了高空水平轰炸，但没有一枚炸弹命中。当“布伦海姆”式轰炸机撤离时，被追赶上来的 20 架零式战斗机击落了 4 架，残存的 5 架在归途中碰上刚攻击完“竞技神”号航母的“翔鹤”号、“飞龙”号攻击机群，最终又 1 架“布伦海姆”式轰炸机被击落，剩余的 4 架也满目疮痍。

不管胜败如何，萨默维尔总算反击了，向日本人显示了他的勇气和决心。

当天 9 时前，南云的水上侦察机发现了英军“竞技神”号航母，这对南云来说是个难得的机会，是开战数月以来第一次发现英军航母。尽管他已经接到山本的命令准备撤离，但他还是想在临走之前见识一下英国人的航母。他立即改变计划，下令原本要攻击亭可马里港口舰船的第二波 85 架俯冲轰炸机、9 架护航的零式战斗机攻击“竞技神”号。而英军因电话线路损毁使得命令被延误，战机拖了 1 个小时才得以升空。这是一场毫无悬念的战斗。因为日机发起攻击 20 分钟后，“竞技神”号便已沉没，轰炸机群转而攻击伴随的澳大利亚“吸血鬼”号驱逐舰，这艘驱逐舰在 10 分钟后沉没。另外还有 2 艘商船被击沉。

在英军 Z 舰队承受重大损失之际，孟加拉湾的小泽治三郎也引起了当地未护航航运的混乱，他在 5 天之内击沉了 23 艘船；日军潜艇也在印度洋西海岸击沉了另外 5 艘船，英军的航运因而完全停止。

此时，南云已经开始撤离，因为山本给他安排了更重要的作战任务。

珊瑚海海战——首次航母决斗

1942 年春季，日军先后占领新几内亚北边的莱城、拉包尔和萨拉莫阿。为了铺平继续南进、孤立澳大利亚的道路，日军决心拔掉新几内亚东南岸的美军重要基地莫尔兹比港和所罗门群岛南端的澳军基地图拉吉这两颗钉子。这次依然是日本陆军担任主角。但是，新几内亚南北之间一座海拔 4 000 多米的欧文斯坦利山脉挡住了陆军的去路，要南下只能从海上绕过去，因此必须得到海军的支援。这时，山本已经制定了几个“邀击”预案，但都没有被军令部采纳，他正在为寻找战机而发愁，既然大家都对莫尔兹比港和图拉吉有兴趣，陆海军好不容易达成共识，那就一起干吧。

3 月上旬的一个下午，山本在新旗舰“大和”号上问联合舰队参谋长宇垣缠中将：“宇垣君，你认为第一阶段的作战计划什么时候可以完成？如果要拟定一个‘邀击’计划，时机和地点如何选择比较好？”

宇垣想了想说：“司令长官给我出了一个不小的难题啊。个人认为，与其苦思冥想寻求答案，不如去我们的新防线看看，顺势而为，不愁没有机会。”

山本觉得宇垣说得有些道理，虽然从各地传来的战报显示形势很好，但西南太平洋的整个战局将如何演进，他心里没有底。麦克阿瑟在菲律宾打得那么艰难，太平洋舰队也没有伸出援手。还有什么地方会让美国海军放不下呢？过了几天，山本把第 11 航空舰队的司令官冢原二四三中将请来，和他商谈一下到外围防线去视察的可能性。之后，山本决定由他亲率一个小组，前往第二防御圈考察。具体安排是，考察组 15 人分乘 3 架一式陆上攻击机，由 6 架零式战斗机护航，从广岛湾出发，经台湾岛、吕宋岛最后抵达拉包尔。中途，山本跟冢原和大西泷治郎聊起一式陆上攻击机的性能，他当着两位航空兵专家的面，历数一式陆上攻击机的缺陷，并希望将它改制成海军陆战队的专用机，让两位专家大跌眼镜。

山本这次考察，没有得到他想要的东西。他指示井上成美海军中将尽可能将第 4 舰队司令部迁到拉包尔，全力支援陆军拿下图拉吉和莫尔兹比港。

为了干净利落地夺取这两个港口，并寻歼可能出现的美国航空母舰，赌徒山本下了很大本钱，他从南云航母舰队中抽出第 5 航空母舰大队（有新式大型航空母舰“翔鹤”号和“瑞鹤”号）、第 5 巡洋舰大队

(有重型巡洋舰“妙高”号和“羽黑”号)加派给第4舰队,此外还拨出“祥凤”号轻型航空母舰和一批驱逐舰助战。这次行动由井上成美统一指挥。

根据作战计划,担任两栖登陆作战支援掩护任务的第4舰队分为两支:一支是后藤有公少将指挥的由“祥凤”号轻型航空母舰和“青叶”号、“衣笠”号、“加古”号、“古鹰”号4艘重型巡洋舰及1艘驱逐舰组成的直接掩护编队,首先支援5月3日的图拉吉登陆作战,而后转而西进,前去支援莫尔兹比港的登陆作战。另一支是原忠一海军中将指挥的由“瑞鹤”号、“翔鹤”号2艘大型航空母舰和“妙高”号、“羽黑”号2艘重型巡洋舰及6艘驱逐舰组成的海上突击航空母舰编队(原忠一第5航空战队),主攻莫尔兹比港;同时,随时准备阻止美军航母编队的袭击。虽然山本并不确定美国太平洋舰队的航母会来,但他还是做了迎击的准备。

这两个作战编队又进行了战术编组:负责登陆的部队叫“图拉吉攻略部队”和“莫尔兹比攻略部队”,负责海上输送、掩护和助攻的部队叫“MO水上部队”,而从两个编队中抽出部分精英组成的大型航母特混编队叫“MO机动部队”,由高木武雄海军中将指挥。作战行动代号为“MO作战”。

美军方面,尼米兹让哈尔西进行了一次试探性的反击后,觉得还是不能与日本联合舰队硬碰硬,但他和海军作战部长金将军等人都担心日军继续向南挺进,占领埃利斯群岛和萨摩亚群岛,进而封锁美国与澳大利亚的海上交通线。因此,海军作战部颁布命令,保卫太平洋的交通线,确保美国与夏威夷、中途岛和澳大利亚的海上航线;扭转日本的进攻矛头,使之转向东印度群岛。

4月27日,弗莱彻海军少将率领“约克城”号航母编队驶离塔布港(汤加群岛)开赴珊瑚海。5月1日(夏威夷时间4月30日),“约克城”号航母编队与“列克星敦”号航母编队在新赫布里底群岛珊瑚海会合。在经过长时间的海上航行后,两个编队的多艘舰艇油料告急,于是，航母编队在会合后又分开，“列克星敦”号航母编队去接应“尼奥绍”号油船进行补给，“约克城”号航母编队则去接应“提皮卡努”号油船进行补给。

4 月 30 日，日本第 4 舰队司令井上命令图拉吉攻略部队首先出发，后藤的轻型航母编队负责掩护、运输。

日本舰队刚一出动，就被美国海军情报部门察觉了。原来，早在 1942 年 1 月 20 日，日本“伊－124”号潜艇在澳大利亚海军基地达尔文港布雷时被击沉，美军随后用潜水作业船从“伊－124”号潜艇上捞出了密码本。之后几个月，珍珠港的情报分队开始破译日本的电码，并用分散的情报逐渐绘制出日本联合舰队的进攻矛头。这是太平洋战争初期美国海军能够与日本联合舰队周旋的最为重要的基础。

日军的图拉吉攻略部队按期抵达图拉吉后，发现居然没有遭到岛上美军的激烈抵抗。但就在他们开始安营扎寨时，突然遭到了一次大规模的空袭。5 月 4 日从美国太平洋舰队“约克城”号航母起飞的 40 架飞机，来来回回把图拉吉炸了个遍，炸沉日军“菊月”号驱逐舰和 3 艘登陆驳船，并击伤 2 艘运输舰船及 5 架水上飞机。后藤的 MO 水上部队只有 1 艘轻型航母，无法阻击，只得向井上求援。井上闻讯既意外又兴奋，总算找到了美国太平洋航母编队的影子，他急令高木率机动编队从特鲁克火速南下。

这次攻击对美军来说可谓得不偿失，完全暴露了航母编队的行踪。

5 月 6 日上午，高木率领的“翔鹤”号、“瑞鹤”号航母机动编队业已绕过所罗门群岛的东南端，游弋于珊瑚海。他确认空袭图拉吉的美军航母编队就在附近，于是下令舰队进入作战状态，搜索前进。

与此同时，美第 11 特混编队和“约克城”号航母编队合编后，改称第 17 特混编队，由弗莱彻指挥，呈环形警戒队形直奔珊瑚海寻敌。

当时的舰载雷达还不够发达，通信也有很大局限，日、美的舰队都没有发现对方。双方都在珊瑚海大范围搜寻，期待抢先发现对方，以便提早展开攻势。高木根据飞机报回来的数据，发现美军离己方还有差不多600海里，打不着。因飞机的燃料即将耗尽，无法继续跟踪，待它返回后就找不到美国太平洋舰队的踪迹了。

11时左右，几个盟军电台同时收到了拉包尔电台发出的日机发现美第17特混编队的消息，美国太平洋舰队司令部立刻紧张起来。

不过，高木的航母机动编队没有收到侦察机更详细的观察报告，也没有收到拉包尔电台转发的情况报告，从而失去了一次难得的机会。当天下午，高木舰队向南航行，弗莱彻的第17特混编队则向北行驶，两支舰队擦肩而过的时候，距离不超过90海里。

5月7日5时22分，日军在舰队以南160海里发现美军航空母舰。高木命令机动部队立即投入战斗。原忠一大喜，立即派出了78架舰载机，但攻击机群到达目标上空后，才发现侦察情报有误，仅有美军的一艘油船“尼奥绍”号和“西姆斯”号护卫驱逐舰。按常理，补给舰应该就在航母编队附近，但日机向南向北搜索都没有任何发现，于是就将炸弹倾泻到这2艘倒霉的舰船上，不到10分钟就解决了它们。“西姆斯”号驱逐舰连遭日机3次攻击，被炸成两截，数分钟后，大部分舰员和军舰一起葬身海底。“尼奥绍”号则比较幸运，没有立即沉没，4天以后，美“亨利”号驱逐舰救出了船上的100多名船员，并奉命用鱼雷将油船击沉。

8时40分左右，美军“约克城”号派出的侦察机在米西马岛以北50海里处发现了一支日本舰队，立即发回急电：“发现1艘航空母舰和4艘巡洋舰，距离180海里，航向120度，航速20节，西北偏西。”同时，美军陆基侦察机也送来情报：“在珊瑚海北部发现许多敌舰，正向莫尔兹比港航行。”这就是后藤的MO水上部队。

弗莱彻大喜过望，认为一种梦寐以求的态势显然正在形成。这是美国海军舰队在太平洋战争中第一次在海面上发现日本航空母舰，而且双方航母的数量为2∶1，美军占优势，击沉它们是有把握的。他马上下令从“列克星敦”号上出动10架F4F“野猫”战斗机、28架SBD“无畏”俯冲轰炸机、12架TBD“蹂躏者”鱼雷轰炸机；“约克城”号上则出动了 8 架 F4F“野猫”战斗机、25 架 SBD“无畏”俯冲轰炸机、10 架 TBD“蹂躏者”鱼雷轰炸机，共 93 架飞机朝后藤的舰队扑去。

美机来得如此突然迅猛，后藤不禁大吃一惊，急令“祥凤”号航母掉头迎风疾驶，以使舰载机能迎风快速从甲板上起飞迎敌。可惜已经来不及了，美军悬挂鱼雷的第一波攻击机已向其俯冲下来，一条条鱼雷溅落水中，拖着一道道白色的尾迹“哧哧”地袭来。“祥凤”号虽然极力左避右躲，但还是不断中弹，在短短几分钟之内被 7 条鱼雷、13 枚炸弹击中，大量海水涌入舰内，仅 15 分钟便沉入海底，只剩下一团黑烟和一片油污在珊瑚海扩散开来，日本海军航母第一次被盟军击沉。

1942 年，南太平洋珊瑚海海战中，日本海军航母“祥凤”号燃烧并最终沉入海底，这是盟军首次击沉日本航母

美军飞行中队长罗伯特·狄克逊少校从现场给弗莱彻发去一份欣喜若狂的电报：“除掉了一艘航空母舰！狄克逊袭击了航空母舰，除掉了一艘航空母舰！”

此时，高木的航母机动编队仍在追踪目标，当天下午又组织了一批由 27 架鱼雷机和俯冲轰炸机组成的机群，向可能有美军航母编队的海域搜索而去，期望能在黄昏时分找到美军舰队，并对其实施突袭。此时海上乌云密布，能见度极低。日军机群没有碰到美军航母编队，却遇到了“列克星敦”号上的战斗巡逻机，双方进行了一场拼杀。由于缺少战斗机的掩护，日军的 8 架鱼雷机和 1 架俯冲轰炸机被击落，其余的落荒而逃。

天色黑了下来，航行中的“列克星敦”号航母等待着巡逻的美军战机归巢。夜色苍茫之中，有 6 架日机迷失了方向，竟把“列克星敦”号误作己方的航空母舰，打开航灯准备降落。“列克星敦”号航母的着陆引导官感到十分奇怪，因为它们根本不符合美军的降落规则。当他看见飞机打开的航灯后不由得大惊失色：“是日本飞机！”准备降落的日机在遭到美舰对空炮火的袭击之后，才如梦初醒，逃之夭夭。

既然舰载机可以在空中意外遇上，两个航母编队的距离就不会太远。5 月 7 日晚上，双方指挥官都感到敌人就在附近，种种迹象表明，第二天将有一场决战。

夜间，弗莱彻仔细分析了双方的作战态势后，决定将航母编队首先向南，而后向西进行规避；与此同时，日军高木航母机动编队则向北搜索。这是美日两个编队第二次失之交臂，距离仅 40 海里左右。和上次不同的是，他们都知道了对方的大致方位。

5 月 8 日拂晓，双方又派出侦察机对周围海域进行搜索，寻找对方的准确位置。8 时 22 分，“列克星敦”号航母的飞行员史密斯海军少尉驾驶侦察轰炸机，向东北方向飞完 225 海里的规定航程，转向 90 度直角航线，在返航航线上首先发现了日军编队。他激动地用无线电报告：“2 艘敌航空母舰，4 艘巡洋舰。敌航向 120°，航速 20 节。位置在东北 175 海里。”

正在附近执行侦察巡逻任务的狄克逊收到报告后，也赶往目标海域进行侦察，他刚穿过云层，便发现了日军航母编队，并发回补充报告。

就在美军侦察到日军航母编队后，日军侦察机也发现了一架返航的美军侦察机，于是尾随跟踪，接着也发现了美军航母编队。

5 月 8 日的交火是一场势均力敌、旗鼓相当的较量：双方各有 2 艘大型快速航空母舰；美军有飞机 122 架，日军有 121 架；美军在轰炸机方面占优势，日军则在战斗机和鱼雷机方面领先；护航舰也不相上下，日军有 4 艘重型巡洋舰和 6 艘驱逐舰，美军有 5 艘重型巡洋舰和 7 艘驱逐舰。

至 9 时 25 分，美军第 17 特混编队的突击机群抢先出击。“约克城”号和“列克星敦”号航母共起飞了 81 架战机，分成 5 个编队，风驰电掣般冲向敌阵。几乎同一时间，日军也派出 69 架飞机，向美编队扑来。

10 时 32 分，美突击机队发现日军“翔鹤”号和“瑞鹤”号正向东南方向行驶，2 艘航空母舰相距约 7 海里，各由 2 艘重型巡洋舰和驱逐舰护航。正当美军利用宝贵的几分钟在团团积云里组织进攻的时候，“翔鹤”号趁机出动了更多的战斗机，“瑞鹤”号则躲进下着暴雨的附近海域。

美军航空大队突然失去了攻击目标，顿时乱了阵脚，鱼雷机和俯冲轰炸机被日军零式战斗机冲散，且缺乏配合，鱼雷射进海里偏离目标很远。但在乱打误撞之中，有 2 枚炸弹居然击中了“翔鹤”号，使其飞行甲板因燃油泄漏而起火。“翔鹤”号连遭攻击，损伤甚重，丧失了作战能力。由于飞行甲板损坏，已无法收容飞机，只得由“瑞鹤”号负责收回。“翔鹤”号于 13 时带伤返航，在归途中险些沉没。

“列克星敦”号上的飞机群借着烟雾赶来了，但难以发现厚厚的云层底下敌舰的具体位置，进攻受挫，只有 15 架轰炸机好不容易发现了一个目标，但它们只有 6 架 F4F“野猫”战斗机保护，很容易被零式战斗机冲散，鱼雷进攻再次失败，轰炸机只投中 1 枚炸弹。

所剩的 43 架美军飞机返航时，却发现日军能够发动更有效的进攻。在雷达的帮助下，“列克星敦”号的战斗机指挥官在日机位于东北方向 60 多海里的空中时就发现了它们，并起飞战斗机进行截击。但日军第 5 航空战队的 69 架舰载机在尚未受到拦截之前，已经分成了 3 个攻击队。日军鱼雷机队首先飞扑“约克城”号，由于该舰灵活地进行规避，日机的攻击未见成效。但是，在环形警戒序列中的另一艘美航空母舰也在自行进行规避，结果这两舰之间的距离迅速拉大，警戒舰只也随之被一分为二，从而削弱了对空防御，给了日机以可乘之机。

美舰环形警戒圈扩大之后，日机抓住这一时机，对“约克城”号左舷投射了 8 条鱼雷，但均被该舰避开。随后，日军爆击机队开始对“约克城”号俯冲投弹，其中有一枚 800 磅的炸弹击中了该舰舰桥附近的飞行甲板，但“约克城”号仍能继续战斗。

接着，“约克城”号的密码室被一枚炸弹炸得粉碎，雷达失去了效用。美军俯冲轰炸机攻击队队长比尔·奥尔特海军中校和他的报务员在攻击“翔鹤”号后返航时飞机受损，并发现自己处于飞行员最危险的境地——在苍茫大海的上空迷失了方向，而油位指针已在“0”上面晃动。但这时奥尔特仍可以用无线电呼叫“约克城”号。

“约克城”号：最近的陆地在 320 千米开外。

奥尔特：我们永远到不了那里。

“约克城”号：靠你自己了。祝你顺利。

奥尔特：请向“列克星敦”号转达，我们把 1 枚 1 000 磅的炸弹丢到一艘军舰上了。我们两人都报告了两三次。敌人战斗机飞来了，我改向北飞行。请告诉我你们是否收听到我的话。

“约克城”号：收听到了。靠你自己了。我将转达你的话。祝你顺利。

奥尔特：好，再见。我们的 1 枚 1 000 磅的炸弹击中了一艘军舰！

这是人们最后一次听到奥尔特的声音。

与此同时，日鱼雷机队正在攻击“列克星敦”号，它们成功地运用了夹击战术，从该舰舰艏的两舷、15～70 米高度、1 000～1 500 米距离投射鱼雷。“列克星敦”号由于吨位较大，回圈半径较大，转弯不灵活，日机投射的 13 条鱼雷中有 2 条击中该舰左舷，使其锅炉舱有 3 处进水。当“列克星敦”号正拼命地规避鱼雷时，日军爆击机队又开始对它进行俯冲攻击，很快又有2枚炸弹命中目标。

在日机长达13分钟的轰炸中，“列克星敦”号已产生7度横倾，12时48分，由于发电机爆出的火花迸到从破裂油管里漏出的汽油上，“列克星敦”号航母发生了爆炸。此时，该舰仍在继续收容飞机。但到14时45分，又发生了更严重的爆炸，火势迅速蔓延且无法控制，只得发出呼救信号。“约克城”号收容了在空中的“列克星敦”号的飞机，但已来不及转移已经降落在该舰上的飞机。“列克星敦”号上烈火熊熊，舰体剧烈震动，接着又引发了一系列爆炸。15时左右，舰长下令全体舰员离舰。17时许，“费尔普斯”号驱逐舰奉命向它发射了4条鱼雷，“列克星敦”号于17时56分沉没。已经降落到该舰的36架飞机也随之沉入大海。

此时，美第17特混编队“约克城”号上尚有轰炸机和鱼雷机27架、战斗机12架，但已入夜，弗莱彻无意再战，遂率编队撤离战场。

对于当天的战果，日美双方都无法准确估计，可以肯定的是，高木的航母机动编队占有很大优势，但他很快接到井上的命令退出了战场。因为第5航空战队要按预定的时间投入另一场重要战斗中，这也意味着MO作战计划终止。当他把这个决定报告给山本时，日本联合舰队司令部的参谋们被井上的“胆小如鼠”激怒了：“井上中将在干什么！”

“怎么能放弃追击的机会！”参谋们愤怒地向参谋长宇垣嚷道。

“我也不明白。”宇垣随即匆匆给井上发了一份电报：“有必要追击，要报告情况。”

他还没有接到回电，又收到了井上再次发来的延期进攻莫尔兹比港的电报：“MO作战结束，大洋岛、瑙鲁岛的攻击照原计划实施。”因为按山本原来的指示，5月8日前必须结束战斗，这位军中“秀才”只会照本宣科。

这一次山本也发火了，他亲自给第4舰队下达了命令：“继续追击，务歼残敌。”

第二天，当第4舰队“瑞鹤”号的飞行员为追击美舰再次进行侦

1942 年，南太平洋珊瑚海，在“企业”号航母的率领下，美军第 16 特遣编队阻止了日军对瑙鲁群岛和周围海域的侵犯，巩固了美军在珊瑚海海战中取得的战果

察巡逻时，美舰早已撤远，海上只剩下“列克星敦”号的残骸了。

珊瑚海海战是海战史上第一次航母之间的较量，也几乎是太平洋战争中势均力敌的一役，基本反映了双方的战斗力。

从战术上看，日军略胜一筹，尽管其飞机和伤亡人数多于美军，但他们以损失 1.2 万吨“祥凤”号及在图拉吉岛外围被击沉几艘小舰的较小代价，换得了击沉“尼奥绍”号、“西姆斯”号和 4.2 万吨大型航空母舰“列克星敦”号的胜利。

从战略角度看，珊瑚海海战对美国、对太平洋战局、对世界海战史都具有深刻的意义。作为大战前的序幕，尽管参与这次作战的军舰并不算多，交战的规模不是很大，激烈程度也不算很高，但它是第一次航空母舰之间的决斗，完全有别于传统的舰对舰炮火对射和鱼雷攻击。双方的军舰都没有开炮或者发射鱼雷，也没有进入对方的视线之内，而是从上百海里以外的远距离用所搭载的舰载机来进攻，体现了海军装备的发展趋势和新的作战方式。这次海战为太平洋战争指明了方向。

第十章　米号作战

图谋中途岛

珊瑚海海战之后，山本又面临着确定下一个攻击目标的问题。

在1942年头4个多月的时间里，日军在东南亚快速推进，在南方各个战场上频频得手，占领了东自威克岛、马绍尔群岛，西至马来半岛、安达曼－尼科巴群岛，南至俾斯麦群岛的大片地区，几乎完全控制了西太平洋。第一阶段的任务已经基本完成，日本陆军和海军终于可以坐在一起研究下一阶段的作战方案了。但是，当双方把各自的作战方案拿出来的时候，却存在很大的差异和意见分歧。

陆军高层认为，第一阶段作战的巨大战果，使日本在今后2年内可以称霸西太平洋，太平洋正面已基本形成与美国海军相持不下的态势，而且日本也不具备直接攻击美国本土的能力和手段。因此，陆军主张在占领南方资源和战略要地之后，利用美国海上力量一时难以恢复的有利时机，立足于战前确定的持久战方针，迅速转入对日本本土、中国地区以及南部战线的战略调整，培植国家战争力量，从根本上确立长期持久的战略态势。

根据这一转攻为守的持久战方针，陆军设想的下一阶段的作战战略是：对正东面太平洋方向的美国，采取旨在确保已占领区域的抑制作战；同时，将陆、海军主力转用于西面的印度洋和中印缅大陆地区，通过控制印度洋、击败中国，以及与德意轴心国相呼应，强行打通对印度和西亚等行动，首先击败美国的盟友英国和中国，达到孤立美国的目的，而后，再转向东面与美国进行海上决战。

海军则认为，1941 年 10 月确定的战略指导方针，已经不适应战争形势顺利发展的需要。由于开战初期重创了美国海军，原定第二阶段歼灭美国海军主力的任务已经完成了一半，因而第二阶段的作战任务应该是在美国的实力恢复之前，在太平洋与美国展开积极作战。

海军内部极力鼓吹这一观点的是以山本为首的日本联合舰队。山本曾说过："如果要我去进行不计后果的战争，我可以在头半年或一年之内横行于天下，但对于第二年和第三年的战争，我则全然没有信心了。"所以，他想方设法，企图速战速决。早在偷袭珍珠港之前，山本就认定，与拥有雄厚战争潜力的美国进行持久战，对日本极为不利，应该采取连续不断的积极进攻，迫使美国在物质和精神两方面都难以及时恢复。他坚信："拖延时间，不仅将丧失以往的战果，而且会使敌人增强实力，使日本陷于坐以待毙的被动地位。""消灭了美国舰队和英国舰队，就可以随心所欲地干任何事情，这是结束战争的最佳捷径。"

日本海、陆两军争来争去毫无结果，但打起仗来又不得不相互配合。

1942 年 1 月 5 日，山本的参谋长宇垣缠接到命令，立即拟定第二期作战计划。宇垣在当天的日记中写道："第一阶段的进攻性作战，大体上到 3 月中旬便可结束。紧接着，下一步的作战将如何展开呢？是进攻澳大利亚，还是出兵印度洋？是再度进击夏威夷，还是去对付苏联？"

此前日本海军在珍珠港的胜利不仅使山本声名鹊起，而且使他对自己运筹战争的能力更加坚信不疑。如今在无数个太平洋岛屿中，他将目标锁定在一个弹丸小岛——西距日本横须贺 2 244 海里、东南距珍珠港 1 135 海里的中途岛上，想将珍珠港事件精彩地重演一遍。

按照山本的授意，日本联合舰队的幕僚们集中精力开始研究下一个对美作战的重大行动。山本的参谋中有个厉害角色叫黑岛龟人，他很聪明，但行为古怪，即使给山本办事也慢吞吞的。在舰上，他总是很晚起床，酗酒，一根接一根地抽着香烟，等着战神赐给灵感。但他似乎与山本心灵相通，很快便帮山本制订了一个作战计划，具体为：南云中将率领第 1 航空舰队的 6 艘航母先行出发，用空中力量打击中途岛；山本率领联合舰队的战列舰主力在第 1 航空舰队后面作为掩护；第 2 舰队司令官近藤信竹中将护送由 15 艘运输船组成的船队，运送一个陆军加强联队在中途岛登陆，同时作为呼应；第 5 舰队在第 4 航空战队的掩护下，攻击北太平洋阿留申群岛的美国荷兰港基地，同时占领阿图岛和基斯卡岛。

然而，山本进攻中途岛的设想，在日本军界高层引起了轩然大波。日本陆军对此有几点质疑：

（1）中途岛作战到底想要达到什么目的？

（2）是将该岛作为防卫东京的屏障，还是作为一个引出美国太平洋舰队的诱饵？

（3）登陆战队与舰队怎么协调，打下来后由谁来驻守？

一大堆问题等着山本回答，不仅陆军有疑问，海军高级将领中也有不少人反对。海军军令部总长永野修身海军大将和海军省次长伊藤整一海军中将，都反对这一作战计划，认为山本是被胜利冲昏了头脑，简直是拿帝国和皇室的命运去冒险、胡闹。他们提出了一大堆理由来反对山本，甚至对中途岛的战略价值也提出了疑问。

伊藤还认为，山本尽管具有非凡的勇气和才干，但他没有指挥如此大规模海战的经历。中途岛攻击战将投入日本舰队、海航的全部主力，赌注过大。

山本不急不恼，但也毫不妥协。为了解释和说明自己的作战思想，他来到军令部，唇枪舌剑地与永野辩论。他说：“日本占领太平洋的战略障碍是美国太平洋舰队。开战两年内，如果日本不能取得决定性胜利，日美之间的军事均势就要被打破，美国将取得战略上的主动。在时间紧迫的情况下，唯一的办法是速战速决，尽快摧毁敌海军主力。如果我们进攻中途岛，美军就会派出太平洋舰队主力支援，这时我们就可围堵打援，伺机与敌人进行舰队决战。”山本认为，进攻中途岛，向夏威夷方向扩大战果，可以使美国丧失战斗意志，因为“美国的痛处在于丧失舰队实力及夏威夷被占”。

永野听了，沉稳地摇摇头，劝告山本不要操之过急，不要去冒险，并提醒道：“进攻中途岛的战略战术是不明智的，因为日本的主要战略方向是在南面，而不是在东面。”

山本在4月初去西南太平洋考察过，没有发现能吸引美国太平洋舰队出动主力的目标，他坚持认为，对日军来说，占领了中途岛，一方面可以把中部太平洋的防御圈大大向东推进，并可利用岛上的海空军基地，有效地监视和警戒夏威夷群岛的美国太平洋舰队的行动。另一方面，还可以在美国中部太平洋防御圈上撕开一个缺口，威胁夏威夷群岛，并将其作为日后攻占夏威夷的跳板。当然，这只是夺岛显而易见的意义，而山本的最终目的是以中途岛为诱饵，诱歼美国航母主力编队。因为中途岛对美军的战略地位是不言而喻的，这样就不怕太平洋舰队不上钩。

但山本当着长官的面，不想说得太直白，只是依然坚持自己的观点：“如果拿下中途岛，还可以威胁美国本土，削弱美国人的士气。”

海军军令部的人则不这么看，他们认为山本的看法过于乐观，在大规模的战争中，占领离美国本土有千里之遥的小岛，无论如何也威胁不到美国本土的安全。

永野以自己对山本性格的了解，知道不可能完全说服山本放弃进攻中途岛，但他也没打算妥协。因此，山本的这个作战计划被搁置下来。

同年3月，美国总统罗斯福鉴于太平洋战场形势的变化，对战区指挥官进行了调整，更加倚重海军。同时，他想到了一个遏制日军攻势的报复性计划，那就是不惜血本，远袭日本东京等重要城市。

为了实施这一计划，从3月初起，美军先后有24个候选机组到达位于佛罗里达州的埃格林机场，为空袭日本做准备，最后选定执行任务的16个机组，在加利福尼亚州阿拉梅达航空站登上了“大黄蜂”号

（CV－8）航母[①]。

1942年4月2日，“大黄蜂”号航母载着16架经过改装的B－25“米切尔”型轰炸机驶离旧金山，在重型巡洋舰“文森斯”号等6艘战舰的护航下，告别巍峨的金门大桥，消失在太平洋无边的雨雾中。另一支由哈尔西海军中将率领的以“企业”号航母为核心的编队，也从珍珠港悄然出发，驶向正北方向，为“大黄蜂”号护航。哈尔西的“企业”号与马克·米切尔海军上校的“大黄蜂”号合编后，仍为第16特混编队，哈尔西任总指挥。

4月18日中午，16架B－25“米切尔”型轰炸机出现在日本首都东京上空，机上的投弹指示灯红光闪烁，一枚枚500磅的炸弹呼啸着倾泻而下。炸弹在四处引起大爆炸，整座城市刹那间笼罩在硝烟之中，东京街头到处是奔逃的人群。飞机轰炸了东京以南的海军造船厂，一些工业设施浓烟四起。除东京外，日本其他几个城市也相继遭到轰炸。这是美国总统参谋部和参谋长联席会议拟定的作战计划，执行计划的是陆军航空兵，指挥官是美国飞行员中的传奇人物、陆军航空兵中校詹姆斯·杜立德[②]。轰炸完成后，轰炸机中队的飞机飞向1 100海里以外的中国机场降落。

第二天，美国各大报刊都在头版以通栏大标题报道：美国飞机轰炸东京，杜立德中校干得漂亮！

4月19日下午，白宫召开了气氛热烈的记者招待会。《洛杉矶时报》一位金发碧眼的女记者问此时满面红光的罗斯福：“请问，总统先生，轰炸东京的飞机是从哪个基地起飞的？”

罗斯福眨了眨眼，以其特有的幽默回答道：“香格里拉，我想是从那里。如果不是这样，亲爱的小姐，你说又能从哪里呢？”

---

① “大黄蜂”号（CV－8）航母：是美国海军第7艘以“大黄蜂”号命名的军舰，也是约克城级航空母舰的3号舰。

② 詹姆斯·杜立德（1896—1993）：美国空军准将、杰出的特技飞行员和航空工程师，“二战”期间率编队首次空袭日本本土包括东京在内的数座城市。他驾驶飞机轰炸过三个法西斯轴心国的首都——东京、罗马和柏林。

1942年4月18日，杜立德中校奉命率领16架B－25“米切尔”型轰炸机从“大黄蜂”号航母上起飞，对日本东京等城市进行轰炸

美国陆军敢于跨海奔袭日本本土，这是日本人做梦也没有想到的，它不仅给日本首都造成了破坏，更重要的是给日本人的心理造成了巨大的震撼和打击。开战以来，日本领土上空第一次落下了炸弹。日本天皇曾得到过他的司令官们的保证：决不允许敌人的炸弹落在他神圣的国土上。但是，司令官们的保证落空了，日本人的自尊心也被严重地挫伤了。

不过，正在为东进计划发愁的山本反倒高兴起来了。他立刻从广岛湾赶往东京，游说军政上层。他想，借袭击东京事件直接说动天皇陛下也许更容易。陆军参谋本部、海军军令部都感到事态严重，此前坚决反对中途岛作战方案的人，也不得不承认来自美国的威胁比来自南方的威胁更大。反对进攻中途岛的意见顿时烟消云散。山本得意地说：“进攻中途岛就是保卫首都东京的安全，保卫天皇陛下的安全，这是帝国军人的神圣天职!”他又多了一个进攻中途岛的理由。

5 月 5 日，海军军令部总长永野修身奉天皇敕令，发布了《大本营海军部第 18 号命令》，正式下达中途岛作战计划，代号为“米号作战”。这一命令简单地命令日本联合舰队司令“与陆军协同，占领中途岛和阿留申群岛西部要地”。同时，陆军参谋本部和海军军令部联合签署了“中央协议”，规定了陆军和海军在中途岛作战中相互协作的事项。根据这个协议，陆军将派一个加强联队参与中途岛登陆作战，这些部队在完成占领后撤出，由海军部队负责守备该岛，登陆部队将于 5 月 25 日前后在塞班岛集结。协议中没有具体规定作战日期，只是说作战将在“6 月份前 20 天内”，与在阿留申群岛的作战同时开始。

大政方针出台后，山本调回了在印度洋、西南太平洋作战的部分舰队，其中包括还在珊瑚海作战的第 5 舰队。

根据海军部的命令，山本与他的参谋班子开始制订中途岛作战计划，很快拿出了一个超过以往任何一次海战规模的实施方案。其作战目的是：

（1）占领中途岛，将其改造为日本空军基地及攻打夏威夷和继续向中太平洋和西南太平洋扩张的出发点。

（2）占领西阿留申群岛，吸引美军兵力。

（3）引诱美国太平洋舰队远离岸基，进行一场打垮、拖烂美国太平洋舰队的战斗，直至把它消灭。

日军计划动用约 200 艘舰艇（其中包括航空母舰 8 艘、战列舰 11 艘、重型巡洋舰 13 艘、轻型巡洋舰 9 艘、驱逐舰 65 艘、潜艇 21 艘）、飞机 600 余架、陆军 8 600 人、海军 2.3 万人的庞大兵力来执行这一计划。战役最高指挥官为日本联合舰队司令山本五十六海军大将。全部兵力编为 6 个战术编队：

主力编队，由山本亲自指挥，任务是掌控中途岛、阿留申群岛作战全局，间接支援北方的作战，重点支援中途岛作战，同时攻击美国舰队。

机动编队，由第 1 航空舰队司令南云忠一海军中将指挥，指挥重型航空母舰4艘以及各类舰载飞机261架，任务是在登陆作战之前空袭中途岛的美军机场及各种军事设施，消灭岛上的美军航空兵，支援并掩护登陆作战，同时歼灭可能遇到的美国舰队。

登陆编队，由第2（重型巡洋舰）舰队司令近藤信竹海军中将指挥，任务是在中途岛登陆。

北方编队，即攻打阿留申群岛的部队，由第5舰队司令细萱戊子郎海军中将指挥，辖5支分队，指挥航空母舰2艘，另搭载陆、海军登陆部队2 450人。任务是佯攻以分散美军兵力，伺机夺岛，空袭荷兰港美军海空基地、破坏阿达克岛的美军军事设施、攻占基斯卡岛和阿图岛。

先遣侦察编队，由第6（潜艇）舰队司令小松辉久海军中将指挥，任务是先行侦察中途岛的美军情况和天气状况，并在开战前进至中途岛至夏威夷之间组成潜艇警戒线，以攻击驰援中途岛的美国舰队。

岸基航空部队，由冢原二四三海军中将指挥，准备在占领中途岛后立即以岛上机场为基地，实施空中作战。

山本设想于6月6日在中途岛登陆，整个作战计划以这一天为中心，详细安排了各部队的行动时间表。他周密地设计着自己的赌局，坚信再赌这一把，一定能够像在珍珠港一样，再赢一次。

就在日本联合舰队为谋取中途岛而紧张备战的同时，美国太平洋舰队司令部所在地珍珠港一个阴暗的地下室里，24名经过严格训练的情报人员整天埋首于文件和电报之中。这是一个专门破译日军密码电报的秘密情报组织，他们的任务是在枯燥的阿拉伯数字和特殊符号、字母中寻找秘密。他们的头儿是约瑟夫·罗奇福特海军中校，一位幽默爽朗、聪明绝顶的“魔术大师”。1942年四五月间，日本联合舰队频繁往来的神秘电报引起了他的注意，于是指挥他的情报组予以高度关注。情报组对截获的日军若干封电报进行分析后，判断出日军将于近期在太平洋上的某个地点采取重大军事行动，但究竟在什么地点则一直没有搞清楚。不过，罗奇福特发现，日军在几封电报中都提到了“AF”。

“AF”是不是代指日军将要袭击的地点？它又在哪里呢？情报组经

过反复对比分析，初步断定这个“AF”就是日军将要袭击的地方，应该是在中途岛附近。推断的理由是长期以来，日军经常用A字起头的两三个字母表示美军在中太平洋海区的部署。据此，罗奇福特认为，“AF”只能是指中途岛。

为了验证这一判断的正确性，罗奇福特和他的副手埃德温·莱顿中校向尼米兹建议：让中途岛守备队用明码给夏威夷司令部发一封假电报，佯称“净水设备发生故障，岛上没有其他水源，目前饮用水严重不足”。

这段时间以来，尼米兹和他的情报参谋詹姆斯·斯蒂尔上校也一直在探究日军即将发动的新攻势，他欣然采纳了这个计谋。两天后，情报组果然截获并破译了一份日军关于“AF缺乏淡水”的报告。

通过对日军现状和动向的分析研究，尼米兹判断日军如果发动攻势，中途岛将是首要目标。为此，他放下手头繁忙的工作，于5月2日前往中途岛视察，仔细检查了岛上的防御工事，查看了通信设施和线路，尤其关心中途岛连接珍珠港的海底电话线路的情况，因为这条线路可以直接通话，又没有遭到干扰和侦听的危险，一旦战斗打响，将是最重要的通信线路。接着，尼米兹又与中途岛守备司令西里尔·赛马德海军中校和地面部队司令哈罗德·香农（海军陆战队中校）进行了交谈，为岛上补充军需物资和人员。

此前的珊瑚海战役后，为了迷惑日本人，尼米兹用最笼统的措辞发布珊瑚海战斗的消息，隐瞒了“列克星敦”号沉没的真相，又将受伤的“约克城”号送到基地抢修。他是在与山本玩心计，因为搞定这一切都需要时间。

不久，罗奇福特的情报分队又破获了日军的一系列情报，山本有可能动用10艘航空母舰，海、陆军共约3万人夺岛，这样一来，中途岛驻军是无论如何也守不住的。因为美国太平洋舰队一共只有5艘航空母舰，其中，“列克星敦”号在珊瑚海海战中已沉入海底，“约克城”号也在海战中被击伤；“萨拉托加”号于1942年1月被日本潜艇击伤，在圣地亚哥刚刚修好，但因该舰的飞行员正在陆上接受训练，还不能立即投入战斗；“企业”号和“大黄蜂”号在完成对日本东京的空袭任务后，便立即赶往珊瑚海附近，留在南太平洋中南部执行巡航任务。因此，在 5 月中旬以前，尼米兹实际上没有一艘航空母舰可以用在中途岛方向。

军情危急。5 月 16 日，尼米兹电令哈尔西，让他的第 16 特混编队（包括“企业”号和“大黄蜂”号两艘航母）和弗莱彻的第 17 特混编队，加速从中南太平洋返回珍珠港；让第 17 特混编队的菲奇少将直接飞往圣地亚哥，加速组建“萨拉托加”号特混编队，并担任该编队司令，力争在 5 月底 6 月初做好参战准备。

然而，山本的动作比尼米兹估计的还要快。5 月 18 日，参与中途岛登陆作战的指挥官一木清直陆军大佐来到“大和”号，接受山本关于作战计划的指示。至此，日军方面的 6 支参战部队都已领受了作战任务。

5 月 20 日，日本濑户内海海面上，一支自第二次世界大战以来最庞大的舰队已经集结完毕。当东方出现鱼肚白时，人们看到了这支蓝灰色舰队的威武阵容。山本发布了各部队作战部署的最后命令，考虑到日本联合舰队还有 7 天才出海，为了不白白浪费这几天，他组织了一次为期两天的大规模实战演习。

5 月 25 日，山本在“大和”号口进行了一次中途岛和阿留申群岛作战的图上预演。这次演习最生动不过地说明了日本联合舰队的各级指挥官狂妄自大、轻率愚蠢到了何等地步！根据演习的裁判计算，美军投中了 9 枚炸弹，击沉日军 2 艘航母。这一客观结论，先是被改为命中 3 枚炸弹，击沉击伤航母各 1 艘，最后索性改为一艘也没有损失。刚刚参加珊瑚海海战归来的高木武雄海军中将，还向参加演习的指挥官和参谋人员作了详细报告。完全可以这么说，此时此刻，赌徒山本根本没有想到过失败。

当天晚上，山本和参加预演的参战部队指挥官及参谋人员在“大和”号上聚餐，喝着天皇所赐的米酒，为祝愿即将到来的作战获得成功而干杯。至此，日军的战前准备一切就绪。

5 月 26 日，美第 16 特混编队的 2 艘航空母舰在尼米兹急切的盼望目光下终于抵港。然而，当他高兴地迎接好友哈尔西时，不由得惊呆了。只见哈尔西身上的军服空空荡荡的，这位原本体格强壮的将军体重至少减轻了 20 磅；从他发黑的眼圈可以看出，他度过了许多个不眠之夜。6 个月来，除了短暂泊港以外，哈尔西一直待在舰桥上，已经积劳成疾，显然无法继续带领舰队作战了。

尼米兹既心痛又失望，原本打算让哈尔西担当重任，现在却不得不把他送进医院。在哈尔西入院前，尼米兹请他举荐可以替代他的指挥官。哈尔西毫不犹豫地推荐了他的朋友兼同事、巡洋舰舰队司令雷蒙德·阿姆斯·斯普鲁恩斯①海军少将。尼米兹找来斯普鲁恩斯，开门见山地说：“日本人计划攻占中途岛，进而攻打阿留申群岛，我们将以现有部队进行抵抗。哈尔西已经住院，你将担任第 16 特混编队司令并接管哈尔西的参谋班子。”斯普鲁恩斯对尼米兹这一决定感到十分意外，以他过去平凡的表现和沉默寡言的性格，他不曾想过这么快就坐到如此重要的位子上。但事实证明，哈尔西和尼米兹都有超强的知人之智。尼米兹后来评价说：“斯普鲁恩斯是将军的将军，哈尔西是水兵的将军。”

夏威夷时间 5 月 27 日，即斯普鲁恩斯与尼米兹会面的第二天，夏威夷战区美国太平洋舰队基地开始活跃起来，各部队都在争分夺秒，紧张备战。在珍珠港基地的上空及周围，飞机在巡逻，瞭望哨在紧张地观察，哨兵也保持着高度警惕。许多人仍然认为日军极有可能杀过中途岛，进攻瓦胡岛。当第 2 巡逻机联队司令帕特里克·贝林格海军少将把山本的大胆计划告诉第 7 战斗机队司令霍华德·戴维森准将时，戴维森又惊又疑，不相信地问道：“日本人要中途岛干什么？不可思议！中途

---

① 雷蒙德·阿姆斯·斯普鲁恩斯（1886—1969）：美国海军上将，“二战”期间任第 5 舰队司令，中途岛、马里亚纳历次海战的胜利者，被称为“沉默的提督”“美国海军中最聪明的人”“海军上将中的海军上将”。

岛离他们太远，光后勤保障就够他们受的了。”

为了更确切地掌握敌情，尼米兹亲自到地下室去找情报分队的两位中校谈话。他命令莱顿把从电台以及其他情报来源获得的所有数字，进行细致的核对，尽可能准确地预测出战斗打响的时间。当他们说出日军的进攻时间是在 6 月 3 日进攻阿留申群岛、6 月 4 日进攻中途岛时，尼米兹瞪大眼睛疑惑地盯住莱顿。莱顿说：“我还在分析天气、海流等数据，我现在很难谈得具体。”尼米兹又对他说：“我不管这么多，这是我交给你的任务，你要做指挥日军的将军，并告诉我们你的作战计划。”

莱顿只好将已知的情况详细告诉尼米兹。他说：“先前我们已经报告过你，日军航空母舰部队可能在 6 月 4 日早晨进攻中途岛，那我们现在就具体谈谈 6 月 4 日这一天的情况。敌军将从西北方向 325°方位发起进攻，在距离中途岛约 175 海里的地方即可观察到，时间大约在中途岛时间 6 时。”

尼米兹觉得这些情报比气象资料重要，气象是老天决定的，人无力改变，但情报却是人决定的，是双方战略战术较量的依据。尼米兹没想到莱顿认真起来会说得这么准确，不禁暗自庆幸没有看错人。他采信了情报分队的分析结果，并对他们表示感谢，随后下令马上把情况发往中途岛，同时也通报给标图的军官。

当天 13 时 45 分，集合号响起来了。尼米兹登上“企业”号，举行了一次战前授勋活动。

15 时许，弗莱彻的第 17 特混编队抵港，港岸响起一片欢呼声。“约克城”号拉响汽笛长鸣。

在弗莱彻汇报珊瑚海海战的情况后，米洛·德雷梅尔将军向他简要介绍了美日双方的兵力部署态势。尼米兹接着说：“我们要立即对你做出安排，派你到中途岛去。”

“中途岛？”弗莱彻毫无思想准备，满腹疑团。

“是的，中途岛。”尼米兹立即答道，“日本人想要夺取它，所以你得去。日本人对占领中途岛很有把握，他们甚至已经命令日本海军船厂的一名厂长准备在 8 月 12 日登岛上任了。”随后，尼米兹向弗莱彻宣布将斯普鲁恩斯的第 16 特混编队交给他统一指挥。因为斯普鲁恩斯与弗莱彻的军衔一样，所以尼米兹要特意嘱咐一声。

当天晚上，尼米兹召开了中校以上军官参加的军事会议，通报敌情之后，他们就中途岛的战略部署和具体作战计划进行了商定；接着又召开了各舰队舰长、战区高级指挥官会议。为确保这次以弱对强战役的胜利，尼米兹给斯普鲁恩斯、弗莱彻两位特混编队司令规定了一条不可违背的作战原则：“在执行规定的任务时，你们必须遵循不轻易冒险的原则。这一原则应理解为——若无把握使优势之敌遭受较之我更大的伤亡，则要避免暴露自己，以免受敌打击。”最后，尼米兹说：“斯普鲁恩斯明日将要起程，弗莱彻随后也要尽快出发。你们必须在北纬 32°、西经 173°、中途岛东北约 200 海里处会合。我希望这个会合点能成为你们真正的‘幸运角’。”

这个“幸运角”是尼米兹和几个参谋及情报人员共同“算”出来的。他把他们在几次会上的决定用书信的方式汇报给顶头上司金将军，核心只有 8 个字：出敌不意，先发制人。

“幸运角”自投罗网

中途岛属于波利尼西亚群岛，位于太平洋中部，处于太平洋东西航线的中间位置，故而得名“中途岛”，准确的位置是北纬 28°12′、西经 177°22′。它由沙岛和东岛两个岛屿围成一个直径约 6 海里（约 11 千米）的圆形环礁，陆地面积 6.2 平方千米。沙岛面积稍大，东西长约 3 000米，南北宽约 2 500 米，地势平坦，北部有一个港口。东岛约为沙岛的一半大小，呈三角形，建有飞机场。中途岛于 1867 年被美国占领，从 1903 年起，美国开始在岛上建立海军基地和海底电缆站。这里是美国在中太平洋地区重要的军事基地和海洋交通枢纽，也是夏威夷的门户和前哨阵地，其战略地位不言而喻。

1942 年 5 月 27 日，这一天是日本的海军节。濑户内海西部的著名军港柱岛锚地，朝霞映照着规模庞大的日本联合舰队。柱岛位于广岛以南的广岛湾，锚地周围有许多丘陵起伏的小岛，小岛上从岸边直到山顶都是农田，每座山顶都部署着严密伪装的高射炮群，锚地之大足以容纳整个日本海军，而且远离商船航道，优越的天然条件简直像是为日本联合舰队量身定做的。开战以来，第 1 舰队和第 1 战列舰战队就一直停泊在柱岛，等待传统的海上决战，以至于一直征战在外的航空母舰飞行军官们，以讽刺的口吻称它们为“柱岛舰队”。

此刻，这支庞大的舰队正静静地等待着出航，每艘军舰都已完成了远航准备，加满了燃油，弹药和补给品也都备好了，载重将吃水线压得很低。整个锚地一片寂静，只有军舰上的旗帜在风中猎猎作响，但是人们分明感觉到激动的情绪弥漫着整个舰队。“赤城”号上的全体舰员在后甲板列队，举行简短的仪式庆祝他们自己的节日。官兵们首先朝皇宫方向深深鞠躬，然后由舰长青木泰二郎大佐宣读东乡平八郎将军的告别词。告别词中有一句话具有深刻的含义：“胜利之后，要束紧钢盔带。”

日本联合舰队的这次远征充满了节日的气氛，格外高调，与 5 个多月前偷袭珍珠港时的严格保密、悄悄分头出航，形成了鲜明的对比。

8 时，“赤城”号航母升起了起航信号，第 10 驱逐舰战队、第 8 巡洋舰战队、第 3 战列舰战队第 2 小队、第 1 航空母舰战队和第 2 航空母舰战队依次拔锚，奔向太平洋。

当舰队驶出锚地时，尚未出发的其他部队官兵列队欢呼，挥动帽子为他们送行，一派喜气洋洋的气氛，每个人都深信自己即将又一次获得辉煌的胜利。舰队在中午前后通过了丰后水道，傍晚时已深入太平洋，以环形巡航队形向东南挺进。

出航后不久，“赤城”号上的飞行长——偷袭珍珠港时的空中总指挥渊田美津雄因急性阑尾炎被送进了舰上的医务室。几天后，第 1 航空舰队的作战参谋源田实也因重感冒引发肺炎而住进了医务室。这两位日本海军中最优秀的航空军官因病缺阵，对于不熟悉航空业务的南云忠一来说，简直就像失去了左膀右臂。凑巧的是，山本此时也正经受着腹疼的煎熬。日本海军中的3位精通航空业务的人杰，在大战前夕不约而同地病倒，似乎是不祥之兆！

5月28日，细萱戊子郎的北方编队从大凑起程；当天晚上，运送中途岛登陆部队的运输船在田中赖三①海军少将的指挥下从塞班岛出发，为了欺骗美军潜艇，运输船队先向西航行绕到提尼安岛南面，再转向东；几乎同一时间，栗田健男海军少将的重型巡洋舰支援部队也从关岛出发，在运输船队西南约40海里并肩东进。近藤信竹指挥的登陆编队和山本直接指挥的主力编队，是最后出发的部队，于5月29日清晨从柱岛起程。

稍微有点军事常识的人都知道，处于相对劣势的美国太平洋舰队要想先发制人，就必须在准确的时间、准确的地点运用正确的战术。现在已经没有时间给他们做更多的准备了，但他们有个优势——已掌握山本的全盘计划，还有一条跨海电缆，使得他们出敌不意的方案有了实施的保障。尼米兹一再强调，此次作战必须遵循“盘算好了再冒险”的原则。

时不我待，美国海军的一支舰队被派往中途岛以北约200海里处隐蔽待命。这一待机地点就以“幸运角”为代号，任务是在日本联合舰队派出舰载机攻击中途岛之际，对日军航母实施突袭。此项作战计划编号为“太平洋舰队第29-42号作战计划”。

为了尽早发现来犯之敌，美军潜艇大队在中途岛以西700海里、300海里和150海里分别部署1艘、3艘和6艘潜艇，组成递进警戒线进行巡逻，并在中途岛西北海域部署2艘潜艇做机动巡逻。同时，从5月底开始，每天派出22架次水上飞机，对中途岛以西700海里范围按

---

① 田中赖三（1892—1969）：日本海军中将，联合舰队第2水雷战队司令，塔萨法隆格海战的胜利者。由于他在瓜岛战役中的优异表现，美国历史学家称其为“顽强者田中”。

不同扇面进行长达 15 小时的巡逻搜索，以便在日本联合舰队进入攻击距离之前发现目标。此外，尼米兹还特别命令正在珊瑚海活动的“坦吉尔”号和“盐湖城”号巡洋舰使用航母通常使用的无线电频率发报，实施无线电伪装，欺骗日军的无线电监听系统。

5 月 28 日晨，斯普鲁恩斯指挥的第 16 特混编队的巡洋舰和驱逐舰排成单行队离开珍珠港，接着又变成环形队形，朝西北方向驶去。11 时 10 分，“企业”号航空母舰起航，依照航道各段的要求，不断地调整着自己的航向、航速，驶出珍珠港，旋即以 25 节的航速行驶。11 时 34 分，“大黄蜂”号航空母舰起锚。

第 16 特混编队由 2 艘航空母舰、5 艘重型巡洋舰、1 艘轻型巡洋舰、9 艘驱逐舰组成。斯普鲁恩斯站在旗舰上，像一把笔直锋利且富有弹性的宝剑。这是他首次担任航母特混编队主帅，一向冷静得近乎冷漠的他也禁不住激动无比、血脉贲张。

5 月 30 日，由弗莱彻指挥的包括 1 艘航空母舰、2 艘重型巡洋舰、5 艘驱逐舰的第 17 特混编队从珍珠港起航。此次“约克城”号的任务是前往“幸运角”守株待兔，所以它出港后便直接向中途岛东北约 200 海里处驶去。

同一天，日军“伊－121”号和“伊－123”号潜艇到达弗伦奇环礁，准备为执行侦察任务的水上飞机加油，结果发现那儿有 2 艘美舰在游弋。24 小时后，美舰仍未离开，加上天气原因（刚下过一场雨，海上雾蒙蒙的），山本只得取消了这一代号为“K 计划”的侦察行动。日军完全相信，太平洋舰队此时此刻还不会出现在这一带。

6 月 1 日，菲奇少将终于率“萨拉托加”号航母和加强的巡洋舰、驱逐舰掩护部队驶离圣地亚哥，基本算是按时完成组建任务，但能否赶得上中途岛战役，则取决于战役进程。这支舰队的最大作用就是让美军参战舰队因有后备力量的支持而信心更足。

6 月 2 日，海上大雾弥漫，就连强烈的探照灯光也难以穿透浓雾构成的幕帐。日本联合舰队的各个编队在茫茫大雾中航行。山本发自内心地感谢老天赐予的天然遮障，但想到他的舰队如同盲人骑瞎马，在看不到敌人的情况下冒险东进，心中又难免有些打鼓。

与此同时，弗莱彻第 17 特混编队在距离中途岛约 200 海里处、代号为“幸运角”的海域，与守候在这里的第 16 特混编队顺利会合，这样一来，这里便有了 3 艘航空母舰、8 艘巡洋舰、14 艘驱逐舰、233 架舰载机，由弗莱彻统一指挥。弗莱彻肩负着关系太平洋舰队生死的重担，这也是尼米兹反复叮嘱他的原因之一。

6 月 3 日，当中途岛天色微明时，沿着云层边沿向西北方向巡逻的美军侦察机给中途岛发回了一份明语急电：“2 艘航空母舰和主要舰艇，方位 320 度，航向 135 度，航速 25 节，距离 180 海里。”几分钟后，尼米兹的司令部便得到了这一消息。“客人真的来了。”尼米兹显得很兴奋。“好像有人拉开窗帘一样，他的微笑和蓝眼睛使人感到心情舒畅。”因为此前他们的判断是否正确还无法验证，而电报中的数据离莱顿的预测误差仅为 5 海里、5 度和 5 分钟。这时，尼米兹心里的一块石头总算落了地，终于可以放手一搏了。

与此同时，山本还在焦急地等待先遣侦察编队的消息。由于“K 计划”侦察行动受挫，山本无法弄清目前美军在珍珠港究竟有多少兵力，但是他仍寄希望于先遣编队潜艇建立起的警戒线能够提供早期预警以及美军兵力情况。可是他不知道，尼米兹的太平洋舰队与他的联合舰队几乎同时从驻地出发，中途岛距离珍珠港仅约 1 150 海里，而离日军的柱岛基地却有 2 500 海里。在日军潜艇建立起警戒线之前，弗莱彻的 2 支航母编队早已通过了日军预定的警戒线，山本打的如意算盘落空了，更可怕的是，他对这些异常情况完全没有加以重视。

凌晨时分，在阿留申群岛方向，日军北方编队由角田觉治海军少将率领的第 2 机动部队已到达对荷兰港实施空袭的阵位。在“龙骧”号旗舰舰桥上，穿着皮大衣的舰长加藤唯雄海军大佐正在向攻击队的飞行员下达登机命令。不一会儿，飞机引擎便隆隆作响，角田焦急地拍了拍航空参谋官奥宫正武①海军少校的肩膀，问他现在能不能立即发动进攻。奥宫回答说：“司令官，还得稍等一会儿。”他看了一下手表，时间是2时28分，天还没亮。奥宫知道他们的飞行员对这一带完全陌生，而且使用的地图也是过去的，黑夜里别说去找岛上的目标，就连能不能找到那个岛都是个问题。

角田耐下性子，让飞机熄火等待。直到2时45分，能清楚看到“隼鹰”号航母了，奥宫才大声喊道：“司令官，现在可以起飞了！”随着一声令下，11架轰炸机、6架战斗机从“龙骧”号上起飞，12架轰炸机、6架战斗机从“隼鹰”号上起飞，在无法保持编队的情况下，飞向荷兰港。途中，“龙骧”号的战斗机发现了一架美军巡逻机，立即围上去把它干掉了。4时07分，日军轰炸机开始轰炸，除了一架战斗机在扫射时被美军炮火击中后迫降外，基本没有遭到抵抗。“隼鹰”号的飞机在驶往目标途中与一架美军水上飞机遭遇，美机被日军护航的战斗机击落。由于天气恶劣，日机第一次攻击成效不大。

8时许，山本根据预定计划，命令第1舰队司令长官高须四郎海军中将指挥第2战列舰战队“伊势”号、“日向”号、“扶桑”号和“山城”号4艘战列舰离开主力编队北上，支援北方编队的作战。山本的主力编队在此役中相当于总预备队，支援北方编队是其任务之一。而且他相信，中途岛第一阶段的作战根本不需要战列舰的炮火支援。等到了登陆阶段，需要炮火支援的时候，北方编队正好可以南下。

当天下午，南云的机动编队以24节航速直扑中途岛，编队采取环形队形，中央是4艘航母，四周是“榛名”号和“雾岛”号战列舰、“利根”号和“筑摩”号重型巡洋舰、“长良”号轻型巡洋舰和12艘驱逐舰。

6月4日凌晨，南云的旗舰“赤城”号航母上的一个望哨报告：

---

① 奥宫正武（1909—2007）：日本海军中佐，“二战”期间历任第11联合航空队参谋、第4航空战队参谋、第26航空战队参谋、第2航空战队参谋、第25航空战队参谋、海军军令部第1部第1课（作战课）参谋。

“右舷90度，高角70度，好像是一架侦察机的灯光。在云上，向我逼近！”

“赤城”号舰长青木泰二郎立刻下令拉响战斗警报，舰员们各就各位。此时，但见天上星光穿过云隙忽明忽暗地闪烁着，不见美机踪影。原来，望哨把星星当成了目标。过了一会儿，青木正要下令解除警报，望哨突然又大声报告：“还是那个方向发现灯光！不是星星！”对空战斗的命令立即发往各舰。结果又是虚惊一场。两次错判后，南云在对各种情况进行分析之后，做出了以下判断：“敌人尚未察觉我方企图，也未发现我机动部队；敌舰队大概会在我中途岛攻击作战开始之后做出反应；没有迹象表明敌航母机动部队在我附近。因此，我们可以先空袭中途岛，歼灭岛上岸基飞机，支援我登陆作战；而后，再转过头来迎击向我出动的敌航母机动部队，予以歼灭。”

4时30分，青木下达了作战命令，第一架零式战斗机在一片欢呼声中腾空而起，日军狂热地挥动着手臂和帽子为之送行。随后，又有8架零式战斗机升空，接着起飞的是俯冲轰炸机。在距“赤城”号左舷大约4 000米处，同样灯光闪耀，这是“飞龙”号航母上的飞机正在起飞。4时45分，机群编队完毕后绕舰队飞行一周，然后向东南天际飞去。

至4时45分，日军从4艘航母上共起飞108架舰载机。

中途岛的美军虽然知道日军将在6月4日发动进攻，但并不知道日军究竟会在该日的什么时刻，使用多少兵力进攻。因此，从6月3日夜间，美军就开始焦虑不安地观察着、等待着，同时派出两个各由6架战斗机组成的分队，掩护11架PBY“卡特林娜”水上飞机在空中巡逻。而香农上校的第6陆战守备营的高射炮兵也日夜坚守在战斗岗位上。4架陆军B－26“掠夺者”轰炸机和VT－8分遣队的6架海军TBF“复仇者”鱼雷轰炸机也在待命之中。

5时20分，驾驶PBY“卡特林娜”4V58号机的霍华德·艾迪中尉和副驾驶员莫里斯·史密斯少尉报告：“发现一架来历不明的飞机。”

10 分钟后，他们又发报说："发现 1 艘航空母舰，方位 320 度，距离 180 海里。"香农上校立即命令高射炮群"向所有判明为非我方的飞机开火"。

紧接着，3V58 号机的威廉·蔡斯少尉的侦察机观察员 W. C. 科贝尔少尉突然发现两批 45 架飞机正在逼近。不一会儿，蔡斯又报告说，发现"2 艘航空母舰及主力舰只，以航空母舰为先导，航向 135 度，航速 35 节"。这实际上是南云机动编队的一部分。

就这样，日本联合舰队的北方编队、先遣编队、登陆编队、机动编队先后被美航空兵发现了。

中途岛战役正式打响。刹那间，岛上响起了一片空袭警报声。待命中的各种战斗机迅速升空。双方的几种战机在空中进行了一场场面壮观的大厮杀。

在中途岛上空的激战中，历险最多的恐怕要数威廉·布鲁克斯少尉。那天早晨，他所在的小组把 2 架日机打得起火后，他和威廉·桑多瓦尔少尉两人又冲到日军轰炸机编队的右侧击中了 1 架日机，2 架日本零式战斗机立刻向布鲁克斯猛扑过来。布鲁克斯匆忙飞向第 6 陆战守备营的高射炮群上空寻求掩护，2 架日机果然被美军高射炮火赶跑。但是，此时布鲁克斯的飞机已经多处中弹。他看见东边有 2 架飞机在格斗，连忙飞过去，想助患难中的战友一臂之力。可当他飞近时，却发现 2 架飞机一齐向他扑来，他大惊失色。原来，那 2 架飞机都是日机，它们假装格斗，以诱使美机上当。布鲁克斯不敢恋战，掉头便跑。突然，又有 2 架日机从正面向他冲过来，他避开了其中一架，果断地向另一架开火，这架零式战斗机受伤后匆忙向北方逃去。当布鲁克斯在机场上空盘旋，准备降落时，又看见 1 架零式战斗机正在对付 1 架美军飞机。这次他没有看错，尽管此时他的 4 挺机枪已有 3 挺卡了壳，但受海军陆战队团队精神的激励，他再次飞过中途岛上空，以仅有的 1 挺机枪去战斗。可惜他没能及时赶到，营救自己的战友脱险，只能眼睁睁地看着那架被击中的美军飞机打着螺旋坠入了大海。他返航降落后，在检查飞机受伤情况时，发现自己的飞机上有 72 个子弹和炮弹的弹孔，他的左腿也受了轻伤。

7 时 15 分，赛马德海军上校发出解除空袭的警报，召回飞机并与参谋人员一起统计损失情况，研究下一步对策。

然而，发出电令后返回的美军战斗机少得可怜，26 名飞行员中有 14 人在点名时永远不会答到了，另外还有几个人受了伤。能继续作战的战斗机只剩下 2 架。

在中途岛上空进行激烈空战的同时，岛上的地面守军也与空中的日机展开了一场生死搏斗。

6 时 30 分，沙岛上，香农上校通知所属部队："目标进入我射程之内就开火!"

6 月 4 日这一天，天气晴朗，能见度良好，这对高炮部队的防空作战十分有利。沙岛和东岛上的沙袋工事以及用沙石构筑的炮兵掩体，可以为炮兵提供良好的防护。

礁湖中，鱼雷艇也已出动，不仅仅是艇上的机枪，甚至连步枪和手枪都进入了戒备状态。

按照山本空袭中途岛的计划，水平轰炸机首先到达中途岛上空，它们的任务之一就是压制美军的高炮火力，为俯冲轰炸机以及进行低空攻击的零式战斗机扫清道路，然后再去轰炸机场和其他设施。"飞龙"号的飞机集中袭击沙岛。"苍龙"号的飞机分成两批，第 1 中队协同"飞龙"号的飞机在沙岛上空作战，第 2 中队轰炸东岛。

日机越来越近，美军高炮部队严阵以待，做好了射击准备。

当第一批日机进入高炮射程以内时，中途岛上的高射炮吐出了一条条火舌，一发发高射炮弹在空中绽放出雾白色的"花朵"。汤普森少尉发现炮弹似乎都在敌机机身稍后处爆炸，但他也看见一发炮弹直接命中了目标。他抓起望远镜观察，看见那架日机脱离编队，笔直坠落下去，飞行员没来得及跳伞。

一名美国黑人炊事兵看见一架日军飞机被高射炮击中坠地，连忙跑到飞机残骸边，把飞行员的尸体拖了出来。赛马德海军上校和拉姆齐海军中校也连忙赶过去，他们检查了死者的衣袋，希望能找到一些有情报价值的东西，但未能如愿。

从6时45分到7时10分，无论是空战还是地面反空战，都是日军占据优势，尤其是日军的零式战斗机再次显示了其优越性能，成功突破了美机的拦截。美机被击落16架，4架因伤在海上迫降，还有4架被击伤。日军只损失2架战斗机，轰炸机和鱼雷机无一损失。显然，日军对岛上的第一波攻击是成功的。

当第一波攻击还在进行之际，南云机动编队的4艘航母的飞行甲板上又挤满了飞机，这是第二攻击波，以便一发现美舰便可起飞迎击。第二攻击波的各类战机共103架：36架九九式俯冲轰炸机（“飞龙”号和“苍龙”号各18架）、43架九七式水平轰炸机（“赤城”号17架，“加贺”号26架）、24架零式战斗机。轰炸机队的领队长是“苍龙”号飞行分队长江草隆繁海军少佐，他被公认为日本海军俯冲轰炸机的头号王牌，是专门为攻击航母而来的。糟糕的是，南云直到现在仍不知道附近就有美军的航母编队。

5时52分，在中途岛机场待命的4架挂载鱼雷的B－26“掠夺者”轰炸机、6架TBF“复仇者”鱼雷轰炸机、12架SB2U“维护者”俯冲轰炸机和16架SBD“无畏”俯冲轰炸机起飞了，准备先发制人地攻击日本舰队。按尼米兹的计划，美军航空兵就是要寻找这样的机会，即利用日军舰载机起飞攻击中途岛尚未返航的间隙，向日军航母发起攻击。不一会儿，美军有3架PBY“卡特琳娜”水上飞机飞临日本舰队上空，它们在云层中穿进穿出，令日军负责空中警戒的战斗机指挥官忙得不可开交，不断引导日军战斗机前去攻击，但却毫无战果。

6时07分，美军第16、第17特混编队总指挥弗莱彻命令斯普鲁恩斯根据巡逻飞机报告的日本舰队方位进行攻击。这是该战场的重头戏，要不计成本地干掉山本的航母。当时，斯普鲁恩斯正准备继续航行，缩短与日本舰队的距离，于9时再让飞机起飞。但参谋长米尔斯·布朗宁上校认为，如果7时起飞的话，将正好在日军攻击中途岛的飞机返回着舰时到达其上空，可抓住这一有利时机进行攻击。

斯普鲁恩斯沉思片刻，采纳了他的建议，于7时02分命令“企业”号起飞14架TBD“蹂躏者”鱼雷轰炸机、33架SBD“无畏”俯冲轰炸机和10架F4F“野猫”战斗机；“大黄蜂”号起飞15架TBD“蹂躏者”鱼雷轰炸机、35架SBD“无畏”俯冲轰炸机和10架F4F“野猫”战斗机，共117架飞机，组成4个战斗群前去攻击日军航母，两舰只留下8架轰炸机和36架战斗机用以自卫。同时，他的编队以24节的航速向日舰靠近。

弗莱彻所率的第17特混编队将派出搜索的侦察飞机全部收回后，才掉头向西南急进，前去追赶斯普鲁恩斯所率的第16特混编队。这时，他收到电报报告说“大黄蜂”号和“企业”号上的117架飞机已经升空。他分析了一下双方的态势，觉得日军还有2艘航母的方位和动向不得而知，为了保有机动兵力对付日军另2艘航母及应对突发情况，他把“约克城”号的攻击机留下一半，令6架战斗机、17架轰炸机和12架鱼雷机编成一队，立刻起飞。这是美军派出的第5个机群。

7时刚过，从中途岛起飞的美军岸基飞机又开始攻击日本舰队。首先是菲伯林上尉率领6架TBF“复仇者”鱼雷轰炸机对日军“飞龙”号和“赤城”号2艘航母进行攻击，但在日军战斗机的拦截下被击落5架，仅1架投下鱼雷，且未命中目标。紧接着，柯林斯上尉率4架B-26“掠夺者”轰炸机对日军“赤城”号航母进行鱼雷集中攻击，均被其规避，攻击的飞机反被击落2架，返回中途岛的1架鱼雷机和2架轰炸机都受了伤，无法继续参加战斗。

就在这时，从“利根”号起飞的日军侦察机报告在距离舰队不到200海里处发现10艘美舰。南云不敢断定其中是否有航母，按正常情况推断，美军的航母编队从珍珠港赶往这里，差不多需要3天时间，即使在日军北方编队对阿留申群岛发起攻击当天，即6月3日及时出航，此时也不应该出现在这里。于是，他令侦察机立即查明详情。这位骁勇善战的将军命中注定有此一劫——这架侦察机弹射器出了一点故障，延迟 30 分钟才起飞。

8 时 09 分，日军搜索机来电说：“敌舰为 5 艘巡洋舰和 5 艘驱逐舰。”接到电报后，情报参谋小野扬扬得意地说：“跟我想的一样，没有航空母舰。”说完随手把电报递给参谋长。

参谋长对南云说，美国舰队后面似乎有一艘航母，语气依然是不确定。南云毕竟久经沙场，他凭经验断定，这么庞大的舰队不可能没有航母，宁可信其有，不可信其无。

可是，当南云下令停止换装攻击中途岛的弹药时，“赤城”号和“加贺”号上的大部分水平轰炸机都已把鱼雷卸掉，装上了地面炸弹。因此，此时真正装好弹药，可用于进攻美舰并已排在飞行甲板上准备起飞的飞机，只有“飞龙”号和“苍龙”号的 36 架俯冲轰炸机（爆击机），仅靠这些飞机的力量来对付美舰是不够的。虽然也可以使用换装了炸弹的水平轰炸机攻击美舰，但它在投弹过程中不能进行空中规避运动，很容易成为美军战斗机的活靶子。

当时仅有的 24 架零式战斗机中，有 17 架已升空担负警戒任务，南云手中几乎没有战斗机来随同这些俯冲轰炸机和水平轰炸机担负掩护进攻任务。

南云一时进退维谷，显得焦躁起来，他需要冷静下来再做决断。就在这时，更大的麻烦出现了。第一攻击波的飞机空袭中途岛后归来，急需在航母上降落，有些战斗机燃油已经耗尽，如不尽快降落就会坠入大海。

南云感受到了前所未有的压力。他考虑再三，始终举棋不定。

这时，第 2 航空战队司令山口多闻海军少将沉不住气了，建议说：“我认为应立即命令攻击部队起飞。”

南云却认为，在没有战斗机掩护的情况下派出攻击机太冒险，应该先收回空袭中途岛的飞机和执行战斗巡逻任务的战斗机，等做好一切准备之后，再让俯冲轰炸机和水平轰炸机在战斗机的可靠掩护下全力进攻。

应当说，南云的想法是正确的。他最大的失误在于还不知道美军的舰载飞机已经从 200 多海里处起飞，他没有时间按部就班地准备了。

最后，南云决定首先收回空袭中途岛和执行战斗巡逻任务的飞机。

于是，疲惫不堪的地勤人员开始再次把水平轰炸机送到下边的机库，以便腾出甲板让空中的飞机降落。同时，他们开始按照新的命令，在机库里重新卸掉地面炸弹，再装上鱼雷。当返航的飞机一架接一架降落在飞行甲板上的时候，机库里也在拼命地赶着给水平轰炸机重新挂装鱼雷。

8 时 55 分，在完成收回飞机的工作后，南云开始向各舰发出了一个灯光信号，下令："收机作业完成后我部队暂时向北航驶。我们计划接触并歼灭敌机动舰队。"

同时，南云向"大和"号上的山本和指挥舰队的近藤发报，向他们报告新的紧张形势。电报说："8 时整，发现敌航空母舰 1 艘、巡洋舰 5 艘和驱逐舰 5 艘。敌方位 10 度，距离中途岛 240 海里。我们将驶向敌人。"

南云的航母编队北上的时候，舰上的地勤人员正忙于给刚刚降落的飞机加油、补充弹药，完成这一动作大约需要 1 个小时。就在这 1 个小时内，战局出现了令人震惊的变化。

南云舰队沿 30 度航向，以 30 节快速北进，以尽快占领有利的攻击阵位，这使得美军的 2 个攻击机群没有找到轰炸目标。美军机群错失良机，只得继续向西南搜索，结果正好与南云的舰队背道而驰，越跑越远，始终未能发现南云的机动编队。这 2 个美军机群的 35 架轰炸机，有 21 架返回母舰，11 架因燃油将尽被迫飞至中途岛降落，3 架在中途岛机场着陆时撞毁。而为这群飞机担任护航的 10 架战斗机，因燃油耗尽全部在海上迫降。

"大黄蜂"号的 15 架鱼雷机低空飞行，发现南云的航母正在向北移动，于是向其靠近，然后像小鸟扑食一样扑向挂有旗舰舰旗的"赤城”号，但是被日军战斗机纷纷扫落。“企业”号的 14 架鱼雷机也与护航战斗机失散，单独飞临日舰上空，分成两组，向“苍龙”号两舷实施鱼雷攻击。南云动用后备战斗机进行拦击，在猛烈的机炮扫射下，美军有 10 架鱼雷机在投下鱼雷前就被击落，其余 4 架投下的鱼雷也无一命中。

从清晨到 10 时 20 分，美军的岸基飞机和舰载机 4 个机群共出动了 199 架次，损失各种飞机 62 架，但一无所获。而南云舰队的大部分战斗机、轰炸机在完成拦截和轰炸任务后返航，并用 1 个小时补充了燃料、弹药，5 分钟内又可以起飞。美军似乎没有可乘之机，然而，就在这短暂的 5 分钟里，奇迹发生了！

10 时 24 分，南云在旗舰“赤城”号上发出开始起飞的命令，飞行长摇动着小白旗，第一架零式战斗机开足马力，飞离了飞行甲板。就在这时，瞭望哨高叫：“俯冲轰炸机！”说时迟那时快，3 架美军轰炸机朝“赤城”号笔直俯冲下来，日舰的部分机炮连忙开始射击，但为时已晚！

将近 1000 磅的炸弹，一枚落在“赤城”号中部升降机后部，另一枚落在飞行甲板左舷后段，随着两声巨响，原本威胁不太大的炸弹，引爆了甲板上满载油料弹的飞机，火势迅速蔓延，转眼间“赤城”号便完全丧失了作战能力，通信联系全部中断！南云不得不易旗换舰。

这是美军“企业”号的舰载机，即由麦克拉斯基少校带领的第 5 个机群的第一次攻击战果。他们晚到 1 个小时，却抓住了最后的 5 分钟时间。当然，这也是前面一批鱼雷轰炸机不畏牺牲为他们创造的条件。

麦克拉斯基的机群在攻击“赤城”号的同时，还攻击了“加贺”号航母。9 架轰炸机向它俯冲，各投了 1 枚炸弹，有 4 枚击中了“加贺”号飞行甲板的前段、中段和后段。“加贺”号舰长冈田次作海军大佐及在军舰指挥中枢的其他人员当场死亡，舰上迅即燃起了大火。易燃的油漆把大火带到全舰各部位，诱发了弹药库以及机库里散乱放置的炸弹、鱼雷的连锁大爆炸。剧烈的爆炸所产生的气浪，把人、物件，甚至舰上的钢板，都像干柴一样掀进大海。

“加贺”号中弹时，“苍龙”号的舱面人员正忙于起飞准备工作。他们望着“加贺”号上的熊熊大火，只能默默祈祷。这时，13 架美军俯冲轰炸机又来朝他们飞来，短短几分钟内，“苍龙”号就接连命中 3 枚炸弹。它的机炮对轰炸机的威胁远远小于战斗机，因为战斗机可以将它们拦在外围，无法靠近航母，但“苍龙”号的战斗机因补充燃料弹药还没来得及起飞。10 时 30 分，“苍龙”号也跟“加贺”号一样被浓烟大火笼罩。在所有的拯救措施均告无效后，舰长柳本柳作①手握军刀，一动不动地站在舰桥上，等待和“苍龙”号一起沉没。

10 时 50 分，弗莱彻发来一份正规的密码电报说：“在中途岛以北 150 海里处遭到空袭。”“约克城”号中了 3 枚炸弹后已经瘫痪，但电报还可以使用，尼米兹见到电文后万分沮丧，到目前为止，他还没有等到一个好消息。

“约克城”号真是运气不佳，它最先被日机发现并死死盯住。这是一批从日军“飞龙”号航母上起飞的飞机。在南云的机动编队中，只有“飞龙”号没有受伤，舰长山口多闻是位很有胆识和才干的少将，他在接手了南云的空中作战指挥权之后，毫不犹豫地对美航空母舰发起了反击。

10 时 40 分，日军 18 架俯冲轰炸机分成 2 组，其中，小林攻击组的 6 架飞机突破美舰载后备战斗机的拦截，向“约克城”号投掷炸弹并命中。受伤后的“约克城”号经过抢救，继续以不到 20 节的速度航行，并向尼米兹请求援救。

在离中途岛 800 多海里的“大和”号旗舰上，山本也在等待着各参战编队的消息。由于他的主力编队中有几艘战列舰去增援北方编队攻打

---

① 柳本柳作（1894—1942）：日本海军少将（追授），“二战”期间任“苍龙”号航空母舰舰长，参加了偷袭珍珠港、威克岛海战、印度洋空袭等一系列战役。

阿留申群岛，他比较关心北方编队的作战情况。事实上，山本原本就没有打算攻占阿留申群岛，只是想把它当作诱饵，吸引美军的一部分兵力过去，现在既然尼米兹没有上钩，就不用浪费那么多兵力在阿留申群岛了。他给细萱中将发电说：尽快结束北方战斗，然后南下会合。但他没有说明具体的时间，以致北方编队后来没能按他预计的时间南下。相对而言，他对中途岛的战斗一点也不担心，因为他认为中途岛之战必胜无疑。当他在 6 月 4 日上午 10 点接到南云机动编队重创“约克城”号的报告后，更加坚定了必胜的信心，下令继续搜索攻击。

此时南云派出的新式高速侦察机飞行员找到了“企业”号和“大黄蜂”号航母的位置，第 2 航空战队司令山口报仇心切，想再给美舰队另外的航母以致命一击。他兴奋地给即将执行攻击任务的友永大市、桥本敏男和森茂海军上尉下达指示说：“那艘被小林机群击中的航母可以先放一放，去搜索、攻击另外 2 艘航空母舰。如果没能发现另外 2 舰，再去攻击那艘已经起火的航空母舰，直到把它炸沉。”

结果，友永、桥本在离“约克城”号 30 海里处遇到奥斯卡·佩德森海军少校率领的 12 架 F4F“野猫”战斗机拦截，同时，斯普鲁恩斯也派出 6 架战斗巡逻机前来支援。经过一番激烈的空战，美机损失惨重。“约克城”号又受到了第二次轰炸，至少被 3 条鱼雷击中。弗莱彻只得改换旗舰，登上了“阿斯托利亚”号巡洋舰。15 时许，“约克城”号开始严重侧倾并即将倾覆。伊利奥特·巴克马斯特上校升起蓝白色信号旗，忍痛下令弃舰。

就在山口对“约克城”号进行第二次轰击时，斯普鲁恩斯下令“企业”号和“大黄蜂”号上的轰炸机和部分战斗机轮番对日军“飞龙”号进行攻击。

日军“飞龙”号发动了两次进攻，又受到多次攻击，舰员们都疲惫不堪，战斗力大减。但山口仍决定黄昏时再次出击，给美舰队以致命一击。他不知道，斯普鲁恩斯的第 16 特混编队正紧紧跟在后面，离“飞龙”号不到 90 海里。

15 时 50 分，斯普鲁恩斯下令威廉·加拉赫率领“企业”号上所有能参战的俯冲轰炸机全部起飞，似乎是要孤注一掷，与日军拼个鱼死网破。

这时，“飞龙”号上的所有飞机已经做好了起飞的准备，舰员们正在抓紧时间进餐，突然，瞭望哨惊呼道：“敌俯冲轰炸机就在头顶上了!”话音未落，只见 13 架美机背阳而下，朝“飞龙”号直扑过来……

1942 年 6 月，中途岛战役，日军航母“飞龙”号前甲板被美军炸弹炸开，失去动力

“飞龙”号左躲右闪，但还是被命中 4 弹。震耳欲聋的爆炸声响过之后，黑色的烟柱腾空而起，刹那间，舰上便什么也看不见了。舰长加

来止男忙下令“飞龙”号全速前进，以躲避美机的再次轰炸，不料由此而产生的大风却助长了火势向全舰蔓延，尽管舰员全力扑救，尽量将大火与易燃物品隔离，但已经无法阻止火势吞噬全舰。

这时，从美军“大黄蜂”号上起飞的15架轰炸机又扑了上来，并对“利根”号和“筑摩”号巡洋舰发起攻击，所以其他护航舰也难以对它施以援手。

无可挽回的失败

6月4日17时55分，山本又收到一份十分不利的电报：“飞龙”号中弹起火。他知道，南云的机动编队已经完了，但他仍不肯就此罢手，因为近藤的登陆编队和先遣编队都离美国舰队不是很远，实施夜间决战的可能性仍然存在。

这时，山本急切希望北方编队第2机动部队司令角田觉治海军少将率领“龙骧”号、“隼鹰”号2艘航空母舰尽快赶来。不料角田发来电报说：“我部收回袭击荷兰港的攻击机队之后，尽速南下。……我队4日15时的位置，在荷兰港西南120海里处。”

角田是指望不上了，此时主力编队离中途岛还有460海里，也帮不上什么忙，山本只得把南云的残余部队归并给登陆编队的近藤，让他实施夜袭，做最后一搏。

斯普鲁恩斯是个很有预见力的将才，他再一次把自己的舰队放在了一个十分有利的位置——离中途岛不太远，介于中途岛与日本舰队之间，既便于追击退却之敌，又能粉碎日军对中途岛的登陆。他做出这样的决定后，便火速向中途岛靠近。山本对这个难缠的新对手一无所知，当他知道美国舰队已向东疾进，在拂晓前几乎不可能与其接触时，实施夜间舰队决战的最后一线希望也破灭了。

6月5日，山本及其幕僚们一觉醒来，几乎都意识到这一仗已经输了，但没有一个参谋人员建议中止作战，相反，参谋长宇垣、首席参谋黑岛龟人及渡边等人都在努力寻求补救办法。渡边参谋提出了一个方案，要求所有战列舰包括“大和”号在内，在6月5日大白天逼近中途岛，用它们的主炮轰击中途岛的航空基地。黑岛十分赞同这个方案，并立即将它整理成文提交给山本和参谋长宇垣。

看了这个近乎荒唐的方案，山本平心静气、一声不吭地听完黑岛异想天开的解释，最后才说：“你的建议违反了海军最基本的原则。现在进行这样的作战为时已晚，此次作战已接近尾声。下棋时不顾死活，一味地拼杀，会造成满盘皆输，会输得精光。”

宇垣接着毫不客气地说：“一盘棋，败局已定，还要一再逞强硬拼，只有没头脑的笨蛋才会干这样的事情。”

听完两位长官的话，参谋们都明白了山本的意图：输了还要赌下去，只会赔光赌本。他想撤退了，但面子上又挂不住。

此时山本有两个选择：一是集中兵力继续攻占中途岛；二是佯装退却，诱敌来追，再来一次海上较量。他虽然赌性很强，但并不想输掉所有赌本，他的初衷是干掉美国太平洋舰队，如果为了夺岛而耗掉太多的兵力，无疑得不偿失。他的参谋们看透了他的心思，认为现在除了退却，向西逃窜之外，别无他法。于是，他们按照山本的意图，起草了一份撤销占领中途岛的作战计划的命令。

随后，日本联合舰队的各个编队分头向西行驶，完全脱离中途岛岸基飞机的攻击范围。根据中途岛侦察机的报告，日军在该岛以西的所有部队，都在向西移动。夏威夷情报分队也已证实，日军第2舰队向西北航行。很明显，日军是在全线后撤。

美军的一些军官对斯普鲁恩斯没有猛追日舰，而是向东后撤大为不满，认为他错失了良机。但尼米兹对此却不置可否，因为他还没有掌握全部情况，他对斯普鲁恩斯是充分信任的。“我相信斯普鲁恩斯在那里对情况的判断，比我们在这里判断得更为准确。我相信他对这件事非常理智。随着时间的推移，事情会真相大白的。我们在这里没有资格对一个战地司令官的行动评头论足。”他向部下解释说。

事实上，山本在发布撤退命令之前就已经有了新的打算，企图引诱斯普鲁恩斯的第16特混编队进入以威克岛为岸基的日机飞行半径之内，然后一举歼灭。如果斯普鲁恩斯被胜利冲昏了头脑，紧紧追击南云残部，那就正中了山本的圈套。

6月6日早晨8时刚过，斯普鲁恩斯断定日军不会再强攻夺岛了，于是派出舰载俯冲轰炸机和中途岛的B－17“空中堡垒”轰炸机，袭击了日军巡洋舰，使日军“三隈”号巡洋舰被击沉，“最上”号巡洋舰受重创。但斯普鲁恩斯并没有向西南追击。

山本见美军没有上当，很不甘心。由于事前已经拟定好计划，尽管事不如愿，他还是下达了这样的作战命令：“在本地区作战的联合舰队各部队，应在威克岛航空兵攻击范围内接触并歼灭敌机动部队……”

这是一个富有戏剧性的命令。这一天原是山本定的攻占中途岛的纪念日，但此时他却带着受重创的日本联合舰队与中途岛背道而驰。实际上，这是一个以进攻方式下达的撤退命令，这样做或许能让山本保住一点面子吧。

收到撤退命令时，南云心里很不是滋味，他是赌本输得最多的，这一退就没有翻本的机会了。他眼睁睁地看着自己的几艘航母慢慢下沉，还有几名舰长甘愿与舰共生死，而他却无能为力。在南云新的旗舰上，军官们面对这种作战结局，都感到颜面尽失，无地自容！突然，南云想到美军的“约克城”号还漂浮在海面上，他想让它永远沉入海底，于是派出2艘潜艇去将它击沉。当时有几艘美军驱逐舰在“约克城”号周围警戒，救援分队正在进行抢救。日军潜艇向“约克城”号发射了4条鱼雷，有2条击中其右舷舰底与舰侧间的接合部，把舰体炸出了一个大洞。一艘驱逐舰也被鱼雷击中。美舰发现有日军潜艇来捣乱之后，立即展开反潜攻击，待赶走这两个不速之客后，“约克城”号的抢救已经不可能再进行下去了，最终这艘航母于6月7日4时58分沉没。

4天后，当日本联合舰队返回柱岛锚地的时候，东京举行了灯笼游行，庆祝这次新的“胜利”。这次日本联合舰队不宣而归，没有说明为何少了4艘航母，因为自战争开始以来它们一直在海上，这次没有回来也没有人惦念。“赤城”号、“加贺”号、“苍龙”号和“飞龙”号上的幸存者没有休假就被匆匆派到日本和太平洋上的前哨基地；伤员是在夜间上岸的，然后被送往与外界隔绝的医院病房，甚至不准和近亲会面。

6月10日，日本海军军令部副总长和海军省次官联名下达了一项通知：“兹决定公布中途岛海战中我方损失如下——1艘航空母舰损失，1艘航空母舰受重创，1艘巡洋舰受重创，35架飞机未能返回。”5天后，宇垣又下达了一个补充通知：“除大本营公布的情况外，在海军内外都严禁透露有关中途岛和阿留申战役的任何情况。在海军内部将公布‘加贺’号已损失、‘苍龙’号和‘三限’号遭重创，但这几艘舰的名字将不对外公布。”

6月11日，日本官方的《日本时报与广告报》刊登了一幅奇怪的画，画中有一艘美国航空母舰遭日机攻击，正在下沉。画上方的解说词是：“海军再次取得划时代的胜利。”画的下方有一段热情洋溢的文字，开头几行是：“美国企图以舰载机对日本进行游击战之全部希望已成泡影。强大的帝国海军又击沉了2艘大型美舰。这一划时代的胜利是于6月4日至7日奇袭阿留申群岛的荷兰港以及中途岛时取得的。战争开始时，美太平洋舰队有7艘航空母舰，现在只剩下了2艘……”

6月15日，日军大本营发表补充战报说：“先前所公布的奇袭中途岛的战绩中，还应加上1艘美‘旧金山’级A级巡洋舰和1艘潜艇……”所谓“先前所公布”的战绩，是指击沉2艘美军“企业”级航空母舰和1艘驱逐舰。

事实上，中途岛海战是一场决定性的战役，它与一个月以前的珊瑚海大海战一起构成了太平洋战争中战略阶段的一个转折点。这次战斗不仅打破了日本海军从未失败的纪录，使其蒙受了无法弥补的巨大损失，结束了日军的长期攻势，而且使日本联合舰队失去了对太平洋战场的制海权。对于这次失败，对外宣布时虽然极力减少了有关数据，但在内部，山本还是实事求是的。他回到柱岛后，向部下检讨说："我要承担全部责任，不要去批评南云的舰队。"说完他走进自己的舱室，忍受着腹疼的折磨，一连 3 天拒绝会见任何人。在"长良"号上，南云严厉自责是自己导致了这次惨败，但被他的部下劝住，没有自杀。

中途岛之战从战绩对比和战损对比上来说，美军以少胜多，而且只损失了 1 艘航空母舰、1 艘驱逐舰和 147 架飞机，阵亡 307 人；中途岛和荷兰港的设施遭到了严重破坏，阿图岛和基斯卡岛陷落。日军则损失了 4 艘大型航空母舰、1 艘巡洋舰、332 架飞机，以及 3500 名舰员，其中包括 100 多名经验丰富的飞行员。日军的损失虽然没有美国战前估计的那么惨重，但已足以改变太平洋战争的进程。

从中途岛海战的经过可以看出，不仅是山本，日本联合舰队及日军大本营都被上一次的胜利冲昏了头脑，过于轻敌了。他们的计划远没有上一次周密，也没有做好保密工作。在这种情况下贸然发起战役，有很大的赌博成分。而在行动部署上，山本的表现也一直为人所诟病。

行动开始时，日本联合舰队是分进合击，气势汹汹地杀向中途岛。同时，为了顺利达到偷袭中途岛的目的，山本不惜派出一支规模不小的舰队佯攻阿图岛、基斯卡岛。但他忘了分兵也会导致力量的分散。

日本联合舰队参谋军官香川进二在中途岛战役结束后，写下了这样一段日记："如果我们理智地部署兵力，也许结果就不是这样了。当然，这是要冒很大风险的，我不该说山本长官的坏话，但是，假如我们的主力和南云忠一的舰队一起行动，由山本长官的几艘庞大的战列舰掩护航空母舰，兵力会大大加强。这样一来，我们实力超群的战列舰和护航舰巨大的火力将会击退更多来袭的敌机，更可以吸引一些进攻的敌机，从而远离现在看来倒霉的航空母舰。而这样，山本长官还可以直接控制整个战局。要知道，他无法驾驭局势的根本原因就是距离太远了。"

山本原本想在殿后的"大和"号战列舰上遥控指挥，但为了保持无线电静默，他和南云忠一在整个战役期间几乎没有过联系，这样一来，他的指挥作用基本可以忽略。在这次海战中，南云忠一的机动编队是进攻中途岛的 6 个编队中唯一遭到攻击的部队。从战争的进程来看，南云忠一的指挥确实错误不断，而且他所犯的错误跟自己的同僚又没有可比性，因为其他编队没有遭到攻击，这也就使南云忠一成了日本联合舰队或者说是山本的替罪羊。

第十一章　喋血瓜岛

瓜岛的拉锯战

中途岛一战，山本五十六因过于自信而吃了败仗，但是，这并没有使他的盲目自信有所收敛。日本海军军令部的高级将领仍自信地认为，在若干个月内，4 国太平洋舰队不会有大规模的军事行动。不过，中途岛海战结束后刚过一周，日军大本营就取消了原定于 1942 年 7 月侵占新喀里多尼亚、斐济、萨摩亚等岛屿的狂妄计划，为巩固南方资源地区，不得不调整防卫态势，以备长期作战。日本联合舰队在中途岛战役以后意志消沉，参谋长宇垣缠在日记中这样写道：“长官面带忧伤，然尚未到可述怀之时，只可远观。”而陆军参谋本部作战班在《机密战争日志》里则带着奚落的语气写道：“很久没听到海军的积极言论了，感到有些寂寞。”

与日本海军军令部乐观的看法恰恰相反，美国海军作战部部长金上将在中途岛战役胜利后说：“中途岛战斗是日本海军 350 年以来第一次决定性的败仗。它结束了日本长期的攻势，恢复了太平洋海军力量的均势，解除了日本对夏威夷及美国本土的威胁。此后日军作战将限于南太平洋，在这有限的地区，我们也必将成功。我们的战力增强，敌我之间已接近到战前之均势，而我们将更加强大。”由此可知，自夏威夷之战以来，一直被动的美国准备发起全面反击了。

然而，日本军方不相信美国这么快就能发动反击攻势。日军大本营的估计是，美国的反攻时间当在 1943 年春以后。为了在战略上争取主动，以抵御即将到来的美国反攻，有必要在美国反攻之前在南太平洋地区建立连锁空军基地，加固岛屿的防御工事，形成一道抵抗盟军攻势的环形防线。为此，日军必须夺取盟军仍据守的莫尔兹比港。事实上，这是日本陆军的建议，因为西南太平洋战场的麦克阿瑟逼得太紧，陆军有些吃不消了。

日军大本营陆军部充实了原准备为斐济、萨摩亚作战而于 1942 年 5 月组建的陆军第 17 军，该军由天皇侍从武官长的弟弟百武晴吉中将任军长，军部设在新不列颠岛的拉包尔，辖有南海支队、一木支队、青叶支队等部，总兵力约 13 万人。

1942 年 6 月前后，“沙漠之狐”隆美尔进入埃及，英国军队眼看就要被赶出北非，形势看起来似乎很好。于是，德国提出与日本合作，在印度洋战场给予配合，准备再大干一场。这对日本海军来说是一个很大的鼓舞。中途岛之战后，山本的联合舰队没有像样的对未来的展望和计划，因此准备重返印度洋，试图切断英国的航道。但日本陆军对西南亚和印度洋的兴趣越来越小，因为他们在那些岛国上的战斗实在太艰辛了，不知比海军多吃多少苦，已经厌倦了。

那么，第二阶段的作战计划到底该怎样调整呢？

在太平洋战场上，日本海军已占领从俾斯麦群岛到巴布亚新几内亚岛一带的岛屿，进而向南推进，攻占了肖特兰、图拉吉、瓜岛等大量岛屿，并在那里修建新的航空基地。

瓜岛，是瓜达尔卡纳尔岛的简称，位于太平洋上所罗门群岛的东南端，长 145 千米，宽 40 千米，陆地总面积约 5 336 平方千米，是长链状的所罗门群岛中一个较大的岛屿。岛上地势崎岖，森林密布，罕有人迹。瓜岛在日语的发音中和“饿岛”一样，但是，对于这个小岛，日军几次想在这里大做文章。

山本认为，进攻斐济、萨摩亚困难重重，但进攻新喀里多尼亚是有可能的。美军在离瓜岛大约 860 海里的新赫布里底群岛的埃法特岛上有一个机场，拿下那里就有可能进攻新喀里多尼亚。

如今在南太平洋，又轮到日本陆军当主角了。他们自太平洋战争爆发以来还从未吃过败仗，因而乘机提出了自己的作战方案，很容易被日军大本营通过。这个方案是从新几内亚岛的北部登陆，翻越欧文斯坦利山脉，以陆路攻占莫尔兹比港。为了使这一作战计划顺利进行，必须在这一攻势的侧翼修建机场，以掩护陆军的攻击行动。

另一方面，日本联合舰队在珊瑚海和中途岛已经损失了400架以上的飞机，而日本国内的飞机生产能力非常低，最重要的战斗机产量当时每月不超过90架，小于海军实际上损失的速度，所以海军的战斗力在不断衰减，到1942年6月底，陆基航空兵兵力编制中的战斗机只有54%，侦察机只有37%，陆攻机为75%，水上飞机为80%。为了配合陆军的行动，海军特意组建了第8舰队，又称为“外南洋舰队”，以区别于南洋舰队（第4舰队），任命三川军一①海军中将为司令，司令部设在拉包尔。

不过，山本的主要赌本还在，日本联合舰队还拥有最新式的航空母舰“瑞鹤”号、“翔鹤”号，毫发未伤的轻型航空母舰“隼鹰”号、“飞鹰”号、“瑞凤”号，1933年下水的舰龄较长的“龙骧”号尚能征战，“大藏”号、“大和”号超级战列舰已入役，新型精锐航空母舰“大凤”号（3.4万吨）预计1年后便可建成，大型战舰“伊势”号、“日向”号已决定改装成航空母舰，6.8万吨的超级航空母舰“信浓”号可望在2年后服役。

仅就航母的规模来讲，日本海军依然强大。再从常规舰艇来看，其实力几乎是美国太平洋舰队的2倍。另外，日本海军的舰载航空兵主力依然健在，如果在广阔的太平洋进行角逐，日本海军并不是没有夺回制海权的希望。山本心里对这一点十分清楚，但困扰他的依然是日本的军

① 三川军一（1888—1981）：日本海军中将，“二战”期间历任第3战队司令、第8舰队司令、航海学校校长、第2南遣舰队司令、西南方面舰队司令、第13航空舰队司令、第3南遣舰队司令。参加了偷袭珍珠港、中途岛海战、萨沃岛海战。

备生产力和燃料问题。日本联合舰队在中途岛海战中用掉的燃料就已经多于平常日本海军一年的燃料，再坚持半年恐怕很成问题。如果当初第4舰队司令井上成美接受山本的指示，将司令部迁往拉包尔，协助陆军一举拿下莫尔兹比港而不是让麦克阿瑟占据的话，也不至于会有现在的麻烦。但山本没有检讨自己为什么要去攻打中途岛，并从南太平洋调走舰队。人们也只会指责井上而不会认为山本错失良机。以重型巡洋舰"鸟海"号为旗舰编成第8舰队，也许是为了取代井上的第4舰队，把"秀才"贬去教书。当然，受责罚的还有陆军，因为海军毕竟只是协助。

现在，日军意欲夺港，志在必得；美军（或者说盟军）也早有察觉和准备，誓死抗争。虽然罗斯福将西南太平洋盟军司令麦克阿瑟救了回去，任命尼米兹为中南太平洋战区司令，但美军在南太平洋战区作战的大政方针并没有改变，莫尔兹比港丢不得。尼米兹已于4月20日成立了南太平洋舰队，由罗伯特·戈姆利中将任司令，下辖第61、第62特混编队，拥有航空母舰3艘（含轻型航母）、战列舰1艘、巡洋舰14艘、驱逐舰32艘，以及第1陆战师和岸基飞机约300架；又于5月12日组建南太平洋战区司令部（司令为戈姆利，后为哈尔西），司令部所在地设在新喀里多尼亚的努美阿。

这时，日军正在图拉吉赶修机场，一旦修成，日军从这一机场起飞的飞机能够到达圣埃斯皮里图岛、埃法特岛、新喀里多尼亚岛一线，严重威胁美国至澳大利亚的海上交通线。

7月21日，日军以百武晴吉中将为军长的第17军先遣队——南海支队在布纳登陆，28日又攻克澳军防守的科科达，开始发起攻占莫尔兹比港的战斗。这个艰巨的任务最后还是让陆军完成了。

针对日军的这次行动，尼米兹制订了一个应对计划——"瞭望台"计划。这一计划的主要目标是：挫败日军的南下战略；在美国和澳大利亚之间的航线上设一哨卡；在所罗门群岛上立住脚，以便将来反攻。总之，只要美军占领瓜岛，并在岛上建立起强大的基地，就等于是在南下占领莫尔兹比港的日军侧腹，插上了一把尖刀。

执行该计划的指挥官是戈姆利，他动用了他的主力：23 艘运输船，由特纳海军少将指挥，负责运送海军陆战第 1 师的 1.8 万人；8 艘巡洋舰和 9 艘驱逐舰，由英国海军少将维克托·克拉奇雷指挥，为登陆运输船队护航。美国太平洋舰队主力“萨拉托加”号、“大黄蜂”号、“企业”号 3 艘航空母舰，战列舰“北卡罗来纳”号及重型巡洋舰 5 艘、轻型巡洋舰 1 艘、驱逐舰 16 艘、油船 3 艘组成空中支援编队，指挥官为弗莱彻海军中将，旗舰是“萨拉托加”号。

7 月下旬，位于拉包尔岛布纳尔诺基地第 1 联合通信队的日军情报部门，开始越来越多地截收到西南太平洋盟军的信号，日军情报部门开始担心起来。

8 月 1 日，日军无线电测向器测出一个电台在新喀里多尼亚的努美阿，另一个在墨尔本附近。显然，第一个电台是戈姆利的指挥部使用的，第二个是英军基地或澳大利亚部队使用的。因此，日军情报部门认定，盟军即将在所罗门群岛或新几内亚发动进攻，于是立即向特鲁克和拉包尔两大基地发出警报。

8 月 6 日晚，美军登陆编队抵达距瓜岛约 60 海里的海域，借助恶劣天气的掩护，一直未被日军发现。在登陆编队航渡的同时，驻埃法特岛和圣埃斯皮里图岛的美军航空部队出动 B－17“空中堡垒”轰炸机，对所罗门群岛的日军进行了压制空袭；从新几内亚岛起飞的美军飞机，则密切监视俾斯麦群岛和新几内亚岛东北部的日军动向。

8 月 7 日凌晨 1 时，美军登陆编队在距瓜岛 10 海里的海域一分为二：代号为“X 射线”的部队是由师长亚历山大·阿切尔·范德格里夫特[①]准将指挥的第 1、第 5 陆战团，经萨沃岛南水道进攻瓜岛；代号

---

① 亚历山大·阿切尔·范德格里夫特（1887—1973）：美国海军陆战队第一个上将，“二战”期间历任美国海军陆战队第 1 师师长、南太平洋战区海军陆战队两栖部队第 1 军军长、第 18 任海军陆战队司令。因在瓜岛战役中表现出色，成为家喻户晓的战争英雄，并被授予国会荣誉奖章。

为“Y 射线”的部队是由副师长鲁普斯塔斯准将指挥的 4 个营，取道萨沃岛北水道，进攻图拉吉岛。另有 2 个营作为预备队。

在舰炮和航空火力的支援下，第一波登陆部队于 9 时 40 分开始登陆，第 5 陆战团团长亨特上校身先士卒，第一个冲上滩头，部队紧跟其后冲上岸，逐步扩大滩头，向纵深发展。随后，滩头控制组上岸，组织后续部队有序上岸。

由于日军情报机关没能预见到美军的这次登陆行动，岛上的日军毫无准备，而且岛上的日军虽说是工兵部队，其实是修建机场的朝鲜劳工居多，没带什么武器，少数警备部队看到美军大兵压境，不敢抵抗就逃入丛林，所以美军几乎一枪未发就成功上岸，到日落时已有 1.1 万余人登上瓜岛。

1942 年 8 月至 1943 年 2 月的瓜岛战役是太平洋战场的转折点。图为美军登陆瓜岛

美军上岸后，由于没有精确的地图，只得在丛林中摸索前进，直到

第二天早晨才到达机场。岛上日军慌忙扔下刚做好的早餐逃入丛林，因为他们只是负责监督施工，而没有守备之责。美军轻而易举便夺下了机场，跑道已经有80%完工，塔台、发电厂都已建成，还缴获了大批粮食、建筑设备、建筑材料，最受欢迎的战利品是几百箱日本啤酒和一个完好的食品冷冻加工厂。

瓜岛登陆战进行得非常顺利，但这是在日军几乎没有任何防御的情况下取得的，倘若日军稍有准备，美军必将遭受严重失利。

进攻图拉吉岛的美军就没有那么幸运了，他们经受了真正的战火考验。

与瓜岛相反，图拉吉岛是个天然的避风良港，也是群岛中最适合居住的地方。岛的东侧有两个小岛，分别叫加武图岛和塔那姆勃戈岛，像两个哨兵保卫着图拉吉岛。英国殖民者战前在这两个小岛上建有简易的水上飞机机场，日军占领这里后，对其加以扩建完善，计划将其建设成为可以监视整个所罗门群岛的水上飞机机场。

8 月 7 日 5 时 30 分，美国南太平洋舰队的舰载机从 3 艘航母上起飞；6 时 13 分，SBD“无畏”俯冲轰炸机开始对瓜岛、图拉吉岛实施航空火力准备。惊天动地的空中轰炸和海面炮击，把尚在弥漫的晨雾中酣睡的瓜岛震醒了。美军一支由 89 艘舰船组成的庞大攻击部队，穿过阴沉恐怖的海面，驶入瓜岛和图拉吉岛海域，集中炮火进行猛烈轰击。

美陆战第 1 师师长范德格里夫特指挥的登陆部队，在充满热带风光的图拉吉岛和瓜岛大举登陆。在炮火的掩护下，美军成功上岸，但向纵深推进不久便遇到了日军的顽强抵抗。

图拉吉前面的两个小岛上，由于岛屿太小，日军在海滩前沿组织防御，在岛上岩崖处设置了坚固工事，加上美军的炮火准备没能摧毁它们，而登陆艇下水又太早，从 1 万多米外便开始冲锋，使得日军有充足的时间进入前沿工事。趁美军刚冲上岸立足未稳之际，日军突然开火，美军指挥官受重伤，士兵也伤亡惨重，被密集的火力压在海滩上寸步难行，由于双方距离太近，根本无法实施舰炮火力支援。几个小时后，后续部队才将 3 英寸口径迫击炮送上岸，并召唤飞机提供航空火力支援，这才逐步向纵深推进。但日军仍然凭借山洞里的工事顽强抗击，美军只得组织爆破小组从日军的火力死角冲上山顶，再居高临下地将炸药和手雷扔进山洞，将其消灭。

图拉吉主岛虽然没有滩头工事，但是日军在纵深层层设防，凭借岩石山洞构成梯形工事，战斗非常激烈。为尽快结束战斗，范德格里夫特将预备队全部投入作战，黄昏时分，日军残部退守山谷。当天夜里，美军接连组织 4 次进攻，将其大部歼灭。直到 8 月 8 日黄昏，美军才占领了图拉吉全岛。

在两天的激战中，日军除 23 人被俘外，全部战死，无一投降，初次让美军领教了武士道精神。美军阵亡约 100 人。

瓜岛和图拉吉岛登陆是美国海军自 1898 年以来在太平洋发动的第一次成功的两栖登陆作战，同时也开始了日、美两国陆海空军部队在南太平洋这个山脉高耸、溪流湍急、古树参天、密林蔽日、蛇蝎出没、毒蚊如云的热带岛屿上长达半年的恶战。

这场后来被称为瓜岛争夺战的战斗，参战双方均伤亡惨重，成为太平洋战争中最为惨烈的战例。

就在美军登陆瓜岛当天，山本命令新组建的第 8 舰队紧急增援瓜岛。无论是山本的联合舰队还是陆军的岸防部队，都没有料到美军会对瓜岛下手，三川军一接到增援命令后，匆匆派拉包尔的第 25 航空队出动 51 架飞机空袭瓜岛，但遭到了美军 62 架舰载战斗机的有力拦截，被击落 19 架，未取得什么战果。

第一次增援失败后，三川感到来者不善，必须尽全力予以还击。尽管此时他的舰队因执行各种任务而十分分散，但他迅速集中附近的舰只，率旗舰“鸟海”号及另外 4 艘重型巡洋舰、2 艘轻型巡洋舰、1 艘驱逐舰，于 8 月 7 日晚驶离拉包尔南下。

8 月 8 日 4 时，三川命令 5 艘重型巡洋舰各弹射起飞 1 架舰载侦察机，对瓜岛进行全面侦察，了解美国南太平洋舰队的兵力组成和所在位置。当他得知美军在瓜岛海域有多艘航母，掌握着制空权，而且兵力也占优势时，决定以己之长攻其之短，实施夜战。同时，他又向山本求援。

8 时许，一架澳大利亚的侦察机第三次发现了三川舰队，但飞行员出于无线电静默的考虑，没有及时报告；下午返回基地后又没当回事，用过点心后才向上级报告，足足耽误了 6 个小时，使得美军来不及再派出飞机侦察核实。更要命的是，飞行员还把这支舰队的编队错报为 2 艘水上飞机母舰、3 艘巡洋舰、3 艘驱逐舰，使登陆编队司令特纳做出了错误的判断，认为这样的舰队不可能是来实施海战的，很可能是在所罗门群岛某处港湾建立水上飞机基地以替代失去的图拉吉岛水上飞机基地，因为附近只有图拉吉一直受日军重视。此时美军最主要的情报来源——密码破译小组一方面由于日军刚开始使用新的密码，需要一段时间来破译，另一方面三川舰队在航行中采取了严格的无线电静默，所以无法提供准确情报。

特纳深知自己的登陆编队是日军的首要攻击目标，而从拉包尔到瓜岛的必经之路是所罗门群岛两串岛链之间的狭窄水道，也就是人们后来所说的“铁底湾”（因日美双方多次海战，有许多军舰沉入海底，故得名）。他曾于 8 月 8 日特别加派 1 架侦察机沿“铁底湾”侦察，但因为天气不好，这架飞机未能按命令飞完全程就返航了，而且飞行员也没有报告这一情况。因此，特纳对即将到来的海战一无所知。

当天上午，日军第 25 航空队出动 41 架飞机奔袭瓜岛，以损失 16 架的代价突破了美机的拦截，炸沉“埃里奥特”号运输船，炸伤“贾维斯”号驱逐舰。但在空袭中，日机只顾攻击美军的舰船，而没有去轰炸防御薄弱却又极其重要的目标——海滩上堆积如山的物资，这是日军最大的失策。

16 时左右，三川又派出 2 架侦察机进行侦察，以进一步查明敌情。

一进入瓜岛和图拉吉岛之间的水域（“铁底湾”），三川便派出 2 架侦察机核实美舰的夜间停泊位置。

经过反复侦察，三川已基本掌握了美军的情况，决定从萨沃岛以南进入“铁底湾”，先消灭美军的巡洋舰，再消灭运输船，最后从萨沃岛以北撤出。他拿定主意后，随即通过旗舰“鸟海”号重型巡洋舰的灯光信号将作战计划通知各舰。

18 时许，三川下令各舰将甲板上的所有易燃物扔进海中，对弹药进行最后的检查整备。

22 时 30 分，天完全黑了，日舰队以“鸟海”号为首，排成间距 1 200米的单纵列，在桅杆上升起白色识别旗，加速到 28 节，杀气腾腾地闯入瓜岛海域。

当时美军在“铁底湾”分为 3 个巡逻区：以瓜岛和图拉吉岛之间的萨沃岛中心点 125 度延伸线划分南、北 2 个巡逻区；佛罗里达岛西侧子午线以东为东巡逻区。南区由第 1 大队的 3 艘巡洋舰、2 艘驱逐舰负责警戒；北区由第 2 大队的 3 艘巡洋舰、2 艘驱逐舰负责警戒；东区由第 3 大队的 2 艘巡洋舰、2 艘驱逐舰负责警戒；另有 2 艘驱逐舰在萨沃岛以西巡逻，作为雷达警戒哨。

8 月 9 日 1 时，日舰驶抵萨沃岛西北，海军瞭望兵夜战素质较高，先发现了 2 艘巡逻的美军驱逐舰，而装备新型雷达的美军驱逐舰却未能发现日舰。三川率舰队实施了巧妙的机动，从这 2 艘美舰之间进入“铁底湾”，美舰居然毫无察觉。

考虑到自己的编队长达 8 000 余米，作战海域狭窄，又是夜间，编队作战多有不便，三川下令各舰按照作战计划自行编组战斗。

1 时 33 分，三川下达了总攻命令。直到 10 分钟后，美军“帕特森”号驱逐舰才发现日舰，忙用无线电发出警报：“注意！不明身份军舰正在进港!”话音未落，日军的水上飞机已投下了照明弹，将南区的美舰照得一清二楚，给日舰指明了攻击目标。随即，日舰队的炮弹和鱼雷接踵而来，澳大利亚海军“堪培拉”号巡洋舰右舷连中 2 条鱼雷，并先后被 24 发炮弹击中，不到 5 分钟就失去了战斗力，天亮后由美军击沉。美军“芝加哥”号巡洋舰接到报警后，舰长下令发射照明弹，但几发照明弹都没点着火，就在这时，舰长发现有数条鱼雷射来，立即转舵规避，但为时已晚，舰艏被一条鱼雷击中，桅杆也被一发炮弹击中。“芝加哥”号连连开炮还击，由于日舰速度很快，仅向日舰队列最后的“夕风”号驱逐舰发射了25发炮弹就失去了目标，只好向西退出战斗。最先发现日舰的“帕特森”号驱逐舰与日舰展开了传统式舰对舰炮战，舰长下令发射鱼雷，但鱼雷长未听到命令而没有执行，该舰被日军击中一弹，两门舰炮被毁。“巴格雷”号驱逐舰占领了发射阵位，舰长下令发射鱼雷，但鱼雷射击诸元还没装定，只得眼睁睁看着日舰离去，等到鱼雷可以发射时，早已追不上远去的日舰了。

三川仅用6分钟就重创了南区美舰，随即全速向北区杀去。由于“芝加哥”号未将作战情况通知北区和东区，加上电闪雷鸣掩盖了南区的炮声和火光，北区美军全然不知日军已经杀来。

“文森斯”号巡洋舰的舰长利弗科上校比较警觉，在1时45分时感到舰身微微震动，还看到南区有炮火闪光，但他误以为是友邻在射击敌机，根本没想到是在进行海战，于是下令做好对空战斗准备。日舰在接近到8 000米距离时，先打开探照灯，随后就以所有炮火开始齐射。利弗科以为是南区美舰，用报话机要求对方关掉探照灯，停止射击，还下令升起军旗，以表明自己的身份。不料对方却还以更猛烈的炮火，利弗科这才明白过来，忙下令开炮还击。但不久舰载水上飞机被击中起火，成为明显的目标，日军关闭了探照灯集中炮火猛轰，“文森斯”号连连中弹，不得不左转撤离。这时，日军的鱼雷又蜂拥而来，“文森斯”号左舷连中3条鱼雷，机舱爆炸，舰身严重左倾最后沉没。

“阿斯托里亚”号巡洋舰遭到攻击后，枪炮长下令还击，舰长认为是在打自己人，下令停止射击，日军却以更加猛烈的炮火射击。经枪炮长一再恳求，舰长这才同意恢复射击，但日军已经校准了目标，炮弹一发接一发命中，“阿斯托里亚”号燃起大火，上层建筑几乎全毁，只得向萨沃岛东南撤退，于当天中午沉没。

此时，“昆西”号巡洋舰的大炮还没转过来，日舰发射的炮弹已经在旁边掀起了高高的水柱。“昆西”号被大炮击伤后，又被多条鱼雷击中，由于日舰集中攻击美军巡洋舰，使美军的2艘驱逐舰侥幸躲过一劫。另外，如果三川掉头攻击海滩附近的运输船只，可说是唾手可得，但他不知道美军航母编队已经离开瓜岛，担心天亮后遭到美军舰载机的攻击，为避免不必要的损失，他于2时20分下令返航。当他们撤至萨沃岛附近时，又与担任雷达警戒的美军“塔尔波特”号驱逐舰遭遇，美舰寡不敌众，被击伤起火，勉强驶往图拉吉岛。三川舰队随后沿“槽海”返回拉包尔。

此次海战，美军称为萨沃岛海战，日军则称为第一次所罗门海战。这是日本联合舰队在中途岛惨败后取得的一次不小的胜利。山本对三川舰队的表现非常满意。

三川舰队撤离后，特纳判断日军在8月9日白天不会再来，于是一面救助落水士兵，一面组织未受打击的运输船只继续卸载，直到黄昏才带着未卸完的一多半物资、陆战第1师约1 000人的后备队和大多数重装备撤离瓜岛。总共卸下4个基数（弹药供应的一种计算单位）的弹药和可供岛上部队使用37天的给养，从而保证了美军在瓜岛作战的基本物资需求。这完全归功于美军有“战斗装载”的标准，也就是运输船装载物资根据战斗需要先后次序进行装载，最先使用的物资放在最上面，保证能够最先卸下来。这是美军战前根据多次演习中所暴露出的问题而特别制定的，如果没有这一标准，陆战第1师根本无法凭借一天一夜所卸载的物资来作战。

望着远去的运输船和掩护舰队，范德格里夫特心里很清楚，美军现在只剩下瓜岛的1万人和图拉吉岛的6 000人，以及为数极少的大炮了。要想取得瓜岛之战的胜利，最终取决于瓜岛的制海权，而制海权又取决于制空权。在美军航母仍处于劣势的情况下，瓜岛的机场是成败的关键。因此，他特别要求将修建机场所需的设备、机械优先卸下，以便尽快建成机场，并极其明智地以机场为核心建立防御体系，使美军从一开始就占据了有利地位。

眼下的瓜岛就像一张赌桌，日美双方都不是想赢得这张赌桌（占领瓜岛），而是想取得放在赌桌上的筹码，消耗对方的有生力量。日军每天派出几架飞机前来进行骚扰性空袭。令人不解的是，三川舰队对海滩上堆积如山的美军物资似乎没有兴趣，从不“浪费”一枚炸弹。美军又要建机场，又要修筑防御工事，搬运物资的人手严重不足，花了整整两个星期才把这些物资从海滩上搬走。其实，日军只要扔下几枚炸弹就可将这些物资全部摧毁，使美军陷入无粮无弹的困境，可惜日军有一个通病，那就是对后勤非常轻视，这也注定日军将在日后的作战中饱尝苦果。

倾巢而出，支援瓜岛

由于山本五十六分析判断美军的反攻时间最早应该是在 1942 年年底或者次年年初，所以他在看待瓜岛争夺问题上出现了差错。事实上，美军这次规模不大的登陆作战，并非山本和日军第 8 基地部队司令金泽正夫想象的那样乐观——只是一次试探性进攻。按美国人的说法，这次登陆作战并不是一次突然的行动，而是盟国军队真正在南太平洋进行大反攻的开始。

美军登陆反攻几天之内，金泽正夫命松永乘飞机到有关岛屿上去投放“报告球”，通知那里的哨卡和守卫据点“要设法再坚持几天，耐心等待，不久援军必到，一定要夺回失去的阵地”。

所谓“报告球”，就是战时用飞机投放的里面装有命令或通知内容的球包。松永接到命令后，率队乘 3 架陆基攻击机，先后飞越图拉吉岛和瓜岛上空，投放了“报告球”。但几天后，作战形势似乎开始逆转，金泽的反登陆作战计划未能实现，他才隐隐感觉到美军开始玩真的了。

这时，日本联合舰队司令部也意识到形势对己方极为不利。山本下令日本联合舰队主力向瓜岛北方海域集中。8 月 11 日，近藤信竹指挥的第 2 舰队驶离马来亚。8 月 16 日，南云忠一指挥的第 3 舰队出港，驶离本土。同时，山本命令驻守提安尼岛的第 11 航空舰队司令部移往拉包尔。

这一次，日本联合舰队几乎是倾巢而出，组成瓜岛支援编队，由近藤指挥。该编队由第 2 舰队和第 3 舰队组成，实力雄厚，拥有“翔鹤”号、“瑞鹤”号、“瑞凤”号、“飞鹰”号、“隼鹰”号、“龙骧”号 6 艘航空母舰以及若干艘战列舰、巡洋舰、驱逐舰，大小舰船共 40 余艘。另有东南海区部队，由海军中将冢原二四三指挥，其中包括田中赖三海军少将指挥的瓜岛增援运输船队、三川军一中将的掩护舰队（第 8 舰队）和第 11 航空舰队 100 多架岸基机；远征舰队，由小松辉久中将指挥，主要兵力是 9 艘潜艇。日本联合舰队司令部及山本的旗舰“大和”号等舰只，也将移驻到特鲁克岛，以那里为根据地。

虽然日军在瓜岛集结了庞大的兵力，但是日本陆、海军的战略思想并不统一。山本想和美国太平洋舰队在此海域决战，更多的是想报中途岛之仇，他根本没有认真考虑美军已在瓜岛地区展开了全面反攻。而日本陆军则更荒唐，以为美国这支海军陆战队毫无战斗力。驻守拉包尔的日本陆军第 17 军军长百武晴吉错误估计，在瓜岛登陆的美军不过 2 000 人，他无论如何也没有想到，登陆瓜岛的美军是一支拥有 1.6 万名陆战队员的大部队。而且，日军的备战情况以及拉包尔向前线频繁的增援，早已被美军侦察机和澳大利亚海岸观测哨发现。

8 月 17 日下午，山本亲率主力编队驶离柱岛泊地，经丰后水道，绕过佐田岬转向偏东，再经冲岛进入外海，径直向南方驶去，赶赴所罗门以北海域，伺机向盟军进行反扑。

在山本主力编队航行途中，其东南方向的海面上爆发了第二次所罗门群岛大海战。“龙骧”号航母在这次海战中被击沉。登陆瓜岛企图夺回岛上被美军占领的隆加机场的陆军精锐部队，也被美军全歼。

这支日军登陆部队，就是 3 个月前从塞班岛派往中途岛的由一木清直陆军大佐率领的一木支队。

一木清直是一个恶贯满盈的战犯，早在 1937 年，他就在直接挑起

“七七”事变的牟田口廉也联队充任第3大队大队长。在中国腹地，他曾亲率部队向宛平县城（原北京市属县，今北京西城区、丰台区、石景山区、海淀区、门头沟区之全部或大部都曾为原宛平县辖）发起首次进攻，是屠杀中国人民的刽子手。太平洋战争爆发后，一木被陆军统帅部任命为进攻中途岛的登陆部队指挥官，无奈日军在海战中受挫，没有给他登陆立功的机会。此后，他的部队一跃成为日军大本营的直辖部队，命名为一木支队。这次瓜岛告急，他又被派上了用场。8月16日，一木率先遣队1 000人分乘6艘驱逐舰从特鲁克海军基地出发，增援瓜岛。

1937年7月7日，“七七”事变（即卢沟桥事变）爆发，日本全面侵华战争开始。图为日军炮轰宛平县城

8月21日1时30分，一木支队的第一批500名士兵向守卫在泰纳鲁河口的美军发起了猛烈的攻击。美军依托防御工事进行了坚决抗击。如潮水般涌来的日军士兵被美军密集的火力打得人仰马翻，在美军阵地前留下一大堆尸体之后败退下去。不久，日军第二攻击波又冲了上来，仍然没有一个士兵能冲到美军阵地的铁丝网前。当范德格里夫特获悉日本伤兵竟残酷地杀害前去救护他们的美军医疗队人员时，勃然大怒，下令斩杀所有日本伤兵。在激战中，美军坦克干脆连日本人的肉体一同消灭。战场上一时血肉横飞，几乎找不到一具完整的日军尸体。一木先遣

队遭到全歼，恐惧而绝望的一木在烧掉队旗后开枪自杀。

8 月 21 日夜，日军第 17 军司令部得知一木支队被歼，极为震惊，这才意识到瓜岛美军并非小股部队，急忙命令一木支队后续部队暂停登陆，并派出川口清健少将指挥的第 35 步兵旅团（以第 124 步兵联队为基干，后来称为川口支队）增援，与一木支队后续部队会合，争取在 8 月底前夺回瓜岛。

山本感到形势严峻，计划全力为增援部队护航，并以日本联合舰队主力引诱美军的航母编队，将其消灭，确保瓜岛的制海权。

8 月 23 日，庞大的日本联合舰队集结在所罗门群岛东北 200 海里的海面上。山本将其分成 5 个战术群：

主力群，由南云忠一中将指挥，编有“翔鹤”号和“瑞鹤”号航空母舰 2 艘（舰载战斗机 53 架、轰炸机 41 架、鱼雷攻击机 36 架）、战列舰 2 艘、巡洋舰 4 艘、驱逐舰 12 艘，担负主攻任务，当美军舰载机被牵制群吸引时，乘机攻击美军航母。

先遣群，由近藤信竹中将指挥，编有战列舰 1 艘、“千岁”号水上飞机母舰 1 艘（舰载水上飞机 22 架）、巡洋舰 6 艘、驱逐舰 8 艘，负责侦察美舰队的动向，并将其引向主力群所在方向，当主力群与美舰队交战时积极给予支援掩护。

牵制群，编有“龙骧”号轻型航母 1 艘（舰载战斗机 16 架、鱼雷攻击机 21 架）、巡洋舰 1 艘、驱逐舰 2 艘，负责诱敌，吸引美军航母的舰载机，为主力群的攻击创造条件。

增援群，由田中赖三少将指挥，编有辅助巡洋舰 1 艘、快速运输舰 4 艘，由 1 艘巡洋舰、8 艘驱逐舰护航，负责将 1 500 人的地面部队送上瓜岛。

对岸射击群，编有巡洋舰 4 艘，负责以舰炮火力轰击瓜岛的美军机场和阵地，为增援群的行动提供火力准备和支援。

山本将亲自乘坐“大和”号战列舰，由 1 艘护航航母和 3 艘驱逐舰掩护，坐镇所罗门群岛以北海域，全面指挥。同时他还在所罗门群岛部署了10余艘潜艇，严密监视美军动向。

山本的意图是以身轻力薄的老式航母“龙骧”号作为“诱饵”，吸引所有的美军舰载机，一旦上当的美机油尽返航时，便迅速出动南云航母上的全部飞机，一举击沉美军航母，然后再乘胜向瓜岛挺进，彻底消灭美海军陆战队，攻占瓜岛机场。

然而，山本的一举一动，没有逃出美军侦察机和澳大利亚海岸观察哨的眼睛。早在8月20日，美侦察机便已发回报告：“日军在特鲁克地区集结了一支庞大的舰队，其编制为3～4艘航空母舰、2艘战列舰、12艘巡洋舰、20余艘驱逐舰、15艘大型运输船、160多架岸基轰炸机和战斗机。”

根据这一情况，美军南太平洋战区司令戈姆利命令弗莱彻率领的由3艘航空母舰组成的舰队重新编成第61特混编队，下辖由弗莱彻亲自指挥的以航空母舰“萨拉托加”号为主，外加巡洋舰“明尼阿波利斯”号、“新奥尔良”号和5艘驱逐舰组成的第11特混编队；由托马斯·金凯德[①]少将指挥的由航空母舰“企业”号、巡洋舰“波特兰”号、“阿特兰塔”号和6艘驱逐舰组成的第16特混编队；由雷·诺伊斯海军少将指挥的以航空母舰“大黄蜂”号为核心的第18特混编队。

此外，金上将觉察到一场恶战即将爆发，又命令刚刚完工下水的“华盛顿”号、“南达科他”号2艘战列舰连同“朱诺”号防空巡洋舰和护航驱逐舰，从大西洋取道巴拿马运河开入太平洋。

一支小小的美国海军陆战队对遥远的南太平洋海岛上的一座丛林机场进行突然袭击，本来是一次无足轻重的军事行动，但现在却发展成为一场决定太平洋战争走向的宏大海战了。

8月23日凌晨，弗莱彻率舰队抵达瓜岛以东海域，随即被日军潜

① 托马斯·金凯德（1888—1972）：美国海军上将，被称为“海战指挥家”。“二战”期间历任第6巡洋舰舰队司令、北太平洋方面军司令、盟军西南太平洋战区海军司令兼第7舰队指挥官，参加了珊瑚海海战、中途岛海战、圣克鲁斯海战、新几内亚战役、莱特湾海战，立下了卓越战功。战后任大西洋预备舰队司令。

艇发现。山本得到报告后，马上命令南云的主力群由航行序列改为战斗序列，加速南下，准备攻击美国舰队。

就在山本全力以赴准备大战的时候，弗莱彻却因几天来一直没有发现日本舰队而断定敌方离自己起码还有几天的路程。因此，他命令“大黄蜂”号航母离队到南方加油。这使美国舰队在即将爆发的东所罗门大海战中减少了 1/3 的航空母舰实力。

8 月 24 日上午，大雾笼罩着海面，日本舰队在雾气中时隐时现。9 时许，日本舰队的阵位是：田中的增援群位于瓜岛以北 250 海里处；南云指挥的“翔鹤”号、“瑞鹤”号航母在田中东面 40 海里的方位做掩护；以“龙骧”号为主的牵制群在南云部队的右前方。

9 时 05 分，1 架美军水上飞机发现了山本精心设计的“诱饵”——“龙骧”号轻型航空母舰。这是日本在 1923 年建造下水的最早的一艘航空母舰，排水量仅 8 000 吨。美侦察机发现目标后立即发回报告，但弗莱彻将信将疑，昨天派出 3 批侦察机都未发现日本舰队，难道今天它就会从海底冒出来吗？直到 13 时，美舰雷达发现了由“龙骧”号起飞的轰炸机前去轰炸瓜岛亨德森机场，他才下令“萨拉托加”号航母上的 30 架轰炸机和 8 架鱼雷机前去攻击“龙骧”号。

此时日舰尚未装备雷达，因而直到 38 架美机飞临上空，“龙骧”号才发现美机来袭，舰长一声令下，“龙骧”号转向逆风行进，准备让航母上的飞机全部升空，但此时也正是航母最易受到攻击的时候。果然，美机抓住这一有利时机，从高空俯冲而下，霎时就有 4 枚炸弹在“龙骧”号的甲板上爆炸。与此同时，8 架鱼雷机也迅速从左右两侧同时进入攻击位置，施放了鱼雷，规避不及的“龙骧”号又中了一条鱼雷，当天 20 时，“龙骧”号沉入了大海。

当“龙骧”号作为计划中的牺牲品受到美机如狼似虎般的攻击时，南云心中暗暗高兴，认为美机已被引开，向美军航母实施主攻突击的时机已经到来。恰在这时，“筑摩”号巡洋舰派出的侦察机发回了发现美军航母编队的报告。南云当即下定决心，倾尽全力进行攻击。中午 13

时，他首先从“翔鹤”号派出27架轰炸机和10架战斗机；一个小时后，又从“瑞鹤”号派出27架轰炸机和9架战斗机。

与此同时，日军先后有2架侦察机飞临美军航母编队上空，被美军击落。弗莱彻预感到自己的位置已经暴露，下令做好防空战斗准备，增加了在空中巡逻和甲板待命的战斗机数量，并将队形变为防空队形。为了分散日军的攻击力量，两个大队拉开了10余海里的距离。

弗莱彻命令距敌较近的“企业”号航空司令负责指挥2艘航母的战斗机。

16时02分，“企业”号的雷达发现了一群空中目标。这正是南云派来的日机。弗莱彻急忙下令甲板上待命的飞机升空进行拦截，使在空中负责警戒的战斗机增加到53架。同时，“企业”号上仅存的11架轰炸机、7架鱼雷机，也与“萨拉托加”号上的5架鱼雷机、2架轰炸机合兵一处，前去攻击日舰。至此，弗莱彻已把他的全部家底亮了出来。

双方机群在距离“企业”号25海里处的浓密云层中摆开了阵势，周围几海里的天空中充满了空战时特有的尖厉刺耳的喧嚣声。不久，攻击“龙骧”号后返航的美军俯冲轰炸机和鱼雷机也赶来投入了战斗。

由于美军舰炮的拦阻射击相当厉害，加上日军飞行员的素质比突袭珍珠港时下降了许多，所以日军鱼雷机在进入攻击位置之前均被击毁，只有少数几架轰炸机得以突破，向“企业”号进行攻击。“企业”号舰长亚瑟·戴维斯上校拼命用大舵角急转，规避从天空中飘下的炸弹。但日机采用单机鱼贯而入的战术，每隔7秒钟就有1架飞机不顾死活地进行俯冲轰炸，至16时45分，“企业”号被3枚炸弹击中。尖叫刺耳的炸弹穿过两层甲板，在到达第三层甲板时，“轰”的发出一声惊人的巨响，35人当场死亡，并引起大火。一分钟后，第2枚炸弹命中“企业”号舰尾升降机右侧10米处，使38人毙命。尾随而来的第3枚炸弹将起飞信号台炸飞，周围39人不知下落，“企业”号陷入一片烈焰之中。

为了避免与擅长夜战的日军进行夜战，弗莱彻急忙率舰队南撤，海面上只剩下“企业”号无依无靠，由于无法拖走，只能坐以待毙。就在这时，“企业”号的雷达又发现了一批日本飞机。这是来自“瑞鹤”号的第二攻击波。

侥幸的是，本来可以为南云赢得胜利、为日本报中途岛失败之仇的这批飞机，犯了过早改变航向的错误，从“企业”号以西约 50 海里的地方绕了过去，然后又放弃追踪目标，一无所获地返航。

8 月 25 日上午，山本取消了航空母舰的作战行动。这一战，日本联合舰队白白失去了 1 艘轻型航空母舰，没有实现其战略目标就返回了特鲁克锚地。随后，由于返航的日军飞行员夸大了他们的战绩，使驻守拉包尔的三川中将误以为美军的 2 艘航母均被击沉，于是向增援瓜岛的田中运输船队发出警报解除的信号，命令他们继续向瓜岛进发。

当天上午，继续向瓜岛航进的田中的登陆输送船队在离瓜岛不到 100 海里的海域，被美军侦察机发现。一队从瓜岛机场起飞的强大的 SBD“无畏”俯冲轰炸机袭击了这支船队。日军措手不及，舰上的大炮都没来得及装上炮弹，呼啸而来的美机便击中了 1 艘大型运兵船和 1 艘驱逐舰。田中连忙命令船队掉头驶离现场，向北逃窜而去。

美军“企业”号虽然连遭日机投掷的 3 枚炸弹击中，升降机和水密舱起火，但蒸气动力经抢修后尚能启动。弗莱彻当机立断，下令“企业”号退出火线，撤回珍珠港维修。

这次战役被普遍认为美国取得了或多或少的战术和战略上的胜利，因为日军失去了更多的舰船、飞机和机组人员，而且向瓜岛的增援行动也被推迟。

山本乘坐“大和”号战列舰历经几天的航行，于 8 月 28 日下午到达特鲁克岛，碇泊于春岛第二锚泊地。

此时，山本已经知道“龙骧”号航母在第二次所罗门群岛大海战中被击沉及一木支队先遣队被全歼的消息，大感吃惊。一向深谋远虑、算度准确，用兵以突然、迅速和敢于冒险而著称的山本，以为只要出动自己的精锐航母，就可以聚歼美国太平洋舰队，从而一举收复瓜岛机场。现在他的这一计划宣告破产了。凭着自己独有的嗅觉，他觉察到瓜岛似乎已成为美军大规模反攻的起点，这不能不使他更加谨慎从事。他决定把争夺瓜岛作为南太平洋的首要作战目标。

由于在新几内亚登陆的日军被麦克阿瑟的部队击败，经日军大本营同意，8 月 31 日，百武晴吉停止了新几内亚莫尔兹比港方面的作战，集中力量对付瓜岛。山本把实力雄厚的第 8 舰队和东南亚地区航空队的全部兵力，都派过来支援他。

日军对瓜岛进行决死进攻的日期定为 9 月 12 日。为了加强岛上日军的力量，山本鉴于亨德森机场控制了瓜岛的制空权，改而采取夜间秘密登陆的办法，向瓜岛运送陆军。这一行动被称为“东京特快”。

8 月 31 日，8 艘驱逐舰载着川口清健少将及其手下的 1 000 多人驶出海面，在黑暗中全速前进。这一次“东京特快”总算没有“脱轨”，安全抵达了目的地。在海军的掩护下，士兵们踉踉跄跄地走上了沙滩。每个人身上都爬满了小小的萤火虫，在长长的海岸上，组成了一条荧光闪闪的长蛇阵。岛上幸存的日军见到援军来了，都高兴不已。但当他们看见爬上岸的士兵们身上的萤火虫时，惊魂未定地说：“快把你们身上那些鬼虫子去掉，如果美军发现了，会把你们杀死的。”

现在在岛上，川口有了 3 100 名士兵。为了能在 9 月 13 日夺取美军阵地，他设计了一个在他看来万无一失的三面进攻计划，即将部队分成三路：第一路是主力，猛攻美国海军陆战队环形防线的后卫；第二路从西面直逼机场；第三路是日本海军陆战队的一支队伍，从东面对亨德森机场实施协同进攻。川口想：“如果在这里，在瓜岛，我们打赢了，那将是世界军事史上的奇迹。”

然而，川口低估了他的士兵体力上的消耗。在向美军发起决定性的攻击之前，士兵们必须穿过泥泞不堪、充满腐臭的沼泽和崎岖不平的灌木丛林。在蜇人的昆虫和吸血的水蛭围攻下，他率领的3 000 多人的精锐部队很快就被弄得稀稀拉拉，不成队形。就在日军跌跌撞撞地穿过黑暗的热带森林时，美军已在他们企图突破的那座陡峭的山岭上挖壕设垒。范德格里夫特在山岭上配备了 700 名突击队员，并在该山岭背后建立起自己的指挥所。

9 月 12 日晚，山岭上的美军紧张地等候着敌人的进攻。突然，一颗信号弹从下面的丛林中蹿入高空，黑暗深处响起了机枪的射击声。川口率领他的士兵高呼着“万岁”冲了上来。在整个高地上，美军的炮火一齐轰鸣，犹如天降冰雹，落在日军头上，击退了他们的第一次冲锋。被炸得晕头转向的日军根本弄不清美军的阵地究竟是怎样布置的。天亮了，高地看起来就像个屠宰场，山岭上尸横遍野，血流成河，战后美军就将这座山岭称为“血岭”。

川口的自信、自尊被摧垮了，现在他只能下令扔下 600 多具尸体，从丛林撤退。本来他以为那天他的士兵将依靠美军的供应品吃早餐，因此把大部分食品留在了后方，现在垂头丧气的日本士兵只能在条件恶劣的丛林小道中忍饥挨饿地步行一个星期。从此，瓜岛成为太平洋上的“绞肉机”“死亡岛”。

由于美军的严密封锁，岛上日军的处境越来越艰难。他们的补给已被切断一个月，大都靠吃草根、苔藓、树上的嫩芽及喝海水活命。

瓜岛陆战惨败使拉包尔的第 17 军军长百武晴吉捶胸顿足，发誓要亲自指挥最精锐的仙台师团夺回瓜岛。同时，他对海军的配合也大为不满，一心想把失利的原因推到山本身上。

这段时间，山本显得特别淡定。他的旗舰“大和”号驻泊在特鲁克岛，他每天除了指挥作战之外，早晚还有闲暇给朋友和情人题字、写信等。

9 月 24 日，受命来陆军第 17 军负责指挥瓜岛作战的日军大本营参谋辻政信，在南下途中顺路来“大和”号战列舰拜见山本，准备直接越级向山本告状：在瓜岛作战中，海军配合得极不得力。

辻政信初次见到“大和”号，不禁被这艘巨舰的雄姿惊呆了。他在后来所写的《瓜达尔卡纳尔岛》一书中这样描述：“从舱口来到舰内，就像步入一座宽敞的大宾馆。所不同的是，这里的四周布满了各种管道。这些粗细不同、颜色各异的每一条管道，都是这艘 7 万吨（指排水量）巨舰的不可缺少的组成部分。它像人体内的无数条血管一样，在满足着全身的各种需要。其中的任何一条管道被切断，都会因出血而影响全身。难怪人们把这艘巨舰称为‘大和宾馆’。倘若你在里面迷了路，没有向导是很难走出来的。”

“大和”号上的司令官办公室，一反历来战列舰的旧规矩，设在靠近舰艏的中央部位。辻政信向首席参谋黑岛和舰队参谋长宇垣简单说明来意后，被直接带到司令长官办公室去见山本。他强烈要求海军再派出舰只去护送陆军的补给舰队，与陆军合作夺回瓜岛。

他的慷慨陈词感动了山本，山本满含热泪向他保证道：“如果因后勤补给供应不上而使陆军官兵饿死，海军自应感到惭愧。保障陆军的供给，是海军义不容辞的责任。我明白你的意思。如果情况需要，我甚至可以让‘大和’号开赴瓜岛，去掩护陆军夺回瓜岛的登陆作战。”

不过，奸诈的山本事后根本没有兑现他对辻政信的许诺——将主力舰队开赴瓜岛，掩护陆军的登陆作战；更无意将这艘世界上最大的战列舰埋葬在遍布沉船的瓜岛海域。但他与辻政信签署了一份备忘录，保证日本联合舰队的巡洋舰将在新攻势发起前夕出动，去轰击美军在瓜岛的简易机场；他的航空母舰和战列舰将去截击美军企图运往瓜岛的护航运输船队。

当天，辻政信被留在舰上吃晚饭。在他看来，这顿晚餐比较讲究：日本传统式黑漆方盘里放着生鲫鱼片、烤咸鲫鱼片，还有冰镇啤酒等。他吃着饭菜，情不自禁地对在一旁陪他共餐的副官福崎升说：“海军够奢侈的了。”

而在所罗门群岛，日美双方正在进行着一场激烈持久的补给与阻挠补给的作战，与特鲁克岛形成了鲜明的对比。一方是硝烟弥漫，在流汗流血进行着殊死搏斗；另一方则是一片平静，舰上人员过着和平时期一样的生活。但辻政信似乎忘了一点——山本是大将，是“海军之花”，并不是所有海军官兵都是过的这种生活。

代价高昂的圣克鲁斯大海战

9 月 30 日，美国太平洋舰队司令尼米兹冒着雨季的第一场倾盆大雨，乘坐一架 B－17“空中堡垒”轰炸机抵达瓜岛的亨德森机场，为海军陆战队队员授勋，为范德格里夫特打气。当天晚上，尼米兹在瓜岛住了一夜，给了守军最大的鼓舞；他还答应“在兵力资源所允许的范围内给予最大限度的支持”，使守岛部队士气为之一振。随后，美军向瓜岛增援的部队有 3 万人之多，装备也非常先进，远远优于岛上的日军。

日军方面，山本的态度让百武晴吉自信满满，准备亲自到瓜岛坐镇指挥。出发前，他夸口说范德格里夫特根本不是他那威名赫赫的仙台第 2 师团的对手。他命令第 38 师团从婆罗洲开来与第 2 师团会合，企图集结 2.5 万人于 10 月 8 日对瓜岛发起总攻。

负责指挥的第 2 师团师团长丸山政男陆军中将向官兵们训话说：“这次战斗是日、美两军之间的决战，日本帝国的兴亡在此一举，如果我们不能占领这些岛屿，就别想生还，一个人也不能生还!”

为了配合百武的行动，山本下令日本联合舰队主力全体出动，从特鲁克南下所罗门群岛。舰队编成有“翔鹤”号、“瑞鹤”号、“瑞凤”号、“隼鹰”号、“飞鹰”号 5 艘航空母舰，“金刚”号、“榛名”号、“比睿”号、“雾岛”号 4 艘战列舰，另有 14 艘轻、重型巡洋舰，44 艘驱逐舰。这是自中途岛海战以来，日本联合舰队出动规模最大的一次行动。统领舰队的仍是南云忠一，山本给他的任务是配合百武在瓜岛发起的陆上进攻，随时捕捉和歼灭胆敢露面的美国太平洋舰队，切断美军增援瓜岛的补给线。日军大本营对这次陆、海军联合进攻非常重视，对夺取瓜岛的作战计划充满了信心，他们认为：“把美军赶出所罗门的日子已经来到了。”

大战前夕，尼米兹冷静地分析了局势，他说：“现在看来，我们未能取得瓜岛地区的制海权。因此，我们对岛上部队进行补给，势必要付

1942 年，太平洋所罗门群岛美日海战

出重大代价。局势虽然很危险，但并不是毫无希望。”

10 月 15 日，知人善任的尼米兹下令让英勇好斗的哈尔西海军中将接替优柔寡断的戈姆利出任南太平洋战区司令，决心与日军在瓜岛拼死一搏。瓜岛之战再次升级。

哈尔西走马上任后，立即下令向瓜岛增派大批陆战部队，同时命令海军舰队全力以赴投入瓜岛之战中。“大黄蜂”号航空母舰和刚刚修复的“企业”号航空母舰，在诸多巡洋舰、护卫舰、驱逐舰的簇拥下，快速驶往瓜岛。

10 月 24 日，争夺瓜岛机场的作战在被整整拖延两周之后，山本实在沉不住气了，他气势汹汹地通知瓜岛陆军，如果不立即拿下机场，舰队将因油料不足而撤退。百武接电后顿时慌了手脚，决定组织敢死队，发起生死进攻，并夸下海口说瓜岛机场当晚即可夺取。于是，双方约定，一旦陆军占领瓜岛机场，立即发射绿白信号，海军见到信号后，水面舰艇马上出动，配合战斗，“隼鹰”号航母负责在天亮后袭击瓜岛的美军水面舰艇。

是夜，天空中乌云翻滚，雷电大作，大雨倾盆。日本陆军第2师团的士兵在师团长丸山的指挥下，冒着大雨开始向“血岭”爬行。一名士兵碰响了美军设置的带刺铁丝网，警戒散兵坑的一名美海军陆战队员通过战地电话悄悄发出警报：“中校，你我之间约有3 000名日本兵。”刘易斯·普勒中校命令岗哨不要开火。一个多小时过去了，前面的开阔地带闪动着黑乎乎的人影。突然，尖厉的英语叫喊声打破了黑夜的沉寂：“为天皇讨还血债！海军陆战队见鬼去吧！”一阵怒骂立马还了回去：“该死的天皇见鬼去吧！为富兰克林和埃莉诺（指美国总统富兰克林·罗斯福和他的妻子）讨还血债！开火！”普勒怒吼着。炮火的闪光和如流星的枪弹划破了湿热的夜空。

美军猛烈的火力击退了日军的第一波攻击。日军在黑暗中不时掉进迫击炮炸出的弹坑，滂沱大雨加剧了他们的混乱。成班成排的日军疯狂吼叫着投掷手榴弹，一批接一批向美军阵地逼近。美军的几处阵地被突破了，丸山见状大喜，立即发出已经攻占瓜岛的电报。然而，美军的阻击依然十分顽强，疯狂冲锋的日军多数被机枪火力扫倒，那些好不容易突破前沿防线的日军，与美军展开了激烈的肉搏战。在激战中，整整一个纵队的日军士兵被平射炮火击中，血肉模糊地倒毙在地，尸体还保持着行军时的队列。一名美军机枪手在黎明前共打了2.6万发子弹。最后，连狂热的仙台武士也不禁吓得目瞪口呆，溃败到丛林中隐蔽起来。无计可施的丸山只得向百武发电：“攻占机场尚有困难。”

但是，一个执行侦察任务的日本侦察兵确信自己看到了信号弹，便于10月25日1时26分发出了捷报。派驻瓜岛的联络官获电后，兴高采烈地向山本报告：“我军已占领瓜岛机场。”情报一到，执行炮击的舰队立即出动。但还不到半个小时，瓜岛上又火速送来第二份报告，说战斗仍在机场附近进行。6时23分，联络官干脆来电，说前两次电报撤销，瓜岛机场仍在美军手中。山本十分恼怒，不得不赶紧下令停止从海上炮击瓜岛的行动。庞大的舰队在瓜岛以北300海里处游弋，静观战况发展。当天下午，联络官报告，因为岛上地形复杂，部队调动困难，昨夜的进攻失败了。山本闻讯既恼怒又无奈，此时他已经意识到一场航母大战不可避免，但是最令他苦恼的是现在还不知道美军的航母编队在哪里。

此时哈尔西的舰队在哪里呢？早在10月24日，哈尔西便将他的全部家底亮了出来：由金凯德海军少将指挥的由“企业”号航母和“南科达”号战列舰、“波特兰”号和“圣胡安”号巡洋舰，以及8艘驱逐舰组成的第16特混编队，和以“大黄蜂”号航母为核心的第17特混编队，正向东北进击，打算在圣克鲁斯群岛以北海区，截击随时可能出现的日本联合舰队。

哈尔西面临的对手是参加过中途岛作战的南云编队。南云编队主力包括“翔鹤”号、“瑞鹤”号航母及“瑞凤”号轻型航母，其先遣舰队是“隼鹰”号航母舰队。胆大心细的哈尔西深知己方在力量上处于劣势，胜利的关键在于抢先发现敌人。

双方都在竭力进行空中搜索，但却徒劳无功。金凯德的飞机虽然曾一度捕捉到南云舰队，但由于云层和雷阵雨的影响，又被南云溜掉了。

在山本正等得不耐烦之际，哈尔西也不明白金凯德为什么不对日本舰队发起进攻。他不断向金凯德发出命令：“进攻！进攻！再进攻！”

10月26日天刚亮，为了执行哈尔西的催战命令，金凯德命令16架携有500磅炸弹的SBD“无畏”俯冲轰炸机起飞，对太平洋西北方向进行搜索攻击。事后证明，这一决定非常正确，因为此时双方舰队都处在攻击范围之内，而恰恰因为南云墨守成规，派出没有攻击力的侦察机侦察搜索，结果让美军抢占了先机。

6时50分，在空中巡飞的美机发现了南云舰队，飞行员们驾驶战机冲过咆哮的零式战斗机机群，对日舰发起了猛烈进攻。日舰只得掉头躲避美机的攻击，同时放出浓浓的烟幕掩护自己，但仍有2枚炸弹击中了“瑞凤”号，将其飞行甲板的尾部炸出一个15米的大洞。“瑞凤”号舰长眼看无法回收飞机，只得将舰上剩下的飞机全部升空，然后拖着熊熊烈火摇摇晃晃地撤出了战斗。

南云站在重型航母“翔鹤”号的舰桥上，冷静地看着“瑞凤”号撤离，他已经收到了侦察机发回的报告，说终于找到了已搜索整整5天的美国舰队：“方向东南，距离200海里，发现美航空母舰1艘和其他类型军舰5艘。”南云马上命令65架飞机出击。这些出击的日机在天空中没有看到来自“大黄蜂”号的52架飞机，正向北飞来准备去攻击日军舰队。

8时59分，日军轰炸机从5 100米的高空俯冲下来，“企业”号见来者不善，急忙躲入一片雷雨区，而暴露在开阔海面上的“大黄蜂”号则成了日军俯冲轰炸机和鱼雷机的主攻目标。一名日军飞行员驾驶着飞机，以神风特攻队的自杀式俯冲，笔直朝“大黄蜂”号的飞行甲板撞来，机上所带的2枚炸弹在飞机撞穿甲板的瞬间一起炸响，舰上爆发出一团直冲云霄的巨大火柱。几分钟后，日军鱼雷机又从舰后低空而来，2条鱼雷命中了机舱；接着又有3枚炸弹穿透前甲板，卡住升降机，并在舰舱第二层爆炸。10分钟的攻击，使“大黄蜂”号变成了一座燃烧的地狱，浓烟滚滚，爆炸声此起彼伏。救火队奋力抢救，驱逐舰也赶来护驾，设法抛缆营救这艘已失去行驶能力的航母。

与此同时，从“大黄蜂”号上起飞的第一批攻击飞机也使南云的“翔鹤”号面临着生死考验。SBD“无畏”俯冲轰炸机一架接一架穿过密集的高射炮火，向该舰俯冲，共有4枚炸弹命中，在一道道夺目的闪光之后，接连响起惊天动地的爆炸声。弹着点附近的炮手被炸得血肉横飞，几架着火的飞机被炽热的气浪掀入大海。飞行甲板被炸开了4个大口子，钢板奇形怪状地向上翻卷着。不出几分钟，“翔鹤”号从船头到船尾都陷入熊熊烈火之中，舰上的大炮也被打哑了。南云只得下令将他的司令旗移到一艘巡洋舰上去。

此时的南云还有资本，因为他已在一个小时前派出了第二攻击波。

10时02分，热带云雨消散，“企业”号被日机发现了，24架俯冲轰炸机冒着密集的弹雨，发出尖厉的呼啸，连续不断地向“企业”号俯冲，23枚炸弹从天而降。“企业”号像一头发疯的野兽般左躲右闪，飞行甲板大幅度倾斜，舰体剧烈震动。地勤人员趴在甲板上，一个个晕头转向。然而，仍有2枚炸弹直接命中“企业”号，一股浓烟从舰艏升降机后部冲天而起并随风逐渐扩大，很快笼罩了飞行甲板。另有1枚炸弹斜落在舰艏左舷，一股水柱拔地而起。不过，这艘庞大的航空母舰仍然有足够的动力，闪避着可能遭到的鱼雷攻击，先后躲过了9条鱼雷。

11时01分，美军“南达科他”号战列舰的雷达再次发现日军攻击机群。它们是从“隼鹰”号上起飞的，共有29架。不过，美军密集而凶狠的防空炮火根本不让日机靠近，一下子就击落了8架，其他飞机的攻击节奏也被打乱了，投下的鱼雷无一命中。“企业”号再次死里逃生，只有“南达科他”号的前炮塔被击中，巡洋舰“圣胡安”号尾舵中弹损坏。

由于实在难以忍受如此残酷疯狂的连续攻击，“企业”号回收了盘旋在空中、油料即将耗尽的飞机后，便夺路而逃，退出了战斗。

但是，南云不想让这艘与日军有着深仇大恨的航母跑掉，他一面让受伤的“瑞凤”号、“翔鹤”号向北退出战斗，一面命令幸存下来的“隼鹰”号、“瑞鹤”号继续南下，追击“企业”号。

13时刚过，日军发起第四波攻击。14时15分，从“瑞鹤”号上起飞的飞机发现了正被拖着行驶的“大黄蜂”号，倒霉的“大黄蜂”号再次被鱼雷击中，舰长只得下令弃舰。随后赶来的“隼鹰”号舰载机，对其进行了最后一次攻击，“大黄蜂”号气数已尽。

为了不让日军俘获这艘因运载杜立德中队空袭东京而名扬四海的航空母舰，美军驱逐舰向这艘弃舰发射了16条鱼雷，其中9条命中。当乘势赶来的日舰找到它时，它已经成了漂浮在海上的一堆废铁。为了泄恨，日舰又补射了4条鱼雷。

至此，圣克鲁斯大海战（日本称南太平洋海战）结束。

这是日美双方继珊瑚海大战、中途岛海战、东所罗门海战之后，第4次航空母舰之间的大规模海空厮杀。从战术角度来看，这次海战可以说是两败俱伤；从战略角度来看，美军达到了自己的目的：首先粉碎了日军陆、海联合攻占瓜岛的企图；其次，使山本企图再次以一次舰队大决战而歼灭美国太平洋舰队的梦想化为泡影。

撤离“饥饿之岛”

圣克鲁斯大海战使山本五十六付出了过于高昂的代价，2 艘航母遭到重创，再也无法参战；与美军只损失 74 架飞机相比，日军损失了 100 多架，尤其是那些训练有素、实战经验丰富的飞行员，大部分葬身大海，短时间内增补无望。山本再也不敢继续将为数不多的航母停留在瓜岛附近了。同时，他对南云也彻底失望了，在盛怒之下将南云解了职。

到了现在，日本联合舰队已是强弩之末。由于日美工业潜力和补给潜力的差距，山本最不愿意看到的局面出现了：不管日本飞机制造厂和造船厂的工人怎么拼死拼活地干，都无法超过美国那庞大的工业生产能力，这是一场注定要失败的竞争；日本联合舰队那些受过严格训练的飞行员已经越来越少，舰艇、飞机也大幅减少。后来在围绕瓜岛进行的两场海战中，山本又连连受挫，几乎陷于绝望之中。

日本陆军方面，在经历了 10 月份的惨败后，统帅部一度产生了动摇，认为争夺瓜岛得不偿失。但他们最终还是决定投入更多的兵力，坚决夺回瓜岛，以挽回荣誉。

11 月 6 日，日军大本营制定了新的作战方针：陆、海军协同，首先迅速压制所罗门群岛的敌航空兵力，取得成功后，一举运送部队和军需品，然后综合发挥所有战斗力夺回瓜岛。同时，日军大本营还采取了几项紧急措施：火速组建第 8 方面军，下辖从中国战场调来的第 18 军，以及百武晴吉指挥的第 17 军。第 18 军将接替第 17 军在新几内亚群岛的防务，以便第 17 军腾出手来，全力进行瓜岛作战。山本则以第 2、第 5、第 8 舰队主力及第 11 航空舰队协同陆军作战。

日军大本营计划于 12 月下旬完成一系列航空基地的建设，而后以

1942 年，太平洋岛屿，日军士兵把一个巨大的炮车推到阵地上

大规模海空战夺取制空和制海权；至 1943 年 1 月中旬，完成对瓜岛的大规模兵员与作战物资的输送。完成上述作战准备之后，再于 1 月下旬开始发动总攻。

此时，与日军对峙的美军比较平静，其行动尚未对岛上的日军造成严重威胁，但饥饿却成了瓜岛日军的大敌。当时日军对瓜岛部队的实际补给，只能维持定量的 1/5 到 1/3。由于长期补给不足，岛上官兵的体力消耗殆尽，战斗力极弱。日军海上部队不再进入瓜岛海域，仅利用暗夜谨慎地进行“东京快车”式的补给。但是，这使重武器和补给品的输送受到了很大限制，势必对登陆后的作战产生极大的不利影响。事实上，后来以这种运输方式运往瓜岛的部队虽然拥有司令部、人员和轻武器，但却缺少足够的弹药、粮食和车辆。

鉴于即将开始的总攻迫切需要运送大批部队、生活物资和重装备，山本决定组织一支大型运输舰队，将第 38 师团的 1. 35 万人和重装备送上瓜岛。这支舰队由 11 艘快速运输舰、12 艘驱逐舰组成，由经验丰富的田中赖三海军少将指挥，11 月 12 日从肖特兰岛出发，计划 11 月 14 日抵达瓜岛。为了确保这支舰队的安全，山本派出了由 2 艘航母、4 艘战列舰、12 艘巡洋舰、36 艘驱逐舰组成的舰队，由阿部弘毅海军少将指挥，提供掩护与支援。具体计划是：11 月 11 日陆海航空袭瓜岛机场；12 日晚水面舰艇炮击瓜岛机场；13 日出动航母编队，掩护大批地面部队在瓜岛登陆。

11 月 8 日，哈尔西得到了珍珠港海军特别情报分队的报告，他们成功破译了日军的新密码，掌握了日军的作战计划。哈尔西随即电令范德格里夫特指挥部队继续向岛上的日军据点推进。

11 月 10 日，在猛烈炮火的支援下，美陆战队第 1 师对日军的几个滩头阵地发起钳形攻势，经过数小时激战后，除小部分日军逃入丛林外，大部分被歼。美军夺取了对其具有较大威胁的利科滩头阵地，并将日军在滩头囤积的物资尽数摧毁；然后严密封锁瓜岛海域，甚至连一只海鸥都逃不过美军飞行员的眼睛。

为了更有效地打击日军，哈尔西将海上部队的编制与部署做了应急调整，将现有战舰组成 3 支特混编队：一是由航母“企业”号和“萨拉托加”号等组成的航母编队；二是由战列舰“华盛顿”号、“北卡罗来纳”号、“印第安纳”号等组成的战列舰编队；三是由重型巡洋舰“彭萨科拉”号、“新奥尔良”号、“北安普敦”号以及轻型巡洋舰“檀香山”号、“海伦娜”号等组成的巡洋舰编队。

这 3 支特混编队保持着相对的机动性，一旦发现日本联合舰队的新动向，将各自施展自己的本领迎战，竭力切断日军的海上运输线。

同时，由 5 艘巡洋舰、6 艘驱逐舰组成第 67 特混编队，由金凯德海军少将指挥，后由卡尔顿·赖特海军少将接替指挥，任务是阻击日军增援部队。另外，美军方面又组建了一支运输舰队，将运送约 6 000 人的陆军部队和海军陆战队及重装备上岛。这支舰队又分为 2 个小编队：

A 编队由诺曼·斯科特海军少将指挥，编有 3 艘登陆运输舰，由 1 艘巡洋舰和 4 艘驱逐舰护航，11 月 9 日从圣埃斯皮里图岛出发，计划于

11 日到达瓜岛。

B 编队由丹尼斯・卡拉汉海军少将指挥，编有 4 艘运输舰，由 4 艘巡洋舰、8 艘驱逐舰护航，11 月 8 日从努美阿起航，计划于 12 日到达瓜岛。

当哈尔西得知日本联合舰队大举出动后，尽管“企业”号航母和“南达科他”号战列舰还没有修好，他还是下令让它们带伤出战。金凯德海军少将指挥第 16 特混编队，小威利斯・奥古斯塔斯・李指挥第 64 特混编队开往瓜岛。驻圣埃斯皮里图岛的岸基航空兵及在所罗门群岛活动的 24 艘潜艇，则积极支援水面舰艇的行动。

11 月 12 日傍晚，特纳的护航舰队奉命将 6 000 多名陆军和海军陆战队援兵送上了瓜岛。护航舰队向东南回撤时，巡逻飞机发回报告：日军主战舰队正在接近瓜岛。于是，特纳从护航舰队中抽出 5 艘巡洋舰、8 艘驱逐舰，在卡拉汉海军少将的指挥下，重返“铁底湾”，由此拉开了瓜岛海战的序幕。

当天晚上，美、日两支编队面对面地驶进瓜岛以北的“铁底湾”。顿时，双方舰只缠搅在了一起，战斗的混乱及激烈程度是海战史上前所未有的。幸运的是，日舰携带的是轰击阵地用的杀伤弹，而不是对付舰艇的穿甲弹，美军编队才免遭覆灭的命运。

交火中，双方的编队均被打散，交战变成了舰与舰之间的单挑，还不时发生同室操戈的搏斗。待到天明才发现，双方损失都很惨重。日军有 2 艘驱逐舰、1 艘巡洋舰和旗舰“比睿”号被击沉。美军有 4 艘驱逐舰、1 艘巡洋舰被击沉，卡拉汉、斯科特及大部分参谋人员在海战中阵亡。此战，日军编队占有绝对优势，但美军打乱了日军的计划，迫使阿部的增援编队撤回肖特兰岛基地。

11 月 14 日凌晨，三川军一海军中将指挥的巡洋舰编队又从肖特兰岛南下，开始炮击亨德森机场。此时，金凯德率领的“企业”号编队正从南面赶来。

拂晓时分，美军侦察机发现了日军的 2 个舰群：一个是三川的主战编队，另一个是阿部的增援编队。美军立即展开行动，从“企业”号航母和亨德森机场起飞的轰炸机，首先对三川的编队发起攻击，击沉1艘巡洋舰，重创3艘。随后，美军又对阿部编队中防卫甚弱的运输舰进行反复攻击。至傍晚时，阿部编队有6艘运输舰被击沉，1艘挣扎着逃回基地。阿部率领着剩下的4艘运输舰继续向瓜岛推进。为了接应他，近藤率领“雾岛”号战列舰、4艘巡洋舰、9艘驱逐舰从北面赶来。

同一时间，美军从“企业”号航母编队中分出来的“华盛顿”号和“南达科他”号战列舰及4艘驱逐舰也从南面赶来，首先到达瓜岛，但未发现日本舰队。不过，近藤却发现了美军的增援舰队，他率领舰队隐藏在萨沃岛背后，突然冲出来，以一串炮弹和鱼雷击沉2艘美驱逐舰，“南达科他”号战列舰和另2艘驱逐舰也失去了战斗力。仅存的“华盛顿”号利用雷达的优势，集中轰击“雾岛”号，使之在7分钟内丧失了机动能力。近藤下令放弃这艘战列舰和另1艘被打残的驱逐舰，撤离战场。

阿部继续向瓜岛靠近，并将残余部队通过4艘运输舰送上了海滩。天亮后，他们被美军发现，4艘运输舰立即被埋葬在美军的炮火之中。这批舰只的毁灭，结束了历时二天二夜的瓜岛大海战。

岛上日军的形势相当严峻。陆军第8方面军司令今村均在前往拉包尔途中，亲自到特鲁克岛拜见了山本。山本跟今村并不熟，为了不让今村怀疑他合作的诚意，他直截了当地对这位陆军中将说：“事到如今，敌我双方的军事力量已经公开化了，谁也瞒不了谁。开战之初，海军中曾有一种说法——我们的零式战斗机，1架可以和美国的5架乃至10架相对抗。不过，那只是开战之初的事，现在情况截然不同了。中途岛一战后，我们损失了大量优秀的飞行员，而且没有得到相应的补充，事实上也根本来不及补充。现在只能以一对二了。相反，敌人的补充能力几乎是我们的3倍。双方力量的对比日渐悬殊。”

今村理解山本的难处，为解瓜岛日军的燃眉之急，他只得派出陆航飞机空投粮食，但长途运输的日机尚未飞抵目的地，即遭美机拦截，常常有去无回。日机慌乱之中投下的粮食，极少落到日本人手里，大部分要么落入美军防区，要么被亨德森机场的高射炮火摧毁……驻守瓜岛的日军面临着灭顶之灾。

自11月下旬开始，日军的“老鼠运输”更加频繁，即由潜艇运送，或从驱逐舰上将密封的物品送到瓜岛海岸附近，再利用海浪的冲击力将物品推到岸边。此时，瓜岛尚有2.5万名日军，但“老鼠运输”的物资很少能落到他们手中。

11月30日22时25分，美第67特混编队驶过伦格水道，由萨沃岛北面进入“铁底湾”。

23时06分，美军旗舰“明尼阿波利斯”号的雷达发出警报：“发现敌军舰队！”

美舰立即拉响战斗警报，向右转向40度，成单纵队应战。舰队指挥官赖特海军少将抓起无线电话喊道：“开始炮击，开始炮击！”

随即，赖特所在的旗舰“明尼阿波利斯”号率先打出照明弹，向一艘最近的日舰开火。其他巡洋舰也打出照明弹，开始猛烈炮击。4艘驱逐舰纷纷掉转炮口加入炮战，天空中挂满了闪闪烁烁的照明弹，“铁底湾”一片通明。

当时，日军旗舰“长波”号正在放浮桶，瞭望哨突然喊道：“发现敌军舰队！”继而数条鱼雷一起袭来。田中猝不及防，顿时大祸临头。炮弹的爆炸震耳欲聋，2条鱼雷径直射来。“长波”号上的水手乱作一团，惊恐地抱着脑袋、闭上眼睛等着大爆炸。站在舰桥上的田中也只得听天由命了。他绝望地盯着鱼雷，准备与战舰共存亡。但鱼雷没有击中“长波”号，田中立即冒着密集的炮火，指挥“长波”号全速接近美舰施放鱼雷。

美巡洋舰“新奥尔良”号、“彭萨科拉”号、“檀香山”号、“北安普敦”号立即散开，开火还击，截住这几艘“东京快车”。结果上了日军的当，几十条“长矛”式远程鱼雷破浪疾进，朝美舰袭来。“明尼阿波利斯”号受到重创。“新奥尔良”号在规避时，被鱼雷钻进左舷舰艏，引爆了弹药舱里储存的炮弹，完全丧失了战斗力。

田中见2艘美舰燃起大火，准备掉头进行炮击。这时，几架美军水上飞机飞临日军驱逐舰上方，他赶紧打消了炮击的念头。

接着，“彭萨科拉”号在转向的时候，也被日军鱼雷击中。“拉姆森”号远远地将编队抛在后面，追击逃跑的日舰。这时，海面刮起一阵大风，吹散了乌云，“拉姆森”号舰长顺着月光望去，一条条长蛇似的“水雷”随波漂浮，此起彼伏。他们放下小艇，排雷的水兵心惊胆战地打捞起一条“水雷”，随即啼笑皆非：“报告舰长，这不是水雷!”

“什么?”

“是些铁桶。”排雷的水兵回答道。

“日本人放这东西干什么?”舰长不可思议地问道。

“里面装的是粮食。”

舰长似有所悟，原来“老鼠运输”是用这种办法运送给养。他马上向巡洋舰“檀香山”号报告，要求摧毁漂浮在海面上的浮桶。

田中想回头去攻击美舰，抢回那些装粮食的铁桶，但因“拉姆森”号炮火太猛，根本无法靠近，他的这次任务未能完成。至此，日军通过海上向瓜岛运送补给的运输线被彻底切断了。

山本虽然身在特鲁克，但他想的却是作战的前线和战争的未来。美国人发明了效能极高的舰载雷达，更使他惶惶不可终日。白发悄悄地爬上了他的头顶，使他看上去十分苍老。

第17军新发田步兵第16团的大部分官兵都来自山本的家乡长冈，他们在瓜岛战场上已陷入即将全军覆没的绝境，正在垂死挣扎。这对山本来说无疑是个很大的刺激。

自1942年8月美军登陆瓜岛作战以来约半年的时间里，为了争夺瓜岛，日、美双方在岛上和海上所展开的战斗是非常激烈的，共进行大小海战30余次。美国太平洋舰队协同盟军，先后投入兵力6万余人，伤亡5 000多人。日军在瓜岛的兵力有3.5万余人，仅在战场上伤亡的就有2.4万多人。

与日军的情况相反，瓜岛的美军越战越勇。尼米兹认为海军陆战队第 1 师已完成使命，是该换防的时候了。他和麦克阿瑟商量后，决定派陆军第 25 师师长亚历山大·帕奇[①]陆军少将接替机场防务。瓜岛争夺战的英雄——范德格里夫特载誉而归。

12 月 9 日，劳苦功高的美海军陆战队第 1 师官兵经过 4 个月地狱般的煎熬，终于和陆军第 25 师换防，撤至澳大利亚休整。该师在瓜岛战役中表现出虎豹之师的本色，被日军视作“瓜达尔卡纳尔屠夫”，在后来夺取日本冲绳岛的攻坚战中再现英雄本色。一直到战争结束，日军一听说“瓜达尔卡纳尔屠夫”到来，无不闻风丧胆。

帕奇接管亨德森机场后，仍为百武的虚张声势所迷惑，向哈尔西报告说，据飞机侦察的各种迹象表明，日军可能再发动一次垂死进攻。他建议主动进攻日军外围阵地，把战线推到敌人一边，消灭日军的有生力量，以攻代守。南太平洋部队和地区司令部同意帕奇的想法，但叮嘱他不要走得太远，逐步拿下直接威胁机场周围的日军阵地，适可而止。于是，帕奇开始酝酿夺取奥斯腾山等目标的作战计划。

进入 12 月后，瓜岛日军部队的饥饿状态越来越严重，米饭已是一种幻想，大部分人已经 3 个月没有见到大米了。吃蜥蜴和蛇属于高级享受，嫩树芽、树皮、蝌蚪、贝类成为最主要的食物，也有吃蛆和人肉的。由于天气炎热，加之长期吃不上粮食，士兵们都患了营养不良症和痢疾。他们经常是饥肠辘辘，还要坚持作战，一个个瘦得皮包骨头，一具具像骷髅，连胡须、指甲和头发都停止了生长。一个陆军上士在《瓜达尔卡纳尔战地诗集》中这样描写岛上日军官兵的悲惨情景：

面容憔悴像傻瓜，两眼失神似白痴。
泪水在倒流，满腔怒与愁。
呆然煞苦日，徒有苦和羞。

---

① 亚历山大·帕奇（1889—1945）：美国陆军上将（追晋），公认的优秀部队训练者，同时也是一位精力充沛并关心下属的指挥官。“二战”期间历任美洲师少将师长、第 7 集团军司令、第 4 集团军司令。

愚不可及的你，在面临着美国枪弹的威胁。

不在痛苦中呻吟，就在煎熬中死去。

这年年末，山本得知裕仁天皇亲自前往伊势神宫祈祷参拜，心情非常不好受。他在发往各处的信中不止一次地说：“惊闻圣上亲往祈祷伊势神宫，身为臣下，不胜惶恐。满头乌发，一夜皆白。有负于君，乃臣下之耻。愿竭尽身心，扭转战局，以慰圣虑。”

但日本陆、海军官兵在瓜岛上长达半年的苦战，终属徒劳。1942年12月31日上午，日本御前会议上正式决定，承认瓜岛作战失败，停止进攻，下令立即全线撤退。

在瓜岛战役中，山本的联合舰队可以说彻底沦为陆军的运输队。同时，“日本联合舰队的作战指导思想一直是以歼灭美军舰队为目标，而把向船舶进攻放在第二位”，作战思想和战术意识僵化，在海战中只注重攻击战斗舰，不注重攻击美军后勤支援舰，使得美军的后勤补给得到了源源不断的供应。而日本陆军也不重视后勤保障，在食品、药品、弹药和重武器方面都缺乏足够的支持。这些都是导致日军在瓜岛战役中损失惨重并最终失败的重要原因。

第十二章　死亡之旅

得不偿失的“伊号作战”

1943 年 1 月 28 日，山本五十六在特鲁克给好友堀悌吉写了一封信，他说：“（瓜岛）开战以来，阵亡将士已近 15 000 人，实在令人悲伤、慨叹。痛定思痛，我写下这样两句诗文，以抒郁怀——兵戈声声一年去，阵亡将士若云消。”

他任日本联合舰队司令已经 3 年零 4 个月。在日本海军的历史上，从日俄战争前开始设舰队司令以来，已经有 38 任了。在历任司令长官中，山本是任期最长的，并且到现在依然没有更换他的意思。山本倦怠了，深感自己已经力不从心。

根据裕仁天皇的敕令，从 2 月 1 日到 2 月 7 日晚，日军分 3 批，从瓜岛海域小心翼翼地撤走了大部分正规部队，丢下岛上死守阵地、坐以待毙的 31 358 名官兵、劳工及慰安妇。他们的给养完全断绝，此时每天的口粮保持不到 1/5，每天都在与饥饿、疾病、死亡抗争。

一个日本士兵当时留下了这样的日记：

能站立的人……寿命最多 30 天。

能坐起来的人……最多能活 3 周。

躺着不能坐的人……1 周。

躺着喘气的……3 天。

不能说话的……2 天。

只能呼吸、不能睁眼的……明天！

我们此刻，在生前一息尚存的时候才猛醒，是谁把我们这么多人推进坟墓和地狱。但为时晚矣！

什么都吃光了，身上的皮带、脚上穿的皮鞋、医务所里的卫生棉……

岛上尚能进食果腹的，只有伙伴们身上的皮肉。人吃人的现象发生了！

2 月 11 日，日本联合舰队司令部从“大和”号迁至同停泊在特鲁克的超级战列舰“武藏”号上，并移到前线拉包尔。山本情绪低落，越来越多愁善感了。

在拉包尔，山本已经能够听到前线的炮声了。作为一个战争赌徒，他觉得只要没有输掉全部赌本，就还有翻本的机会，想到这里，他似乎又增添了一点信心。为了粉碎美军的反攻意图，防止南太平洋防线一举崩溃，他决心在南太平洋发起一次大规模反击，做最后的挣扎努力，这就是“伊号作战”行动。

“伊号作战”分为两个阶段：第一阶段从 4 月 5 日至 10 日，目标为所罗门群岛南部地区，代号“X 行动”；第二阶段从 4 月 11 日至 20 日，以新几内亚岛东部地区为目标，代号“Y 行动”。

山本计划投入的航空力量由两部分组成：

第一部分是舰载航空兵，主要来自小泽治三郎中将指挥的第 3 舰队。该舰队此时仅剩下 2 个航空战队，其中，第 1 航空战队的“翔鹤”号航母还在本土船坞进行大修，无法参战，只有“瑞鹤”号和“瑞凤”号航母可以参战；而第 2 航空战队也只有“飞鹰”号和“隼鹰”号 2 艘航母能够参战。日军参战的舰载航空兵包括 103 架零式战斗机、54 架九九式舰载爆击机和 27 架九七式舰载水平轰炸机，总共 184 架。

第二部分是由草鹿任一海军中将指挥的第 11 航空舰队的岸基航空

1945 年 7 月，太平洋战争中，日军航空兵组成“神风特别攻击队”对美国舰队进行自杀式攻击，图为一架日机被击落

兵，下辖第 21、第 26 航空战队，包括 108 架零式战斗机、16 架九九式舰载爆击机、72 架一式陆上攻击机和 9 架岸基侦察机，总共 205 架。

经过一番努力，山本勉强拼凑了 389 架飞机，准备大干一场。

4 月 3 日，山本率参谋长宇垣缠以及司令部人员分乘 2 架水上飞机，从特鲁克飞抵拉包尔，指挥此次作战。

4 月 4 日，所罗门群岛大雨如注，雷电交加。山本一度打算先实施攻击新几内亚岛的“Y 行动”，鉴于天气原因，无法实施，他只好下令先开始“X 行动”，但该行动也因天气原因而两次推延。

4 月 6 日，天气开始转晴。前往瓜岛进行临战侦察的日军侦察机报告说，美军在瓜岛锚地停泊舰船约 35 艘，瓜岛天气良好，空中偶有云块。当天中午，第 1 航空战队的飞机从拉包尔东机场起飞，48 架战斗机迁至布干维尔岛以南的巴拉尔岛机场，18 架轰炸机则迁至布因机场。下午，第 2 航空战队的飞机也开始向出击机场转场，但途中因天气恶劣而被迫返回拉包尔，只好等 4 月 7 日出击时先飞到巴拉尔岛加油，再随同第 1 航空战队一起出击。

4 月 7 日，拉包尔一带天气良好，日军作战正式开始。山本亲临机场，为他的航空兵致祝词。

中午时分，伴随着活塞式发动机的轰鸣声，由第 253 航空队飞行队长斋藤三郎中尉指挥的第 1 制空队的 21 架零式战斗机率先飞出了拉包尔基地，随后是来自第 204 航空队飞行队长宫野善治郎大尉指挥的第 2 制空队的 27 架零式战斗机。除了这 2 个制空队外，还有 4 个庞大的攻击队。67 架九九式舰载爆击机和 157 架零式战斗机，共 224 架战机组成大编队，这是自珍珠港作战以来规模最大的日军飞行队。

此时，美军在瓜岛海域的舰船为：图拉吉港停泊有坦克登陆舰 8 艘，鱼雷艇 15 艘，护卫舰、扫雷舰、运输船、供应舰、油船各 1 艘，布网船 2 艘，拖船 3 艘及小型运输船 6 艘；隆格角停泊有驱逐舰 2 艘、猎潜艇 1 艘、运输船 5 艘、测量船 1 艘和拖船 2 艘。沃尔登・安斯沃斯海军少将指挥的水面舰艇编队由“檀香山”号、“海伦娜”号、“圣路易斯”号 3 艘巡洋舰和 6 艘驱逐舰组成，正锚泊在图拉吉港外，计划天黑后出海炮击机场并截击日军运输船。

中午刚过，盟军的海岸监视哨就发现日军机群正向瓜岛飞来，忙报告指挥部，安斯沃斯编队火速起锚，从图拉吉港外迅速转移至瓜岛与马莱塔岛之间的宽阔海域，并排成防空队形，准备抗击日军空袭。

14 时许，美军在拉塞尔群岛的雷达站发现了日军机群，瓜岛美军指挥部立即发出警报，“仙人掌”航空队迅即从亨德森机场起飞 36 架 F4F“野猫”、9 架 F4U“海盗”、6 架 P－40“战鹰”、12 架 P－38“闪电”和 13 架 P－39“飞蛇”，总计 76 架战斗机，在萨沃岛上空分成数个机群，在不同高度盘旋待机。

15 时许，日军第 1、第 2 制空队的 48 架零式战斗机径直扑向美军，双方随即展开空战。美军战斗机已今非昔比，不但占据性能、数量优势，而且飞行员的技术水平也远高于日军，战斗胜负完全在意料之中。但就在美军战斗机攻击队与日军制空队僵持时，跟在后面的日军 4 群九九式舰载爆击机悄无声息地飞进了海峡，对停泊在瓜岛海域的美军舰船实施了攻击。其中，第 1、第 2 攻击队攻击了图拉吉港内外的舰船，第 3 攻击队攻击了海雀水道中的舰船，第 4 攻击队则攻击了停泊在隆格角的舰船。“檀香山”号、“海伦娜”号、“圣路易斯”号都做好了反空袭准备，安斯沃斯编队也没有遭到任何攻击。

自偷袭珍珠港以来，日本海军航空兵最大规模的行动就这样草草结束了。日军飞行员声称击沉美军巡洋舰、驱逐舰各 1 艘，中型运输船 6 艘，小型运输船 2 艘；击伤运输船 3 艘，并击落美机 41 架。日军机场响彻着飞行员凯旋的欢呼。然而实际上，美军仅有驱逐舰、护卫舰和油船各 1 艘被击沉，地面和舰上对空炮火击落日军 9 架零式战斗机和 12 架舰载爆击机。日军虚报战果的行为由此开始愈演愈烈，几乎成为惯例，给作战带来了极大的负面效应。

美军炮击机场和布雷行动等因为准备迎击日军的再次空袭而推迟了，反攻时间也因此拖延了 10 多天，从这一角度来看，山本的“X 行动”在一定程度上取得了预期效果，打乱了美军的作战时间表。不过，由于基地航空战的某些先天劣势，比如隐秘性，“X 行动”不可能做到像珍珠港那样突然，自然也就很难谈得上什么战果。

根据飞行员的战果报告，山本认为已经给美军在瓜岛海域的舰船以巨大打击，决定提前结束“X 行动”而实施攻击新几内亚岛的“Y 行动”。

4 月 10 日，山本坐镇拉包尔，投入 44 架一式陆上攻击机、131 架零式战斗机，实施以莫尔兹比港为主要目标的“Y 行动”。无奈天公不作美，大面积的积雨云正好覆盖在新几内亚岛上空，日军必经之路的欧文斯坦利山脉被阴云笼罩，飞机无法飞越。“Y 行动”只得再次延期。

4 月 11 日，日军侦察机发现美军在新几内亚岛东部的奥鲁湾锚泊着一批舰船，山本立即下令出击。在实施“伊号作战”计划期间，每当飞机出发时，山本总要穿上白色军装，挥动着军帽，目送每一架飞机离去。现在，山本把每一架飞机及飞行员都当作宝贝一样看待。

日军 21 架九九式舰载爆击机在 72 架零式战斗机的掩护下前去攻击美军舰船，美军则起飞 50 架 P－38“闪电”战斗机迎击，结果，日机被击落 6 架，美军被击沉 1 艘运输船、击伤 1 艘扫雷艇，还有 1 艘运输船因伤抢滩搁浅。

但是，山本得到的战况报告，无论“X 行动”还是“Y 行动”都是战果赫赫。山本轻信了这一报告，认为“伊号作战”旗开得胜，随即把注意力转移到新几内亚方向。4 月 12 日、14 日，日机又相继空袭了新几内亚的莫尔兹比港等地。这种持续不断的骚扰性空袭，使日机自身的损失远远大于对美军造成的损失。

4 月 16 日，由于日军侦察机在布纳附近海域没有发现美军舰船，加上天气预报说该海域即将受恶劣天气影响，山本担心出击的飞机返航时会遭遇雷电风暴，便取消了原定于当天空袭布纳的计划。

山本认为，经过这些天的大规模空袭，从飞行员的战果报告来看，已经给予美军沉重打击，达到了预期目的，于是宣布“伊号作战”胜利结束，第 3 舰队所属的舰载机全部返回特鲁克。

在历时 10 天的“伊号作战”中，日军共击沉盟军运输船 2 艘，驱逐舰、护卫舰和油船各 1 艘，击毁飞机 31 架。日军损失飞机 59 架，其中九九式舰载爆击机 16 架，另有 17 架被击伤。损失的九九式占全部参战九九式的 30%，如果算上被击伤的，损伤总数占全部的 60%。

从这一点来看，“伊号作战”绝对是得不偿失的，给美军造成的损失并不显著，但日军自身的损失却不小，尤其是 2 艘航母返回日本本土，直接影响了以后的作战。其实，早在制订“伊号作战”计划时，日军第3舰队内部就有人预见到舰载航空兵损失难以补充而提出反对意见，山本虽然很舍不得自己的“宝贝”，但他急于尽早消灭美军的航空力量，保障己方加强防御准备，已经顾不了那么多了。这也是山本一贯的“要么大赢，要么大输”作战思想的典型表现。

为了准备下一步的进攻，山本决定在作战结束后，抽出一天时间，亲自巡视所罗门群岛各前线基地的部队，以鼓舞士气。

山本此行的目的，与其说是亲往前线去鼓舞由他亲手培育起来的海军航空队官兵的士气，还不如说是因为前线指挥官的要求才这样做的。

临出发的前一天晚上，山本对留守在“武藏”号上的参谋藤井说：“喂，快分别了，需要过段时间才能回来，我们杀一盘吧。”

他们连战3局，山本以二比一取胜。对弈中，藤井问山本说：“这回，司令长官终于决定到前线去了吗?”

“是的，决定了。”山本回答说，“最近，内地人不是都在议论‘到前线去指挥好’吗，说句实在话，我对去前线并不感兴趣，如果让我退回到柱岛去，那才好呢。你想想看，指挥部让敌人牵着鼻子，一步步往第一线移动，这是好的兆头吗？从大局上看，这并不是件好事。当然，去鼓舞官兵的作战士气，另当别论。”

这天，山本还给情人千代子写了一封信。在这封信中，他还特意放了一绺头发，并在另一页纸上写了一首短诗，一并寄出。诗云：“思念痴情寄钝笔，唯有夜梦见佳人。”不可一世的山本没有想到，这会成为他写给千代子的最后一封情书。

山本的视察计划遭到了很多人的反对，但他一旦做出某一决定，就会毫不犹豫地坚持到底。

第3舰队司令小泽治三郎对山本的首席参谋黑岛说：“如果司令长官一定要去的话，由6架战斗机担任护卫，力量太单薄了。需要的话，可以从我那里调用战斗机，多少都行。请把我的意见转告给参谋长。”

驻守在肖特兰岛的第11航空战队参谋长城岛高次少将，接到4月

13 日拉包尔基地发出的山本视察日程的电报后，气愤地对下属们说："在这样诡异多变的前线，怎能把长官的行动计划用如此冗长详细的电文发出来呢！只有傻瓜才会这样干。你们只能参考，用不着信以为真。这事太愚蠢了。"

4 月 17 日，即山本出发的前一天，城岛少将特意赶回拉包尔，当面劝阻山本说："长官，这太危险了，请不要去。"

"不，已经通知各基地了，各处都已做好准备正在等待着。明天一早就出发，当天晚上即可返回。请你等着吧，回来后，我们一起吃晚饭。"山本最终没有接受他的劝阻。

美军的"复仇之剑"

1943 年 4 月 14 日 8 时刚过，美国珍珠港基地太平洋舰队司令部的情报参谋莱顿海军中校拿着一份标有"00"的文件，快步走进尼米兹上将的办公室，这是太平洋舰队无线电情报分队凌晨刚刚截获并破译的日军机密电报。无线电情报分队（原为情报组）的队长罗奇福特海军中校调任为外交武官后，由威廉·戈金斯海军上校负责，副队长莱顿已成为其中最精干的一员。这位密码专家逐步掌握了日军各作战单位的战时无线电呼号，摸索出了日军密码的变化规律，并成功破译了日军的部分密码，其中就有日本海军运输调度所使用的密码，从中洞悉了日军运输船队的航线及中途停泊港等情报。13 日晚，他又破译了一份绝密电报，其内容如下（下为日本时间）：

联合舰队司令长官定于 4 月 18 日视察 RYZ、RXP 和 RXZ，日程安排如下：

6：00 乘坐一式陆上攻击机由 6 架战斗机护航，从 RR（拉包尔）起飞；

8：00 到达 RXZ（巴拉尔），换乘猎潜艇，8：40 到达 RYZ（肖特兰）；

……

14：00 从 RXP（布因）起飞返回 RR；

15：40 回到 RR；

如遇天气不佳，本视察日程向后顺延一天。

尼米兹看完立即明白了，这是他的老对手日本联合舰队司令山本五十六的视察日程安排，是 4 月 13 日 20 时由日军东南舰队司令和第 8 舰队司令联名发给巴拉尔、肖特兰和布因的基地、航空队和守备队主官的。尼米兹想，山本在南太平洋瓜岛争夺战刚结束不久，便涉险亲飞前线视察，其中肯定大有文章。

尼米兹看完电报后，微笑着对莱顿说："你的意见，干掉山本？"

莱顿点点头，认为按照这个行程安排，山本将进入太平洋舰队瓜岛岸基机场起飞的战斗机作战半径内，正是干掉他的绝佳机会。

作为运筹全局的战略家，尼米兹并没有因为这个天赐良机而暗自得意，他首先要分析干掉山本的利弊，山本死后日本海军是否有比他更出色的将领来代替他，如果这样的话，他又得重新了解新对手，岂不是弄巧成拙？其次，他要分析实施行动计划的可行性，付出多大代价才能完成这个艰巨的任务。最后，还要报经海军作战部甚至参谋长联席会议批准，因为此事不仅涉及南太平洋战局，还将影响到盟军在太平洋的各个战场。

莱顿见尼米兹沉默不语，以为他不同意自己的建议，于是解释道："山本是日本海军中的佼佼者，犹如鹤立鸡群，甚至是一只凤凰，他在偷袭珍珠港中的高超指挥艺术，使他成为除了天皇之外最受军民崇拜的人物，如果干掉他，将给日本军民的士气民心以沉重打击！"

莱顿还了解到，山本曾数次赴美，或求学或考察或任职，对美国的经济和军事潜力有着深刻了解。山本认为美国是一个具有战争潜力的大国，曾准确预测日本即使通过偷袭珍珠港重创美国太平洋舰队，也只不过能保持一年到一年半的优势，所以，在第二次世界大战之初，他是竭力反对与美国开战的，成为日本海军中坚定的反战派人士，几乎遭到激进少壮派的暗算。但山本又是一个极端军国主义者，在兼任第1航空战队司令时便积极参与对中国的侵略，他指挥第1航空战队“赤城”号、“加贺”号航母的舰载机对中国城乡进行过野蛮的轰炸；他还积极扩充海军航空兵的实力，使之成为日本海军在战争中最具打击力的利器。当日军大本营确立与英美开战的战略方针后，他便一改初衷，赌性大发，试图通过类似于希特勒的“闪击战”来偷袭美国，以求速战速决。他竭尽全力策划、组织和推动对美国的作战方针，实施了震惊世界的偷袭珍珠港计划。正是由于偷袭珍珠港时的出色指挥，他被日本海军誉为“军神”，深受崇拜，在日本政界和军界成为仅次于裕仁天皇和东条英机首相的第3号人物。

莱顿对日本海军所有大将级别的将领都有所了解，他向尼米兹逐一列举，分析了日本海军各个大将的资历、经验、能力和胆识，最后补充道：“至少现在没有人能取代他，山本对于日本海军，就像您对于美国海军那样重要！”

尼米兹何尝不想干掉这个精明而狡猾的对手，只因牵涉过繁，他不能不谨慎从事。大约一个半小时后，一份内容很长的请示电报被送到海军作战部部长金将军手中，接着又由威廉·莫特海军少将送交到罗斯福总统手中。罗斯福正准备去吃午餐，他让莫特用电话通知陆军参谋长马歇尔将军、海军部部长诺克斯一起来吃午餐。

起初，他们都有些犹豫，因为西方世界有一条不成文的惯例，战争中不得暗杀对方的国王和统帅，似乎颇有几分骑士风度。但事实上，在第二次世界大战中，无论德国还是英国，都组织过对敌方首脑和统帅的暗杀，倒是美国还始终坚持这一惯例，所以罗斯福有点心存疑虑。金将军立即指出，山本要去的地方是前线，在作战区域内，一名海军大将和一名普通士兵一样，都是合法的射击目标。何况山本还是毫无信用偷袭珍珠港的元凶，早已失去了国际法的保护，即便他活到战争结束，也要接受军事审判。

海军部部长诺克斯在征求了随军牧师关于截杀敌方统帅是否道德之后，也表示同意。罗斯福这才下决心干掉山本。他为这次行动取了一个耐人寻味的名字——“复仇之剑”。

第二天下午，尼米兹接到总统参谋部的指示后，立即开始制订具体的行动计划。他首先要考虑的是执行这一任务的战机性能，在咨询陆军航空部队司令亨利·哈里·阿诺德将军和专家后，他选定 P-38“闪电”战斗机为参战机型。这是美军第一种双引擎战斗机，最大时速 667 千米，最大航程 3 600 千米，装备了 1 门 0.787 英寸口径机炮和 4 挺 0.5 英寸口径机枪，机炮配弹 120 发，每挺机枪配弹 500 发，火力相当强大，各项综合指标都胜日军现役零式战斗机一筹，而且现在瓜岛的亨德森机场就驻有装备此种飞机的第 339 战斗机中队。

4 月 16 日傍晚，南太平洋战区指挥官哈尔西接到命令后，立即发急电向所罗门群岛航空部队司令米切尔海军少将通报了山本的日程安排，要求他按行动计划出动 P-38“闪电”战斗机中队，想尽一切办法将山本击毙。命令最后特别指出：“罗斯福总统非常重视此次战斗，战斗结束速报华盛顿。此份电报不得转抄和保存，立即销毁!”

米切尔是美国海军航空兵的一员骁将，曾任“大黄蜂”号航母的舰长，他接到命令后，立即召集包括第 339 战斗机中队中队长约翰·米歇尔少校和小队长托马斯·兰菲尔中尉在内的有关人员，讨论研究和制订战斗计划。起先计划在山本从巴拉尔乘坐猎潜艇到肖特兰途中实施攻击，但很快就有人提出异议，因为当地日军有不少猎潜艇，无法确定山本乘坐哪一艘，退一步说，即使击沉了山本乘坐的猎潜艇，也难以保证将其击毙。最后只得选择空中截击山本座机的方案，但这对截击空域、时间以及双方的飞行速度要求极高，稍有差错就会失去这一千载难逢的机会。所幸山本向来以守时著称，这为截击行动增添了几分成功的把握。米切尔特意看了看米歇尔：“这就要看你的了?”尽管截击距离长达 600 千米，没有出色的飞行技术根本不可能办到，出于对自己中队的信任，米歇尔肯定地点了点头：“我们随时可以!”

会议结束后，米歇尔回到自己的帐篷，和情报参谋乔·麦奎甘上尉一起挑灯工作，研究绘制截击航线。瓜岛第347战斗机大队大队长维克塞洛上校随后也来到帐篷，米歇尔指点着航线图向他汇报：“明天天气预报是晴天无风，山本从拉包尔到布干维尔岛的卡希利机场航程约563千米，一式陆上攻击机巡航时速290千米，如果不是顶风，他会提前5～10分钟到达，我们在他降落前10分钟飞过海岸，如果一切顺利，我们飞入布干维尔岛时就能很快发现山本，我估计山本的飞行高度不会超过3 000米，因为这样的高度飞行比较舒适。此时我断定山本将从西面飞来，正降低高度准备降落……”麦奎甘打断他的话：“你凭什么肯定他从西面飞来?”米歇尔分析道：“经过近2个小时的长途飞行，飞行员肯定希望尽快着陆，因此肯定是选择最近的航线从西面飞来。再说，如果他不是从西面过来，我就直接插到岛东，在东面搜索。要是也没有发现，干脆直扑机场，在他着陆前将其击落!”

“不错，我们可以把攻击定在几个关键时段，总会有机会的。”维克塞洛同意了米歇尔的计划。

4月18日早晨，山本换上与平时完全不同的服装——草绿色陆军军装，走出了他的房间。陪同他前去视察的是参谋长宇垣缠和随从山本前来拉包尔的联合舰队司令部的8名工作人员。

他们一行分乘2架一式陆上攻击机。

与山本同乘1号机的是：日本联合舰队军医长高田六郎海军少将、秘书福崎升海军中佐和航空参谋樋端久利雄海军中佐，驾驶员是王牌飞行员、飞行兵曹长小谷立和二等飞行兵曹林信一。

与参谋长宇垣缠同乘2号机的是：日本联合舰队主计长北村元治海军少将、通信参谋今中薰海军中佐、航空参谋室井舍治海军中佐、舰队气象长友野海军大尉，驾驶员是一等飞行兵曹谷本和二等飞行兵曹林浩。

按照预定时间，2架一式陆上攻击机于6时整（日本时间）准时起飞，离开拉包尔东机场。紧接着，第204航空队所属的6架零式战斗机，也远远地抛开卷起的尘埃腾空而起，飞到空中后，以三三编队的队形编成两队，分别在山本座机的左右两侧护卫飞行。

这天是星期日，早晨的天气晴朗潮湿。一个半小时后，机队以 2 000 米的高度沿布干维尔岛西海岸飞行，岛上茂密的热带丛林清晰可见。布因基地和巴拉尔岛已经不远了。机长写了一张纸条："预计 7 时 45 分（日本时间）在巴拉尔着陆。"然后传给身后的乘员。

9 时 34 分 17 秒，日机飞行编队出现在卡伊里湾以北 35 海里上空。

与此同时，美军 P－38"闪电"战斗机机群经过 2 个多小时的飞行后，已经到达布干维尔岛莫依拉角，继而一边以小角度爬升向岛西飞去，一边开始进行机炮和机枪试射。此时天高云淡，视野良好，米歇尔看了看表：9 时 34 分，根据计划，11 分钟后他们就将遇到山本了。米歇尔带着机群盘旋上升，拉开间距开始搜索。

9 时 44 分，距离预计时间只有 1 分钟了，空中毫无动静，米歇尔内心开始焦急起来，这 1 分钟对他来说太漫长了。就在这时，一名飞行员突然打破无线电静默，兴奋地呼叫："发现目标！发现目标！左前方 10 点钟方向!"米歇尔循声望去，果然发现了 2 架一式陆上攻击机和 6 架战斗机编队，猎物真的来了！山本以其一贯的守时作风，准点来赴这次死亡之约!

米歇尔按捺住心头的狂喜，大声下令："全体注意！投副油箱，掩护组爬高!"12 架掩护组的战斗机加大油门，急速跃升，爬升到 6 000 米高度，而兰菲尔的攻击组则留在 3 500 米高度，直盯着那 2 架一式陆上攻击机。

这时，山本的 1 号机发现了一架担任护卫的美军战斗机，于是加速向前飞去，并摆动机翼，示意其他飞机。他们发现在机队右后下方约 500 米的高空中出现了 10 架美军 P－38"闪电"战斗机，正在向北飞行。

发现了日机的美军 P－38 战斗机队，突然又折了回来，各机随即抛掉副油箱，展开了空战的架势。一队急速升高，另一队往日机编队的前方迂回过来，像是要堵住 2 架一式陆上攻击机的去路。1 号机见势不妙，便迅速下降，几乎降到要触及海岸上密林的树梢了，才猛然左转，想甩开美机，向前方不远的布因基地飞去。这种超低空躲避只有十分老练的飞行员才能做到。

美军 P－38“闪电”战斗机完全不顾日军零式战斗机的护卫反击，紧紧向 1 号机猛追过去，并瞅准机会，在后方连连射击。参谋长宇垣缠失声叫道：“保护长官!”与此同时，他又向驾驶员林浩大声喊道：“追上 1 号，追上 1 号，追上!”宇垣这突然的命令使林浩禁不住打了个冷战，意识到最糟糕的事情发生了。在这万分危险的时刻，林浩紧张地操纵着飞机，时而用脚，时而用手，一会儿让飞机滑行，一会儿又急速旋转。此时他只有一个念头：一定要甩掉敌机。

兰菲尔的攻击组朝日军的攻击机猛扑过去，瞬间，兰菲尔离山本座机只有 1 500 米了。2 架一式陆上攻击机见势不妙，急剧下滑，企图再次以超低空摆脱攻击。但兰菲尔的攻击组哪肯放过，紧盯不放。这时，有 3 架零式战斗机不顾一切地俯冲下来，但为时已晚。兰菲尔离 1 号机越来越近，就在两机几乎撞上的一瞬间，兰菲尔按下了机炮钮。1 号一式陆上攻击机被击中，燃起大火，转眼之间化为一团火球，坠入布干维尔岛茂密的丛林中。

宇垣的 2 号机连续兜了几个圈子，但是连 1 号机的影子也没有看到。当谷本爬上高空恢复水平飞行时，才发现长官的座机已不在空中，密林中冒起一股黑烟，直冲云霄。宇垣如同坠入无底深渊，一句话也讲不出来，只是拉着航空参谋室井，颤抖着指向那架飞机。

这时，炮弹从宇垣座机旁掠过，显然他们也被美机盯上了，飞行员拼命地曲折飞行，以躲避攻击。突然，又一架 P－38“闪电”战斗机冲了过来，第一次射击就准确地击中了宇垣的座机。2 号一式陆上攻击机在美机的猛烈射击下痛苦地颤抖着，机尾和机翼全被打断，室井和几名机组人员浑身是血倒在机舱里，飞行员竭尽全力驾驶飞机向海面飞去，企图在海上迫降，但终于控制不住，一头栽进了海里。后来，这架飞机上有 3 人获救，其中之一是身受重伤的日本联合舰队参谋长宇垣。

短短 3 分钟，日军 2 架一式陆上攻击机都被击落了。美机返航途中，兰菲尔迫不及待地向瓜岛基地报告："我打下了山本！"

收到捷报后，哈尔西内心充满了喜悦之情，他发去贺电说："祝贺你和米歇尔以及他的猎手们作战成功！看来，装鸭子的口袋里还有一只孔雀！"从此，伏击山本之战便以"猎杀孔雀"而闻名。

魂断太平洋

山本的座机被击落几个小时后，日军布干维尔岛阿库村的驻军联队本部向步兵炮中队发来了命令。中队长古川大尉接到命令后，立即向第 1 小队的浜砂盈荣少尉口头传达了命令："我海军要人的座机坠落了，令你们马上组织搜寻队前往搜寻。找到后要立即向上汇报，说明飞机坠落地点的方位。"

接到命令的浜砂想，这位海军要人究竟是谁呢？在前线，至少应该是某舰队中将以上长官。他当即从小队挑选 1 名士官久木官曹和 9 名士兵组成搜寻队，自己亲自担任队长，带上指南针，向密林深处进发。

茂密的丛林中，生长着大片大片的芭蕉树、棕榈树。蔓草盘根错节，青藤绕树横生，还有很多不知名的热带树木。林中一片幽暗，看不见任何可供判断方位的参照物，如小山、土堤等。在这样的环境中，行走非常困难，一旦迷失方向，即使想要原路返回也很困难。浜砂搜寻队在丛林中开出一条小路。前进中，他们或用小刀在树上刻下记号，或把什么物件挂在树枝上，以便能由原路返回。

然而，他们在密林中转了一天也没有找到坠落的飞机。接近黄昏的时候，他们不得不失望地返回驻地。

浜砂到联队本部汇报当天的搜寻情况时得知，海军派出的搜寻队也是徒劳无功。因此，浜砂又接到了"明天继续搜寻"的命令。

4 月 19 日 8 时许，日本联合舰队参谋渡边和东南方面舰队军医长大久保信飞抵布因。他们首先看到了头上缠着绷带的参谋长宇垣。宇垣一边流着泪，一边急促地说："司令长官，在距莫依拉角七八千米的地方。快去，快去!"

第二天一早，渡边和浜砂所率领的搜寻队再次进入密林。

小河蜿蜒曲折，伸向布干维尔岛海岸的密林深处。他们将预先准备好的粮食、衣物、药品等放在小船上，溯流而上。

浜砂搜寻队在密林中继续搜寻着。夕阳西下，夜幕快要降临了，但他们还是没有发现任何线索。又是徒劳的一天！就在他们扫兴地决定往回走的时候，有个人突然兴奋地说："队长，这一带好像有一股汽油味。"这句话像是提醒了大家。于是，他们都认真地嗅着周围的气味，的确是有一点微弱的汽油味。他们朝传来汽油味的方向走去，气味越来越浓了。

不多时，前方出现了一个像土堤一样的东西。他们十分疑惑，这样的地方怎么会出现土堤呢？等走到跟前一看，原来是一架摔毁的一式陆上攻击机的尾翼竖在那里，还有被摔得破烂不堪的主翼和螺旋桨。粗大的机身在印有太阳旗处稍前一点的地方折断了，从这里到驾驶舱的飞机前身部分已被烧成灰烬。后半部分机身被打得千疮百孔，四周散布着飞机部件和数具尸体，其中一具坐在飞机坐垫上，手握军刀，胸前佩戴着勋章的绶带，肩章上是 3 颗金质樱花。他们从遗体的上衣小兜里掏出了一个笔记本，只见上面的署名是"山本五十六"，里面还抄有很多明治天皇和昭宪皇太后的诗歌。飞行靴依然穿在山本的脚上，只是帽子已不知飘落到什么地方去了。

山本旁边的不远处是一具穿着白色服装、呈"大"字形仰面躺着的年迈军医的尸体。他就是舰队军医长高田六郎。在军医长右前方不远处，还有一具尸体，衣扣已全部脱落，敞着襟怀，仰面躺在那里。他是航空参谋樋端久利雄。除上述 3 具尸体之外，还有几具烧得很严重的尸体。机长小谷立就是其中的一个。

随后赶来的医护人员检查了山本的尸体，确定有 2 颗子弹击中了他，一颗从颧骨打进从太阳穴穿出，另一颗从后背射入穿透左胸。山本在飞机坠毁前就已身亡，他之所以仍保持着威严的姿态，是飞机坠地后唯一的幸存者高田六郎摆放的，高田最终也因伤势严重又无人救护而亡。

4 月 20 日，海军搜寻队在浜砂一行的带领下，用预先准备好的担架，将尸体抬回布因。当天晚上，基地指挥官下令将山本的尸体停放在卡希利机场军官营房前的帐篷里，进行吊唁和守灵。但没有声明死者是谁。

山本战死的消息，当时对拉包尔的各部队是保密的，但对上级不能隐瞒真相。4 月 18 日当天，留守在拉包尔的黑岛、渡边两位参谋和草鹿任一、小泽治三郎等，便从来自布因的电报和返回的护航战斗机的报告中，得知了山本遇险的消息，但山本的生死尚不明了。14 时 30 分，一封电报直发东京，震动了所有海军首脑，海军省内一片惊慌，犹如发生了一场大地震。海军大臣岛田繁太郎①、海军省次官泽本赖雄、军令部总长永野修身、军令部次长伊藤整一和第一部长福留繁等海军首脑，当晚都陆续来到部里加班。

4 月 20 日当天，海军省正式收到确认山本遇难身亡的电报。海军省对这一不幸的消息严格保密，连山本的家属也没有通知。

据说，这一天，海军省书记榎本重治正在省内自己的办公室里办公。突然，堀悌吉面带沉痛的神情来到他的房间，一进房门便用右手按下左手的两指头打着手势，只说了半句话：“这个……”榎本一惊：“是山本先生发生了意外?”堀悌吉微闭双眼，做了一个上身后仰的动作，没有再说什么，就走出了办公室。

山本生前曾嘱托过：“必要的时候，请把我的东西交给堀悌吉。”约一个月后的 5 月 18 日，海军省次官泽本将山本存放在次官室保险柜

---

① 岛田繁太郎（1883—1976）：日本海军大将，“二战”期间历任中国方面舰队司令、横须贺镇守府司令、东条内阁的海军大臣、军令部总长，积极追随东条英机，推行侵略计划。东条内阁倒台后转任军事参议官。

中的袋子，转交给了堀悌吉。袋子里除了16张崭新的面值为100日元的钞票外，还有山本的《述志书》，全文如下：

自古以来，以死报效君国乃军人之至高夙愿。战死于疆场或捐躯于后方，有何异哉？

奋战沙场光荣而亡，易；排众议为己志而殉身，难。皇恩浩荡，国家久长！吾朝夕所思者乃君国之百年大计也，个人之生死、荣辱何足论哉。《论语》（应为北齐刘昼《刘子·大质》）有言："丹可磨而不可夺其色，兰可燔而不可灭其馨。"吾身可灭，而吾志不可夺也。

山本五十六，1939年5月31日于海军次官官邸

另一份是在1941年12月8日，即开战那天所写的带有遗书性质的《述志书》，其中有这样一段话：

此次出征，乃奉圣上之诏，欲就皇命，告成大功，必置生死于度外。如此大战，乃昔不曾有，任重道远，征程坎坷，多有险阻、曲折。吾深知，不弃名利之念，不摆脱私欲之缠绕，欲完成克敌制胜之重任，难矣。为遂皇愿，保卫疆土，失名舍利，粉身碎骨，在所不辞。

4月21日，山本等11具尸体在布因岛火化。

火化坑隔道分为两个部分，山本被单独放在道路的另一侧。火化并不复杂，每个坑中先是坑底铺上柴草，将棺材放在上面，棺材上再盖上柴草，然后洒上汽油，点火燃烧。

火化的11具遗体中，除了山本、联合舰队主计长北村、军医长高田外，还有飞行兵曹林信一、谷本、小林浩、通信参谋今中薰、航空参谋室井等人，另有几人的尸体已经无法辨认了。

收骨灰时，渡边第一个跳进还在发热的山本的火化坑。据说，他跳进坑里，第一眼就看到了喉结。骨灰是用木瓜树枝来取的，因为没有骨

灰罐，只好放进预先制作好的木匣里，底层垫有木瓜叶。

取完骨灰之后，所有灰坑都被用土填满，并堆起了坟头。在山本的坟墓两旁还栽上了2棵他生前最喜欢的木瓜树。

这天夜里，骨灰盒被放在拉包尔基地司令部前面的半地下室里，由司令部里指定的人员通宵守灵，任何人不得进入。

4月23日，山本的骨灰由专人乘水上飞机从拉包尔送往停泊在特鲁克的日本联合舰队旗舰“武藏”号。临出发时，草鹿任一、小泽治三郎、本多伊吉等人为之送行。

死去的山本享受了日本帝国的最后一次“殊荣”。5月17日，载着山本骨灰的“武藏”号战列舰由特鲁克起航，于5月21日驶入东京湾，停泊在木更津外海。同日下午，日军大本营正式发布了山本的死讯：

> 联合舰队司令长官海军大将山本五十六，本年4月于前线在与敌人作战的飞机上指挥全面作战中，不幸壮烈牺牲。遵圣上亲命，接替他职务的是海军大将古贺峰一，已前往联合舰队就任。

与此同时，内阁准予按国葬规格对山本进行安葬。海军方面还请求加赐山本“男爵”，但未获批准。不过，山本获授大勋位、功一级、正三位和元帅称号。

5月23日，停泊在木更津海面的“武藏”号上，举行了告别仪式。11时30分，山本的骨灰盒被移至特意前来接运的“夕云”号驱逐舰，送往横须贺。骨灰盒由渡边安次捧着。

山本的嗣子义正和堀悌吉等人，在横须贺港逸见码头恭候山本遗骨的到来。

“夕云”号驱逐舰到达后，他们接过骨灰盒，来到横须贺火车站，登上了开往东京的专列。

14时43分，列车抵达东京车站，有200多人前来车站迎候。列车停在站内第4站台第4道上。

东条英机、岛田繁太郎、永野修身等政界、军界要人列队恭候在月台上。近卫文麿也特意赶来迎候。山本的次女正子站在家属行列中。

骨灰盒被安放在山本非常熟悉的水交社侧馆中预先设置好的祭坛上。

山本的葬礼仪式安排在 1943 年 6 月 5 日，与 9 年前东乡平八郎大将的葬礼仪式是同一天，这是特意安排的。葬礼在东京日比谷公园的殡仪场举行。

对美国来说，击落山本座机的意义，不仅在于使日军失去了一个高级指挥官，更重要的是，给了日本国民，尤其是日本海军官兵一个心理上的巨大打击。

随着给全世界带来灾难的山本魂断南太平洋，日本法西斯帝国垮台的命运也开始了。

接任日本联合舰队司令的是山本的好友古贺峰一海军大将。此人的档案上写着：

古贺峰一，1885 年生，现年 58 岁，日本帝国海军大将，生于佐贺县，海军大学第 24 期毕业生，大正末年于海军部任职。1920 年至 1922 年，出任驻法国大使馆武官，归国后任日本联合舰队参谋。1926 年至 1928 年，再度赴法国，任日本驻法大使馆武官。任职期满归国，先后被任命为“青叶”号和“伊势”号战列舰舰长。1935 年至 1937 年，任日本联合舰队第 7 舰队司令，随后晋升为军令部次长。1939 年，任中国方面舰队司令，率领该舰队驻守日本本土横须贺港至今……

从这份档案不难看出，古贺峰一是日本海军界的老将，但他不仅没有山本的野心，而且还面临着美军在太平洋的大规模反击，在后来兵败如山倒的战局下，他也不可能像山本那样“身冒百死，战功赫赫”，只能率领着遍体鳞伤的日本联合舰队，在炮火连天的太平洋上，战战兢兢，踽踽而行。面对美军在太平洋的大规模反击，他的使命不过是为日本皇室和日军大本营谱写一曲哀乐的尾声。

1945年8月15日，日本宣布接受《波茨坦公告》。9月2日，日本天皇、政府和日军大本营的代表在东京湾的美国军舰“密苏里”号上签署向同盟国无条件投降书

战后，日本海军大佐渊田美津雄感慨而痛心地写下了这样的回忆文字：

归根到底，不仅在中途岛海战中，而且在整个战争中，日本战败的根源都深深地蕴藏在日本的国民性格中。我国国民有一种违背理性和容易冲动的性格，所以行动上漫无目标，往往自相矛盾。地域观念的传统使我们心胸狭窄、主观固执、因循守旧，对于即便是必要的改革也迟迟不愿采用。我们优柔寡断，因此易陷于夜郎自大，这又使我们瞧不起别人。我们投机取巧，缺乏大胆和独立的精神，习惯于依赖别人或奉承上司。由于我们缺乏理性，往往把愿望和现实混为一谈，因而行事缺乏谨慎。只有在草率的行动失败后，我们才会理智地去考虑它。即使考虑了，又往往为失败寻找借口。总之，作为一个民族，我们的思想是不够成熟而又不善于调整适应的。因此，我们便不知道为了达到我们的主要目的，应该在什么时候做出牺牲和做出什么样的牺牲。

这些就是日本民族的弱点。这些弱点反映在中途岛海战的失败中，而这次失败使在那里作战的人们的一切事迹和可贵的牺牲都付诸东流了。日本所遭到的不幸，其根源就在于这些弱点。

这一番话，精辟地道出了战时日本人民，包括战争策划者的弱点和心态，可谓一针见血！

半个多世纪前的太平洋战争，是人类有史以来规模最大、投入兵员最多、伤亡最惨重的一次海上大搏斗。卷入这次海上大决战的是当年东、西方的两个海军强手——美国与日本。在这次海战中，倾倒钢铁般的炮击和飞机惊天动地的轰炸夜以继日，历时达 3 年零 9 个月之久。交战双方均付出了史无先例的惨重的代价。

作为日本法西斯战将的代表人物，山本在战前虽然也曾预感到日本将置身于一场毫无获胜希望的战争中，因而反对轻率地对美英开战，但是在日本国内狂妄的战争叫嚣中，他仍然绞尽脑汁，积极为日本法西斯卖命，并通过偷袭珍珠港，亲手点燃了太平洋上的战火。

在这人类历史上规模最大的一次海战中，参战的国家和地区多达 38 个，人口超过 13 亿，交战双方动员的兵力达 3 500 万，战火遍及中国、朝鲜、日本、印度、菲律宾、马来亚、泰国、缅甸、印度尼西亚、新加坡、斯里兰卡、澳大利亚、巴布亚新几内亚、美国以及太平洋大部分岛屿。战争造成的损失至今难以做出准确的估计，交战双方军队和平民伤亡3 000万人以上，军费消耗约5 200亿美元，经济损失估计超过1.8万亿美元。作为纵火者，山本理应承担这一罪责，以死谢罪。

然而，时至今日，日本国内仍有许多人奉山本为“军神”“英雄”，称他为日本“海军之花”，这也说明日本并没有真正对侵略历史做出反省。

和日本这个民族一样，山本是一个矛盾综合体，他眼光长远，能够正确预见日美战争的走向，但又极为短视，这就使得他在制订偷袭计划时深谋远虑，反复操练，同时又极力淡化偷袭可能导致战争形势变化，一厢情愿地认为美国会因为遭到偷袭而丧失战斗意志，表现出了很强的投机赌博心理，以致一手好牌越打越烂，最后赔光家底，还搭上了身家性命。

在珍珠港和中途岛两大赌局中，山本先赢后输，多少表现出他缺乏实战经验，不善于随机应变。而在用人方面，他对南云忠一和黑岛亀人的任用，也普遍被认为赏罚不清、识人不明。

太平洋战争是山本辉煌的起点，也是他神话覆灭的坟墓。最可悲的是，他从一开始就知道了结局，所以，整个太平洋战争对他来说就是一场绝望的挣扎。

对于他的死，有相当一部分人认为他是自愿去送死的，在认为局势已无可挽回以后，他有意以身殉道，实现所谓的日本武士战死疆场的“最高准则”。但也有人认为，山本之死是垂死挣扎的赌徒本性的一种体现，也预示着日本帝国主义的必然灭亡。无论真相如何，山本被击毙对他来说是命中注定的一个劫数，更是一种解脱，毕竟看着自己的事业走向穷途末路对军人可谓生不如死。